全国职业教育汽车类“十三五”规划教材

汽车底盘构造与拆装

主　编　杨景军
副主编　刘世龙　程　伟

北京邮电大学出版社
www. buptpress. com

内容简介

本书遵循职业教育理实一体化课程改革的指导思想，强调以实践为主、理论为辅，筛选典型的工作任务，取材最贴近生产实际的案例设计课程内容，让学生在动手中掌握解决问题的方法和技能，是汽车运用与维修专业理实一体化任务课程教材。

全书以工作任务为导向设置课程体系，共分四个项目：传动系统构造与拆装；行驶系统构造与拆装；转向系统构造与拆装；制动系统构造与拆装。每个项目下设4个学习任务。

本书以培养学生解决实践问题的能力为本，重点培养学生汽车维修的实践能力。本书既可作为中等职业学校汽车运用与维修专业学生的教学用书，也可作为职业技能培训的教材，还可作为相关专业人员的参考书。

图书在版编目（CIP）数据

汽车底盘构造与拆装 / 杨景军主编. -- 北京：北京邮电大学出版社，2017.8
ISBN 978-7-5635-5233-7

Ⅰ.①汽… Ⅱ.①杨… Ⅲ.①汽车—底盘—结构②汽车—底盘—装配（机械） Ⅳ.①U463.1②U472.41

中国版本图书馆CIP数据核字（2017）第197209号

书　　名： 汽车底盘构造与拆装
著作责任者： 杨景军　主编
责 任 编 辑： 刘　颖
出 版 发 行： 北京邮电大学出版社
社　　址： 北京市海淀区西土城路10号（邮编：100876）
发 行 部： 电话：010-62282185　传真：010-62283578
E-mail： publish@bupt.edu.cn
经　　销： 各地新华书店
印　　刷： 北京鑫丰华彩印有限公司
开　　本： 787 mm×1 092 mm　1/16
印　　张： 15.5
字　　数： 380千字
版　　次： 2017年8月第1版　2017年8月第1次印刷

ISBN 978-7-5635-5233-7　　定　价：48.00元

前 言

随着汽车的逐步普及和交通运输业的发展，汽车保有量大幅增加，社会对汽车维修专业技能人才的需求日益增大，对其知识和技能的要求也在不断提高，这就对相应的职业教育和培训提出了更高、更新的要求。

本书以国家职业标准《汽车修理工（中级)》为依据，按照科学性、合理性、实用性、针对性的原则，突出职业岗位素质和能力培养。精选教学内容，以应用为目的，以“必需、够用、适用”为度，注重理论与实践的联系，突出应用性，充分体现了职业技术教育教学的特点。

全书以工作任务为导向设置课程体系，注重专业知识，突出能力训练，将汽车专业知识通俗化，尽量采用以图代文的表现形式，降低学习难度，提高学生的学习兴趣，从而达到好学、好教的目的。将从事汽车行业所需的实际专业知识和实践技能以典型工作任务的方式呈现，以学生为中心，以任务为主线，以实践为主、理论为辅，理实一体化，具有很强的实用性、实践性。

全书共分四个项目，下设 16 个学习任务。在本书编写的过程中，得到了上海景格科技股份有限公司的大力支持和帮助，再次向各位领导和同仁表示崇高的敬意和衷心的感谢！本书由滨州市技术学院的杨景军任主编，刘世龙、程伟任副主编，参加编写的有滨州市技术学院的顾晓东、付玉涛、许晓、于飞、韩山峰。

由于编者的水平有限，加之编写时间短、经验不足，书中难免存在疏漏和不妥之处，敬请业内同行及广大读者批评指正，多给我们提出宝贵意见，以便本书日臻完善。

编 者

目 录

项目一

传动系统构造与拆装

项目描述

如图 1-1 所示传动系统是使汽车产生驱动力的动力系统，它包括末级传动、轴箱、轴承、齿轮以及转向架等。优质的传动系统不仅在评估末级传动齿轮组的齿合时不允许有任何偏差，而且要能考虑到车轴或转向构架的偏差。

本任务主要通过对传动系统主要机件的拆装作业，让学生认识以及理解其主要机件的结构和原理。

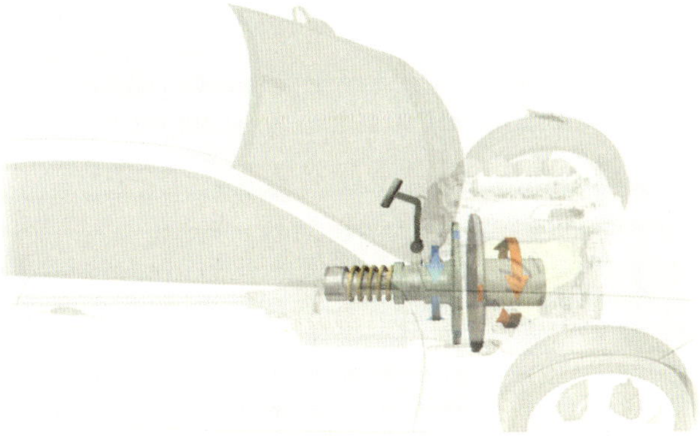

图 1-1　传动系统

学习目标

通过本次任务的学习，应能够：

(1) 了解传动系统结构组成和相关机械的基础知识。

(2) 概述传动系统主要部件的结构和工作原理。

(3) 按照技术标准对传动系统中的驱动轴、变速器和离合器进行拆装作业。

学习任务

学习任务 1　传动系统的认识
学习任务 2　前轮驱动轴拆装
学习任务 3　手动变速器拆装
学习任务 4　离合器拆装

学习任务 1　传动系统的认识

一、 任务目标

通过本活动学习，学习者应能：

（1）用自己的语言描述传动系统各部分的功用。

（2）简要概括传动系统的分类和组成。

（3）在 30 分钟内，顺利从实车上识别出传动系统的各部分在车上的位置。

二、 知识准备

1. 传动系统的功用与组成

汽车传动系统的组成与其类型、布置形式及驱动形式等许多因素有关。

以发动机纵向前置、后轮驱动的汽车传动系统为例，其结构组成如图 1-2 所示。此类型的传动系统由离合器、变速器、传动轴和万向节组成的万向传动装置以及安装在驱动桥壳中的主减速器、差速器和半轴等组成。

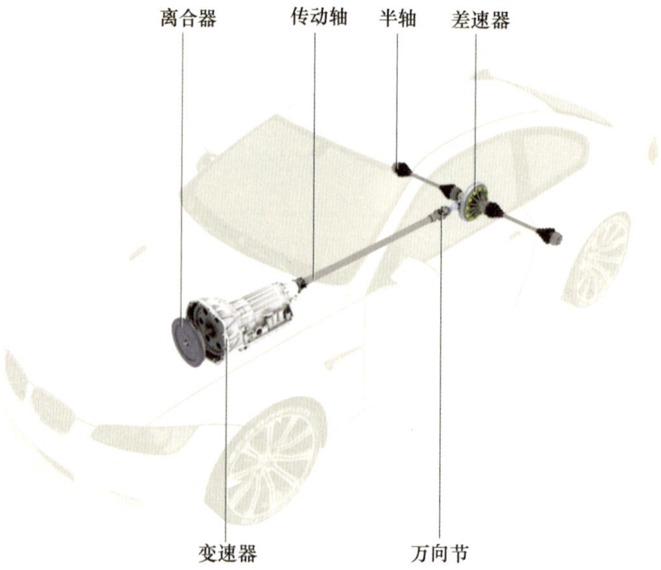

图 1-2　汽车传动系统的组成

传动系统各总成的基本功用如下。

(1) 离合器

离合器的主要功用是按需适时切断或接合发动机与传动系统之间的动力传递。

(2) 变速器

变速器的主要功用是改变转速、转矩和旋转方向,并能中断动力传递。

(3) 万向传动装置

万向传动装置的主要功用是将变速器输出的动力传给主减速器,并适应两者之间距离和轴线夹角的变化。

(4) 主减速器

主减速器的主要功用是降低转速,增大转矩,按需改变动力的传递方向(90°)。

(5) 差速器

差速器的主要功用是将主减速器传来的动力分配给左、右两半轴,并允许左、右两半轴以不同角速度旋转,以满足左、右两驱动轮差速行驶。

(6) 半轴

半轴的主要功用是将差速器传来的动力传给驱动轮。

2. 传动系统的布置形式

汽车传动系统布置形式与发动机的安装位置及汽车驱动形式有关。

(1) 按驱动形式分

汽车驱动形式通常用"汽车车轮总数×驱动车轮数(车轮数系指轮毂数)"来表示,有时也用"汽车车桥总数×驱动车桥数"来表示。常见的驱动形式有 4×2(四轮两驱)、4×4(四轮四驱)。

(2) 按发动机及驱动轮的安装位置分

① 发动机前置、后轮驱动

这是目前各种货车及高端轿车广泛采用的一种传动系布置形式,如图 1-3 所示。它一般是将发动机、离合器和变速器连成一个整体安装在汽车前部,而主减速器、差速器和半轴则安装在汽车后部的后桥壳中,两者之间通过万向传动装置相连。这种布置形式,发动机散热条件好,便于驾驶员直接操纵发动机、离合器和变速器,操纵机构简单,维修方便,且后驱动轮的附着力大,易获得足够的牵引力。

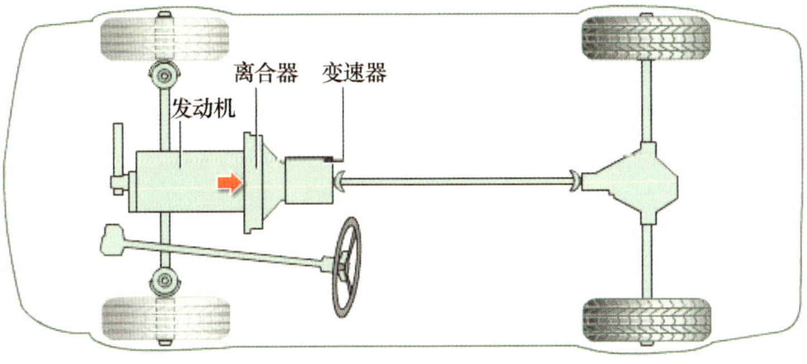

图 1-3　发动机前置、后轮驱动传动系统示意

② 发动机前置、前轮驱动

发动机前置、前轮驱动的传动系统，其变速器和差速器制成一体并同发动机、离合器一起集中安装在汽车前部，如图 1-4 所示。发动机有纵向布置和横向布置之分。这种布置形式，除具有发动机散热条件好、操纵方便等优点外，还省去了很长的传动轴，传动系统结构紧凑，整车质心降低，汽车高速行驶稳定性好。但上坡时前轮附着力减小，易打滑，下坡制动时前轮载荷加重。故主要用于质心较低的轿车上。

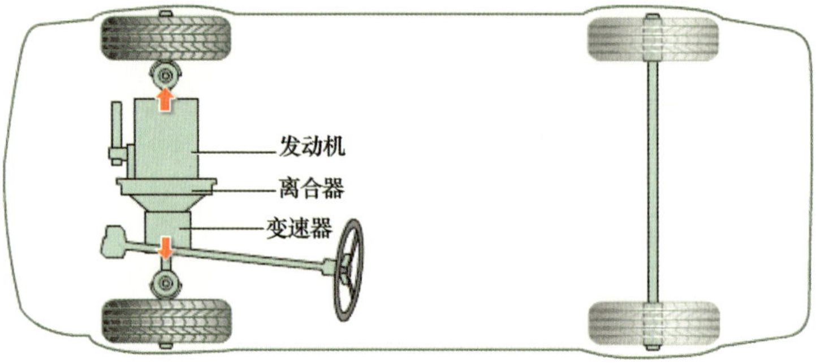

图 1-4　发动机前置、前轮驱动传动系统示意

③ 发动机后置、后轮驱动

发动机后置、后轮驱动的传动系统的发动机、离合器和变速器制成一体布置在驱动桥之后，如图 1-5 所示。这样可大大缩短传动轴的长度，且传动系结构紧凑，质心有所降低，前轴不易过载，后轮附着力大，并能更充分地利用车厢面积。但由于发动机后置，其散热条件差。发动机、离合器、变速器的远距离操纵使操纵机构变得复杂，维修调整不便。所以此种形式的传动系统多用在大型客车上。

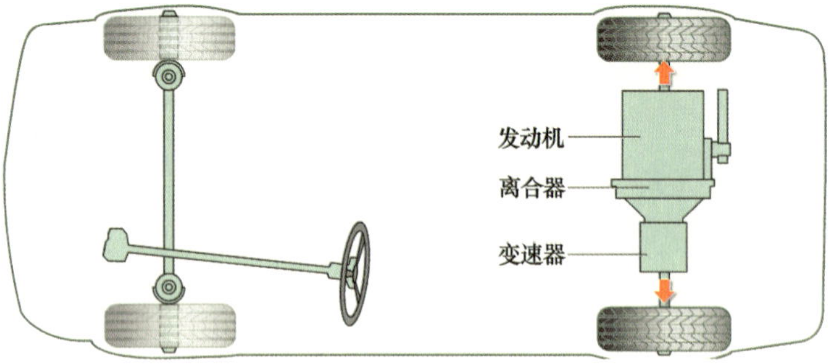

图 1-5　发动机后置、后轮驱动汽车传动系示意

④ 全轮驱动

为了充分利用所有车轮与地面之间的附着条件，以获得尽可能大的牵引力，越野汽车采用全轮驱动，4×4 越野汽车传动系布置形式如图 1-6 所示。与发动机前置、后轮驱动的汽车相比较，其前桥既是转向桥也是驱动桥。为了将发动机传给变速器的动力分配给前、后两驱动桥，在变速器后增设了分动器，由驾驶员控制。

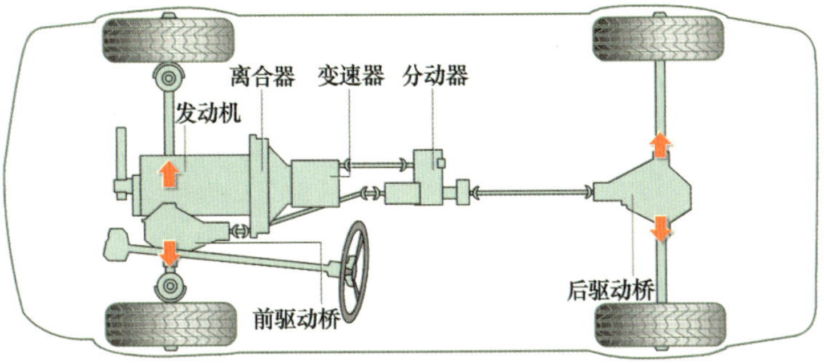

图 1-6　4×4 越野汽车传动系统示意

三、活动实施

(一) 实施方案

1. 质量要求

参照 2013 款 1.6 L 自动挡科鲁兹轿车厂家的质量标准要求。

2. 组织方式

每四位同学一组,查看 2013 款 1.6 L 自动挡科鲁兹轿车上的传动系统各部件的位置。每组作业时间为__30__分钟。

3. 作业准备

(1) 技术要求与标准:

① 能够熟练找出科鲁兹车上变速箱的位置。

② 能够在台架上识别出离合器、差速器、半轴、减速器等传动系统部件。

③ 习惯性使用“三件套”、发动机舱防护罩等汽车防护物品,养成良好职业习惯。

④ 养成“采取安全防护措施维修作业”的习惯。

⑤ 养成工具、零部件、油液“三不落地”的职业习惯,工具及拆下的零部件等都应整齐地放置在工具车及零件盘中。

(2) 场地设施:消防设施的场地。

(3) 设备设施:2013 款 1.6 L 自动挡科鲁兹轿车一辆、科鲁兹底盘台架一部、工具车、零件车、标保工具车、垃圾桶等。

(4) 耗材:干净抹布、清洁剂等。

(二) 操作步骤

识别底盘传动系统的组成部件操作步骤:

(1) 打开车门,罩好“三件套”,拉动发动机舱盖手柄。

(2) 打开发动机舱盖,罩好发动机舱防护罩,拆下发动机护板。

(3) 找出变速箱,观察其结构及在车上的位置。

(4) 在科鲁兹底盘台架上观察差速器的形状及结构。

(5) 在科鲁兹底盘台架上观察半轴的形状及结构。

(6) 在科鲁兹底盘台架上观察减速器的形状及结构。

(7) 按照相应的顺序把汽车复位,并检查复位状况是否良好。

(8) 按照5S标准把科鲁兹底盘台架整理干净并复位。

四、活动小结

1. 传动系统组成及功用

传动系统由离合器、变速器、传动轴和万向节组成的万向传动装置以及安装在驱动桥壳中的主减速器、差速器和半轴等组成。

传动系各总成的基本功用:离合器的功用是按需适时切断或接合发动机与传动系统之间的动力传递;变速器的功用是改变转速、转矩和旋转方向,并能中断动力传递;万向传动装置的功用是将变速器输出的动力传给主减速器,并适应两者之间距离和轴线夹角的变化;主减速器的功用是降低转速,增大转矩,按需改变动力的传递方向(90°);差速器的功用是将主减速器传来的动力分配给左、右两半轴,并允许左、右两半轴以不同角速度旋转,以满足左、右两驱动轮差速行驶。半轴的功用是将差速器传来的动力传给驱动轮。

2. 传动系统的布置形式

汽车传动系统布置形式按驱动形式分有4×2(四轮两驱)、4×4(四轮四驱)。按发动机及驱动轮的安装位置分为:发动机前置、后轮驱动,发动机前置、前轮驱动,发动机后置、后轮驱动和全轮驱动。

五、活动评价

(一)课堂练习

1. 判断题

(1) 汽车传动系统按结构和传动介质的不同,常见的汽车传动系统可分为有离合器机械式和有液力变矩器机械式,还有静液式、电力式。 (　　)

(2) 汽车驱动形式通常用“汽车车轮总数×从动车轮数(车轮数系指轮毂数)”来表示。 (　　)

(3) 发动机前置前驱形式的传动系,其变速器和差速器分别安装在汽车的前部和后部。 (　　)

2. 单选题

(1) 为了将发动机传给变速器的动力分配给前、后两驱动桥,在变速器后增设了(　　),由驾驶员控制。

A. 差速器　　B. 分动器

C. 离合器　　D. 半轴

(2) 下列不是按发动机及驱动轮的安装位置分类的是(　　)。

A. 前置前驱　　B. 前置后驱

C. 四轮驱动　　D. 4×2(四轮两驱)

（二）技能评价

表 1-1　传动系统的认识之技能评价

序号	内　容	分值	得分
1	铺好“三件套”，拉动发动机舱盖手柄	10	
2	打开发动机舱盖，铺好发动机舱防护罩，拆下发动机护板	10	
3	找出变速箱	20	
4	在科鲁兹底盘台架上辨识出离合器	10	
5	在科鲁兹底盘台架上辨识出差速器、半轴及减速器	15	
6	找出差速器、半轴、减速器的位置	15	
7	把汽车复位，并检查复位状况是否良好	10	
8	把科鲁兹底盘台架整理干净并复位	10	
总　分		100	

（注：操作正确即得分，操作错误或未进行操作得 0 分）

学习任务 2　前轮驱动轴拆装

一、任务目标

通过本活动学习，学习者应能：

（1）用自己的语言描述万向传动装置组成和功用。

（2）了解万向节的结构、分类与原理。

（3）简要概括各类型的万向节的结构与原理。

（4）顺利完成对前轮驱动轴的拆装。

二、知识准备

1. 万向传动装置的组成和功用

万向传动装置主要由万向节和传动轴组成，当传动轴比较长时，还要加中间支承。它的功用是在轴线相交且相对位置经常变化的两转轴间传递动力，如图 1-7 所示。

2. 万向节的结构与原理

万向节是实现转轴之间变角度传递动力的部件。如果万向节在扭转方向没有弹性，动力靠零件的铰链式连接传递，则它是刚性万向节。刚性万向节又分为不等速万向节、准等速万向节和等速万向节。如果万向节在扭转方向有一定弹性，动力靠弹性零件传递且有缓冲减振作用，则它是弹性万向节。

等速万向节在工作过程中其传力点永远位于两轴交角的平分面上，如图 1-8 所示。等

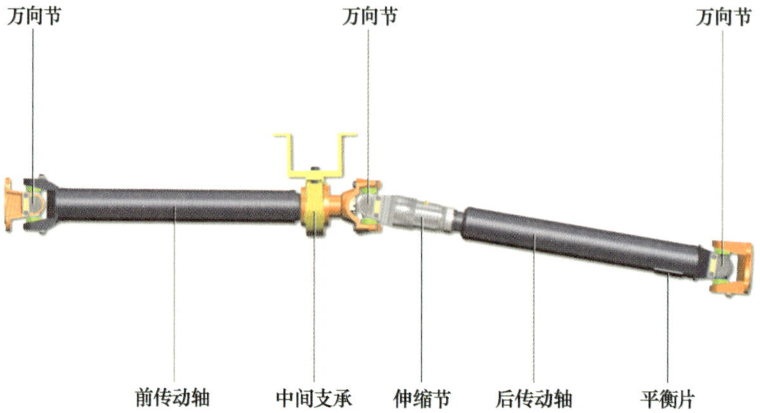

图 1-7　万向传动装置的组成

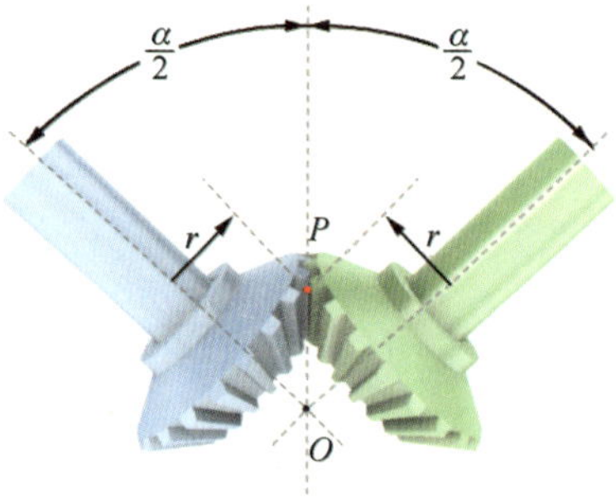

图 1-8　等角速万向节原理

速万向节主要用于前驱动桥和断开式驱动桥的轿车上。常用的等速万向节有球笼式万向节、球叉式万向节、三叉式万向节。

球笼式万向节又可分为如下两类：

① 固定型球笼式万向节(RF 节)

固定型球笼式万向节在传递转矩的过程中，主从动轴之间只能相对转动、不会产生轴向位移，其结构如图 1-9 所示。

② 伸缩型球笼式万向节(VL 节)

伸缩型球笼式万向节在传递转矩的过程中，主从动轴之间不仅能相对转动，而且可以产生轴向位移，如图 1-10 所示。

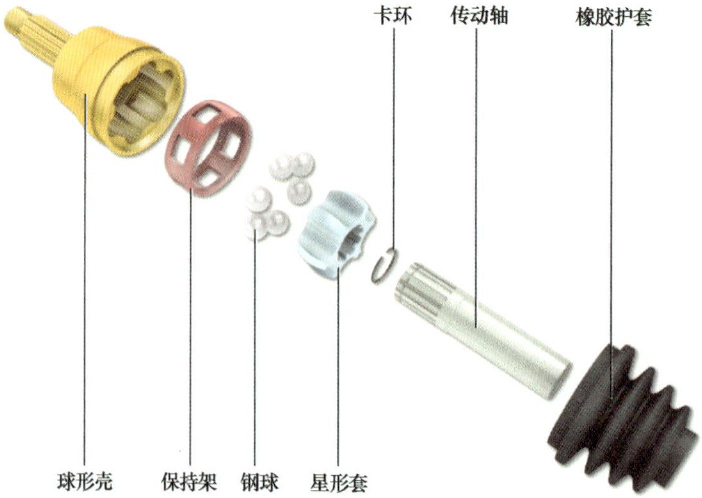

图 1-9　固定型球笼式等角速万向节

三、活动实施

(一) 实施方案

1. 质量要求

参照 2013 款 1.6 L 自动挡科鲁兹轿车厂家的质量标准要求。

2. 组织方式

每四位同学一组，能够使用前轮驱动轴拆装工具按照企业岗位操作规范对前轮驱动轴进行拆装作业。每组作业时间为 30 分钟。

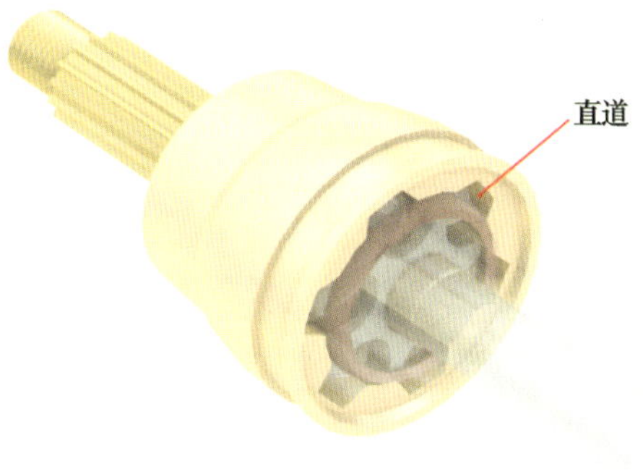

图 1-10　伸缩型球笼式等角速万向节

3. 作业准备

(1) 技术要求与标准：

① 需使用密封件保护工具，防止护套、密封件或卡箍损坏。

② 需要排放变速箱齿轮油，使用回收装置进行回收。

③ 安装时，需按照要求拧紧相关螺栓、螺母。

(2) 场地设施：消防设施的场地。

(3) 设备设施：2013 款 1.6 L 自动挡科鲁兹轿车一辆、科鲁兹车型底盘相关专用工具、工具车、零件车、标保工具车、垃圾桶等。

(4) 耗材：干净抹布、清洁剂等。

(二) 操作步骤

1. 变速器油液的排放与加注

(1) 排放变速器油

注意事项

不要打开变速器前部的油塞。拆卸任何螺塞时一定要小心，清洁此螺塞的周围区域。

① 举升和顶起车辆。

② 拆下左前舱防溅罩(若装备有该部件)。

③ 拆下前舱隔音板(若装备有该部件)。

④ 如图 1-11 所示，拆下变速器的放油螺塞①。

⑤ 将变速器油排入合适、清洁的容器。

注意事项

该变速器未配备油位检查装置。仅可通过排放和加注程序检查油位。

⑥ 排放变速器油 10 分钟，使其充分排净。

⑦ 检查收集的变速器油中是否有金属碎屑和其他异物。如果发现以上情况，则查找原因。

⑧ 清洁变速器油排放孔螺纹。

⑨ 如图 1-12 所示，安装新的放油螺塞①并紧固至 20 N·m。

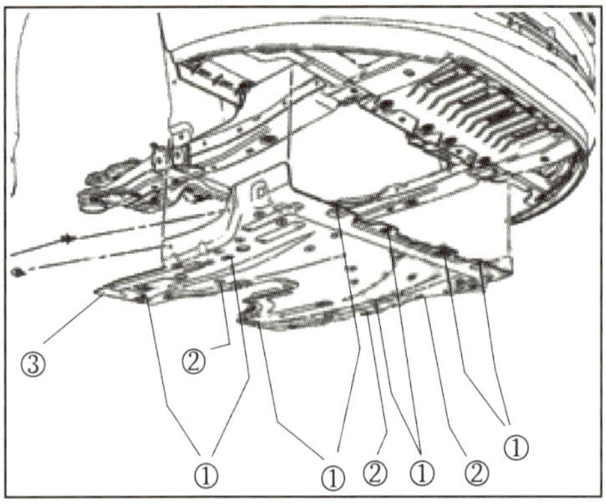

图 1-11　拆下变速器的放油螺塞

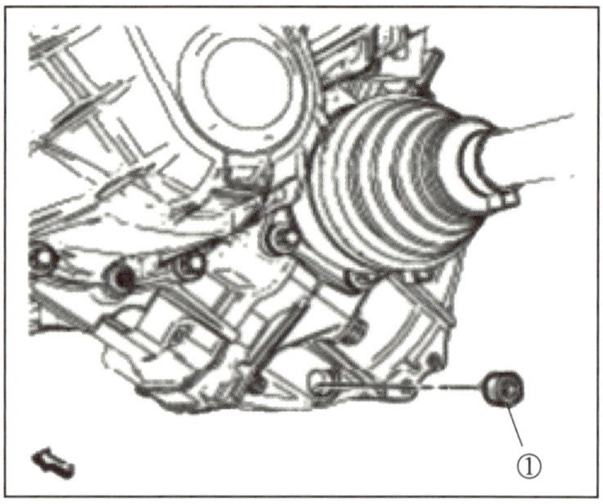

图 1-12　安装新的放油螺塞

注意事项

安装放油螺塞时应涂抹螺纹锁止胶。如果螺塞处有漏油，则更换新的变速器放油螺塞。

(2) 加注变速器油

① 使车辆传动系统及其排气系统冷却。

② 如图 1-13 所示，拆下变速器检查螺塞①。

③ 降下车辆。

④ 拆下发动机控制模块并悬挂在一边。

⑤ 如图 1-14 所示，拆下加油口盖①和加油螺塞②。

⑥ 用正确的油将变速器加注至合适油位直至油从油位检查螺塞孔中溢出。

⑦ 如图 1-14 所示，安装加油螺塞和加油口盖①并紧固至 35 N·m。

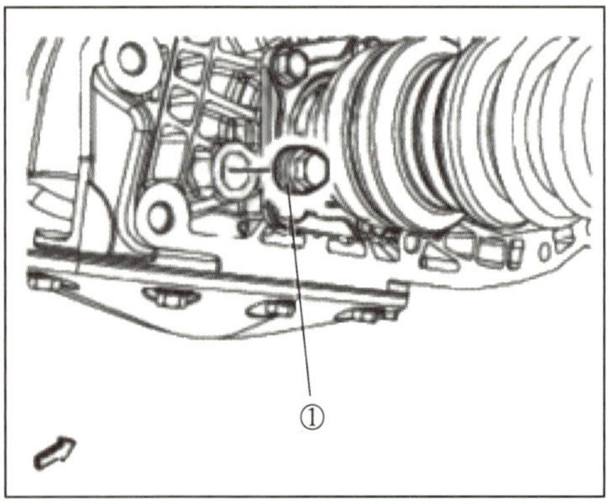

图 1-13　拆下变速器检查螺塞

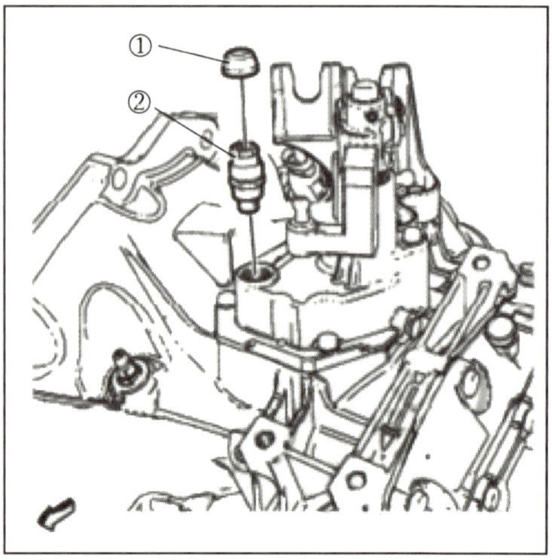

图 1-14　拆下加油口盖和加油螺塞

⑧ 安装发动机控制模块。

⑨ 举升车辆。

⑩ 如图 1-15 所示，安装变速器油检查螺塞①。

⑪ 紧固变速器油检查螺塞 6 N·m，并旋转 45°～180°。

⑫ 安装前舱隔音板(若装备有该部件)。

⑬ 降下车辆。

2. 左前轮驱动轴的拆装

(1) 拆卸顺序

注意事项

当在车轮驱动轴上或在其附近进行维修时，要防止驱动轴护套、密封件和卡箍接触到锋利的物体。

① 举升和顶起车辆。

② 拆下轮胎和车轮总成。

③ 排空变速器油。

④ 如图 1-16 所示，使用 3 个车轮螺母，将 CH-49376 扳手①和 EN-956-1 加长件②一同安装至前轮双头螺栓上。

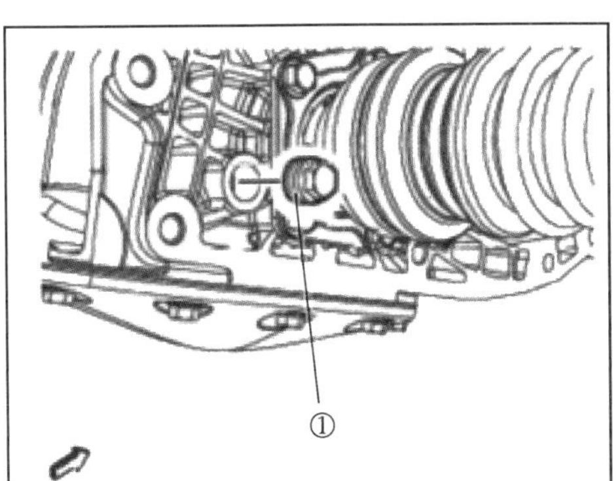

图 1-15 安装变速器油检查螺塞

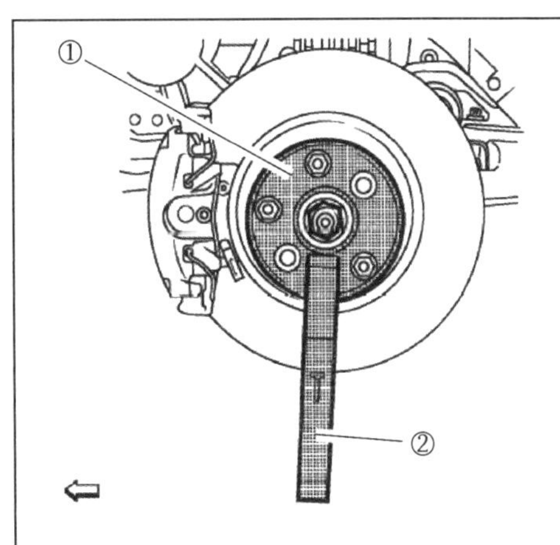

图 1-16 拆卸前轮双头螺栓

⑤ 使用 CH-49376 扳手① 和 EN-956-1 加长件②，松开前轮驱动轴螺母，如图 1-17 所示。

⑥ 将 CH-49376 扳手①和 EN-956-1 加长件②从前轮双头螺栓上拆下，如图 1-17 所示。

⑦ 将车轮驱动轴螺母②从车轮驱动轴①上拆下并更换，如图 1-18 所示。

⑧ 如图 1-18 所示，紧固 2 个车辆螺母，将 CH-49400 拆卸工具②安装至车轮双头螺栓上。

注意事项

无论制动钳是否已从其座上分离，都需用结实金属丝吊住制动钳，否则会损坏制动软管而产生制动液泄漏。

图 1-17　松开前轮驱动轴螺母

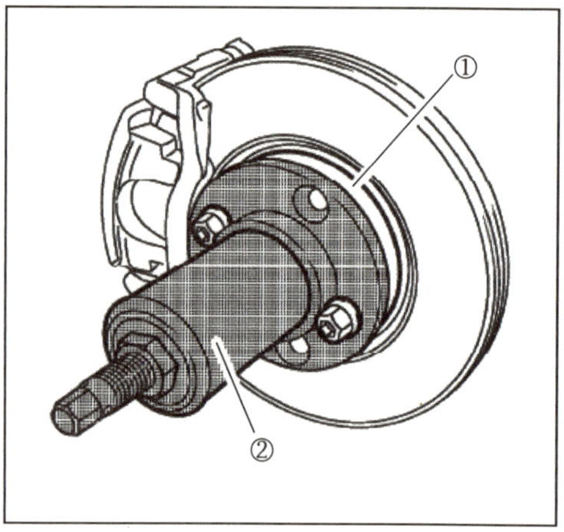

图 1-18　安装双头螺栓

⑨ 如图 1-19 所示，将前轮驱动轴从车轮轴承/轮毂总成①上分离。

⑩ 如图 1-19 所示，拆下 CH-49400 拆卸工具②。

⑪ 将外转向横拉杆端部从转向节上分离。

⑫ 如图 1-20 所示，拆下并更换下球节至转向节的螺栓①和螺母，将前下控制臂球节从转向节上分离。

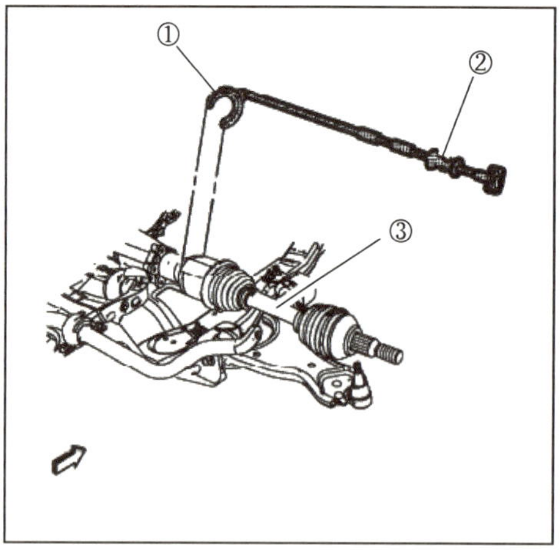

图 1-19　拆下拆卸工具

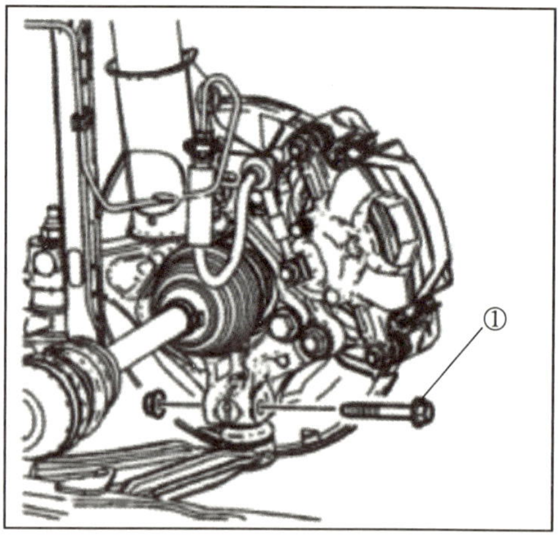

图 1-20　拆下并更换球节至转向节螺栓

⑬ 如图 1-21 所示，将 DT-6332 保护工具安装到前轮驱动轴油封上。

注意事项

在拆下和安装前轮驱动轴之前，必须将 DT-6332 或同等工具安装至前轮驱动轴油封中。没有使用 DT-6332 可能导致前轮驱动轴的花键划伤前轮驱动轴油封。

⑭ 如图 1-22 所示，使用 CH-313 惯性锤②和 CH-6003 拆卸工具①，将车轮驱动轴③从车辆上拆下。

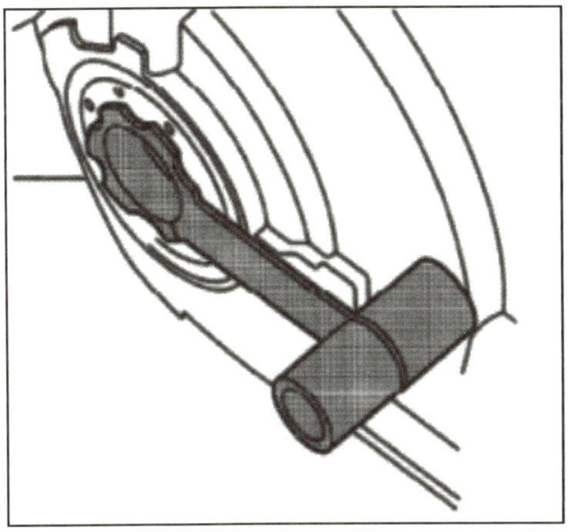

图 1-21　安装 DT-6332 保护工具

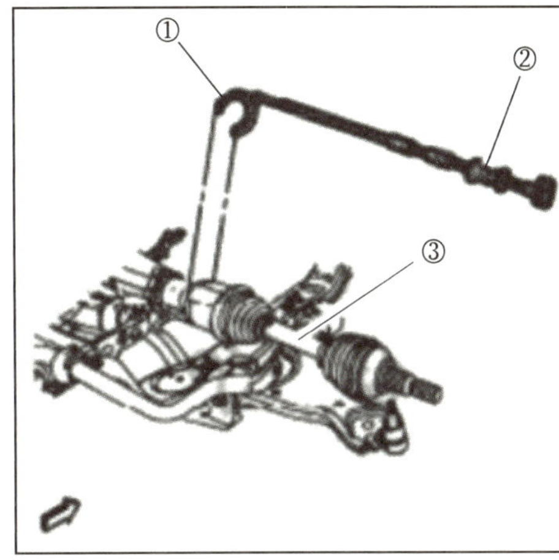

图 1-22　拆卸车轮驱动轴

⑮ 如图 1-23 所示，将垫圈①从车轮驱动轴②上拆下并更换。切勿重复使用垫圈。

注意事项

如果车轮驱动轴上没有垫圈，则安装新的垫圈。图 1-23 所示为右侧车轮驱动轴，仅作为专用工具正确使用的示例。

(2) 安装顺序

① 如图 1-24 所示，小心地将车轮驱动轴安装到差速器上，直至花键通过 DT-6332 保护工具。

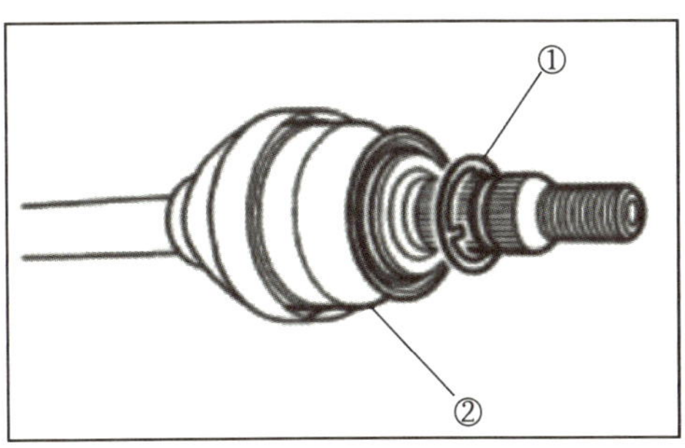

图 1-23　拆卸垫圈

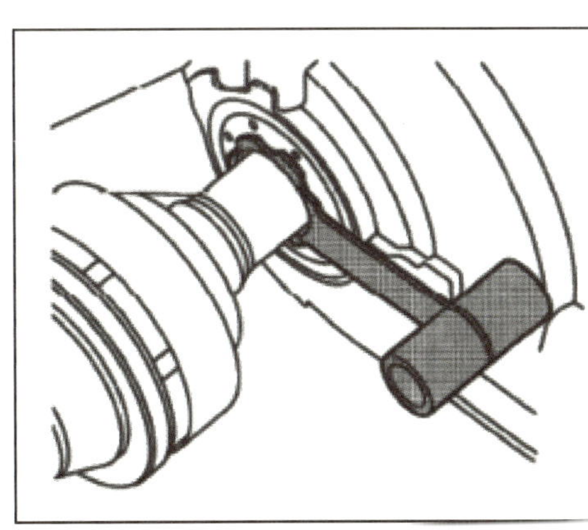

图 1-24　安装车轮驱动轴到差速器上

② 将 DT-6332 保护工具从差速器输出轴密封件上拆下。

③ 将前轮驱动轴安装到差速器上直至卡环完全就位。

④ 抓住内侧万向节外壳并向外拉，确认前轮驱动轴卡环正确就位。

⑤ 将前轮驱动轴安装到前轮轴承/轮毂上，如图 1-25 所示。

⑥ 如图 1-26 所示，用螺栓①和螺母，将前下控制臂球节连接至转向节。

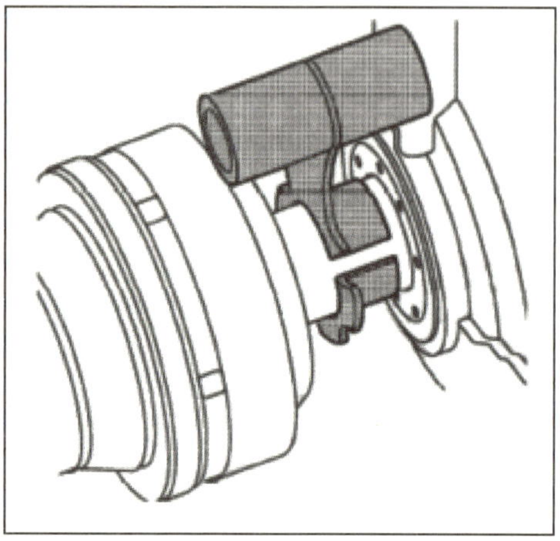

图 1-25　安装前轮驱动轴到前轮轴承上

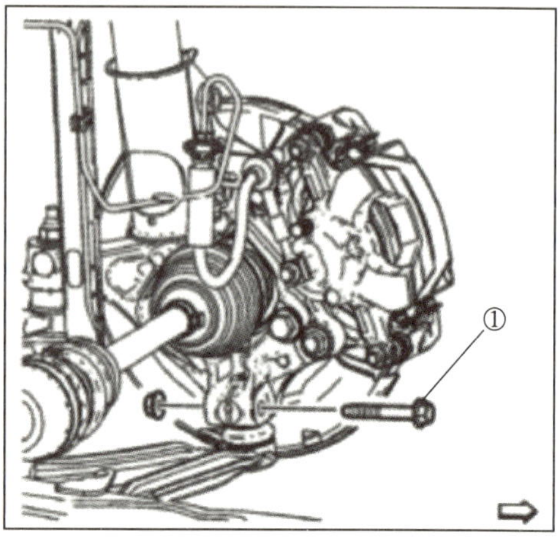

图 1-26　连接转向节

⑦ 如图 1-27 所示，将外转向横拉杆端部连接至转向节。

⑧ 如图 1-28 所示，将新的前轮驱动轴螺母②安装到前轮驱动轴上①。

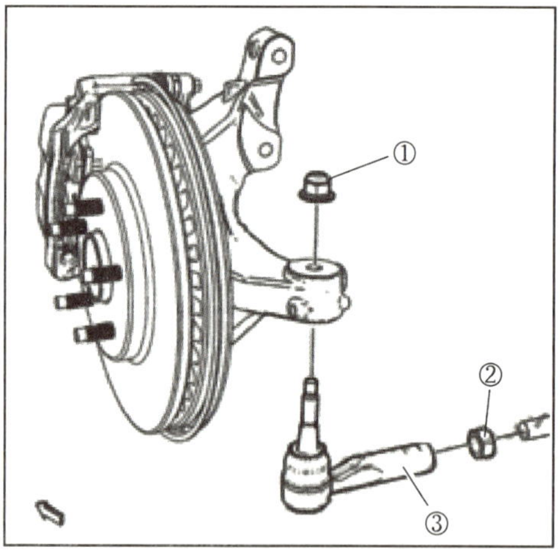

图 1-27　将外转向横拉杆端部连接至转向节

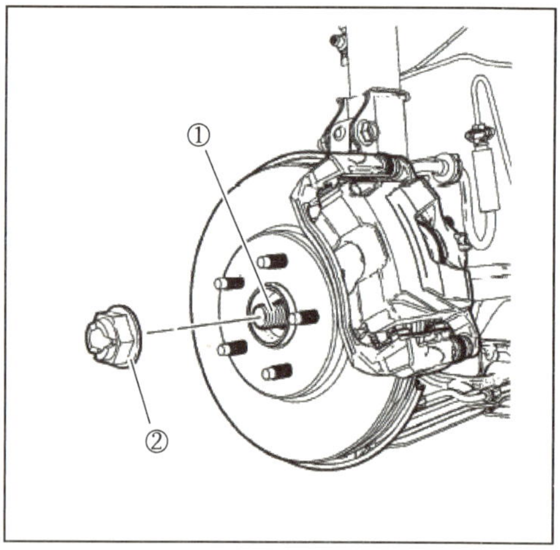

图 1-28　安装新的前轮驱动轴螺母

⑨ 如图 1-29 所示，紧固 3 个车轮螺母，将 CH-49376 扳手①和 EN-956-1 加长件②一同安装至前轮双头螺栓上。

⑩ 如图 1-30 所示，使用扭矩扳手和尺寸合适的套筒，将前轮驱动轴螺母②分 3 次紧固。

注意事项

◇ 前轮驱动轴螺母紧固至 150 N・m。

◇ 将车轮驱动轴螺母松开 45°。

◇ 再将螺母重新紧固至 250 N・m。

⑪ 将 CH-49376 扳手和 EN-956-1 加长件从前轮双头螺栓上拆下。

⑫ 安装轮胎和车轮总成，按图 1-31 所示顺序将轮胎螺栓紧固至 140 N・m。

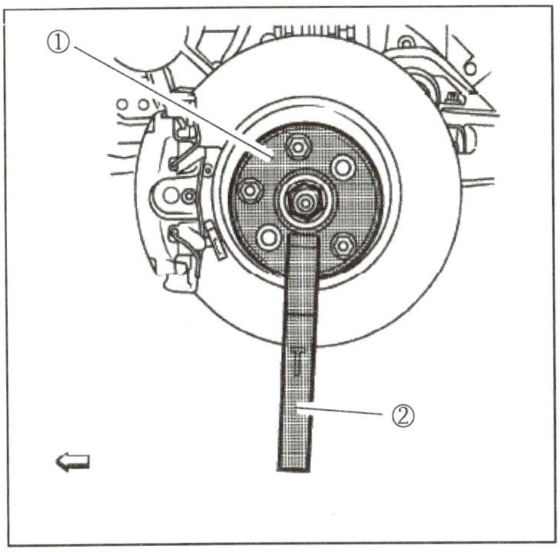

图 1-29　安装扳手和加长件至前轮双头螺栓

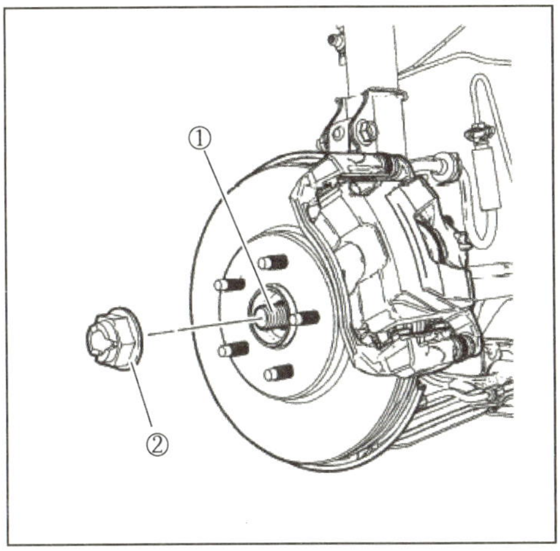

图 1-30　紧固前轮驱动轴螺母

⑬ 重新加注变速器油。

⑭ 降下车辆并拆下支撑。

3. 右前轮驱动轴拆装(带中间驱动轴)

注意事项

右前轮驱动轴与差速器的链接分为带中间驱动轴和不带中间驱动轴两种，拆装顺序和方法与左前轮驱动轴拆装基本相同，带中间驱动轴拆装中的一些不同部分阐述如下。

(1) 拆卸顺序

① 如图 1-32 所示，小心地将车轮驱动轴①从中间传动轴上拆下。

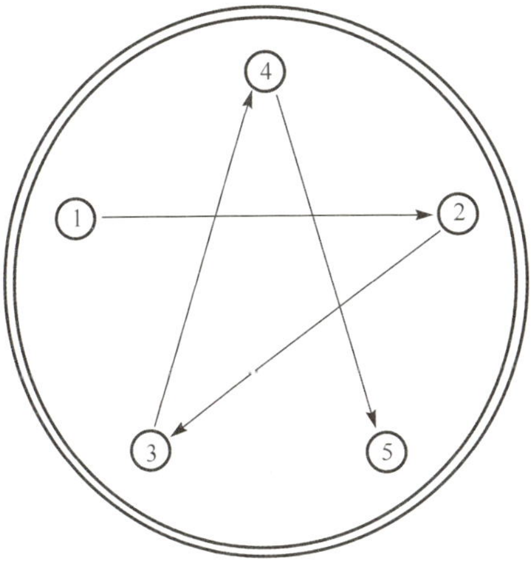

图 1-31　紧固轮胎螺栓的顺序

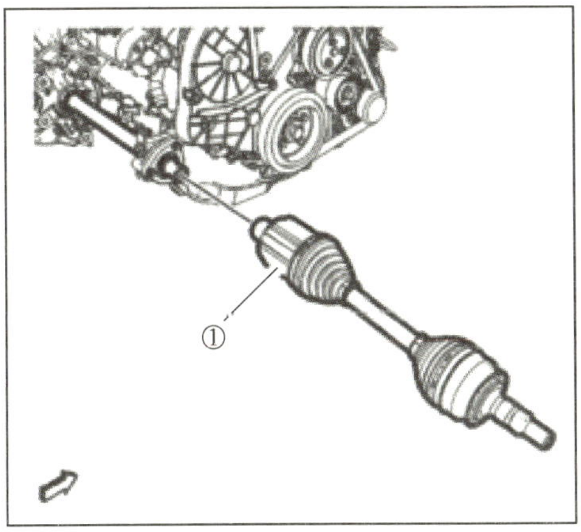

图 1-32　拆下车轮驱动轴

② 如图 1-33 所示，将“O”形圈①从中间传动轴②上拆下并更换新件。

(2) 安装顺序

如图 1-34 所示,小心地将车轮驱动轴①安装到中间传动轴上。

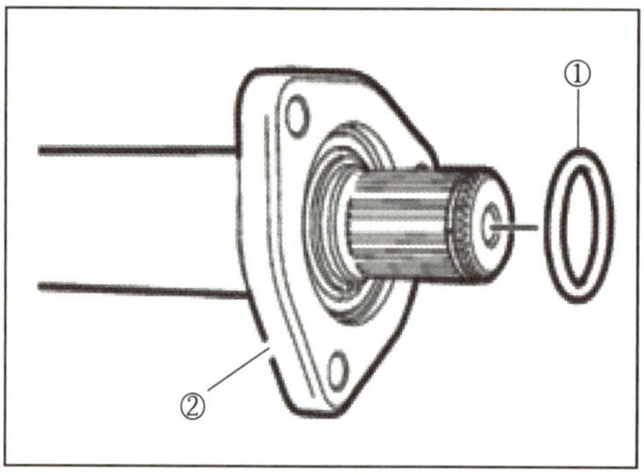

图 1-33 更换"O"形圈

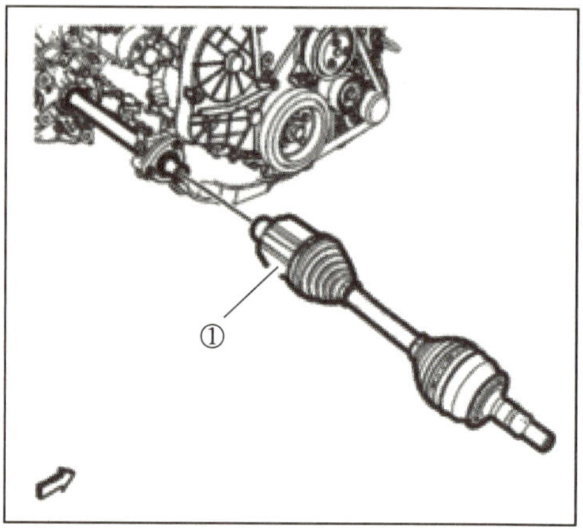

图 1-34 安装车轮驱动轴至中间传动轴

4. 前驱动轴万向节和保护套拆装

(1) 拆卸顺序

① 拆下左侧或右侧车轮驱动轴。

② 如图 1-35 所示,使用斜口钳将密封罩大固定卡箍②从等速万向节外球座③上拆下。

③ 如图 1-35 所示,在大直径端将半轴外侧密封罩①从等速万向节外球座③上分离。

④ 如图 1-36 所示,沿半轴杆⑤将密封罩④滑离万向节。

⑤ 如图 1-36 所示,擦除万向节星形套②表面的润滑脂。

⑥ 如图 1-36 所示,使用 GE-396 夹钳⑥,分开座圈卡环③的环耳。

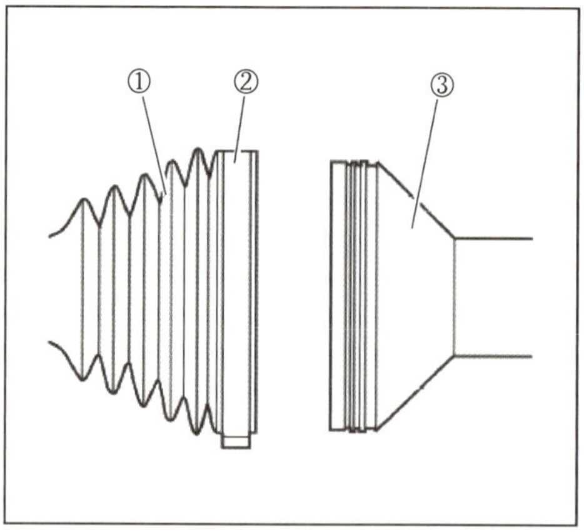

图 1-35 拆下密封罩大固定卡箍

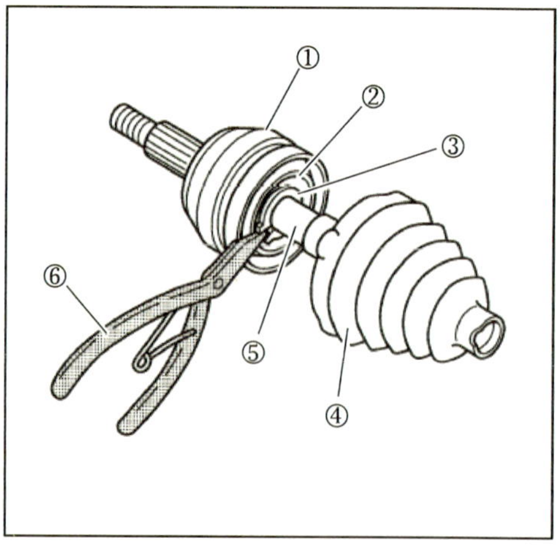

图 1-36 分开座圈卡环的环耳

⑦ 如图 1-37 所示,将等速万向节总成②从半轴杆①上拆下。

⑧ 更换外侧密封罩。

⑨ 用清洗溶剂彻底清洗以下部件,清除所有旧油脂和污物的痕迹。

⑩ 干燥所有零件。

(2) 安装顺序

① 如图 1-38 所示，将半轴夹在台钳中。

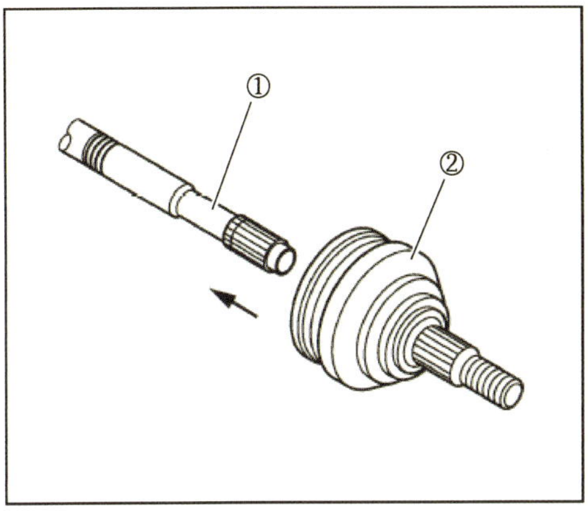

图 1-37　拆下等速万向节总成

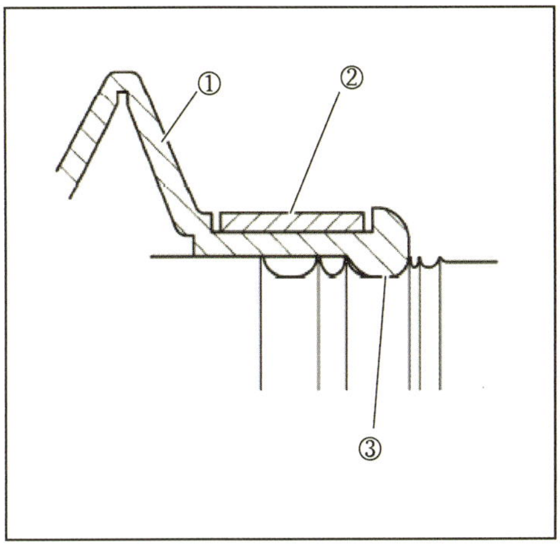

图 1-38　安装卡箍、套上外侧密封罩

② 如图 1-38 所示，将新的小的带凸耳的卡箍②安装到外侧密封罩①的颈部上，先不要压紧。

③ 如图 1-38 所示，将外侧密封罩①套到半轴杆上且把外侧密封罩①的颈部固定在半轴杆密封槽内。半轴杆上位于可见凹槽下面的最大凹槽是密封槽③。

④ 如图 1-39 所示，使用 CH-804 张紧器①和扭矩扳手，压接带凸耳的卡箍。将带凸耳的卡箍紧固至 25 N · m。

⑤ 将维修组件中约一半的润滑脂涂抹到外侧密封罩的内部，用剩余的润滑脂涂抹等速万向节。

⑥ 如图 1-40 所示，将等速万向节②推到半轴杆①上，直至卡环就位于半轴杆的凹槽。

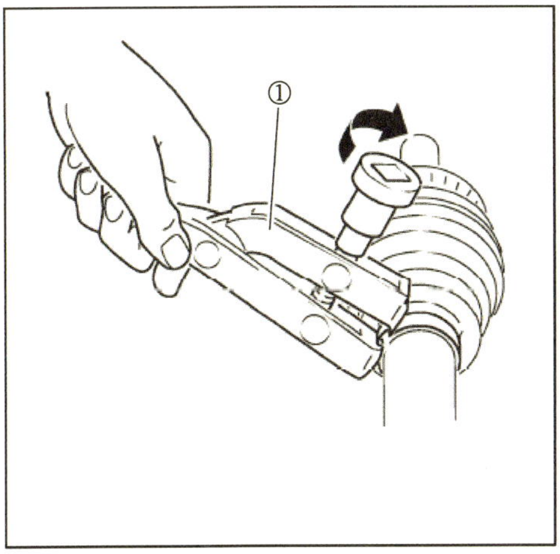

图 1-39　压接凸耳的卡箍

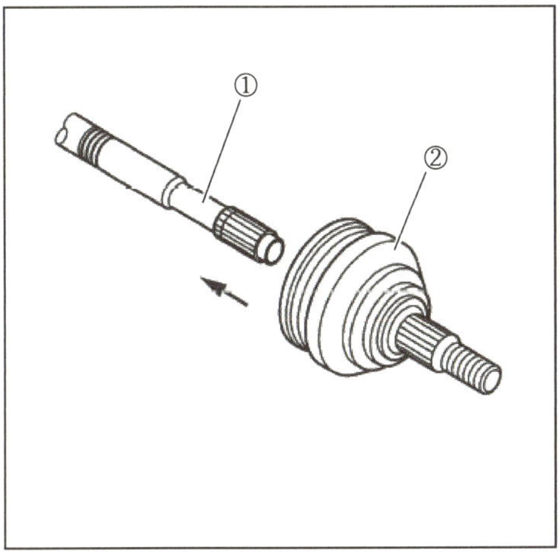

图 1-40　安装等速万向节

⑦ 如图 1-41 所示，将大直径的外侧密封罩①连同就位的密封罩大固定卡箍②滑到等速万向节外球座③的外侧，并将凹槽内的密封罩唇部置于等速万向节外球座上的凹槽内。

⑧ 如图 1-42 所示，使用 CH-804 张紧器压接密封罩固定卡箍①至 25 N·m。

⑨ 安装左侧或右侧车轮驱动轴。

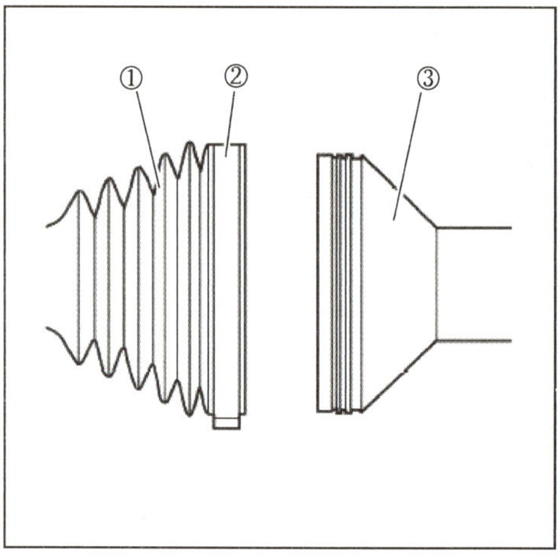

图 1-41 密封等速万向节

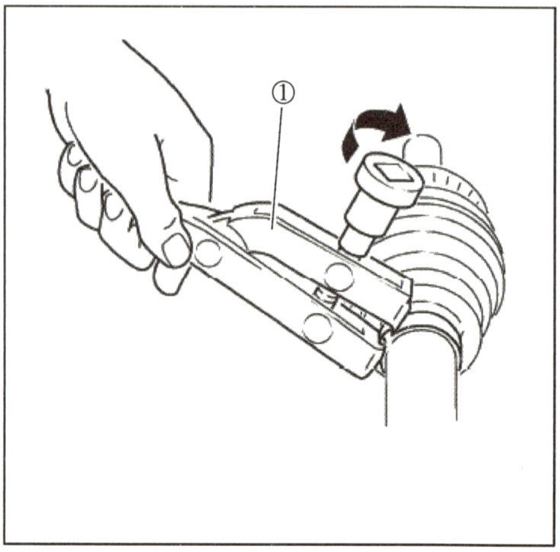

图 1-42 压接密封罩固定卡箍

四、活动小结

1. 传动轴的作用

传动轴的作用是（安装在 FR 车和 4WD 车上）将来自传动桥/变速器的动力传送到差速器。

2. 传动轴拆装注意事项

(1) 驱动轴从轮毂上拆卸后不要让其长时间从变速驱动桥自由下垂。

(2) 拆卸驱动轴后，应堵塞变速器驱动桥上的驱动轴开孔，防止油液流出和污染物进入。

3. 万向传动装置的功用和组成

(1) 万向传动装置的功用是能在轴间夹角及相对位置经常发生变化的转轴之间传递动力。

(2) 万向传动装置主要由万向节和传动轴组成，有些较长的传动轴还装有中间支撑。

4. 万向节

普通万向节的不等速是指在转动一圈内的角速度不相等。为实现等角速传动，两个普通万向节的排列方式为：第一个万向节的从动叉和第二个万向节的主动叉与传动轴相连，且传动轴两端的万向节叉在同一平面内；输入轴、输出轴与传动轴的夹角相等。

5. 万向传动装置装配注意事项

万向传动装置装配时，应注意装配位置对其传动速度特性的影响，应注意装配记号。

五、活动评价

(一) 课堂练习

1. 判断题

(1) 汽车行驶中,传动轴的长度可以自动变化。 ( )

(2) 传动轴两端的万向节叉,安装时应在同一平面上。 ( )

2. 单选题

(1) 所有普通十字轴式刚性万向节"传动的不等速性"是指主动轴匀角速度旋转时( )。

A. 从动轴的转速不相等　　B. 从动轴在一周中的角速度是变化的

C. 从动轴的转速是相等的　　D. 从动轴在一周中的角速度是相等的

(2) 普通刚性万向节传动时,所产生的不等角速旋转,这种不等角速度的变化程度,甲认为"它与主动轴和从动轴之间的夹角有关,夹角越大,不等角速度越严重";乙认为"它与发动机转速有关,与夹角的大小无关,发动机转速越高,不等角速度程度越严重",甲乙两人谁正确?( )

A. 甲对　　B. 乙对　　C. 甲、乙都对　　D. 甲、乙都不对

(二) 技能评价

表 1-2 前轮驱动轴拆装之技能评价

序号	内　容	分值	得分
1	拆装车轮总成	5	
2	规范使用举升器	10	
3	变速器油的排放	10	
4	使用专用工具拆卸和安装传动轴螺母	10	
5	使用油封保护套拆卸和安装驱动轴	10	
6	内侧万向节护套的拆卸和安装	10	
7	外侧万向节护套的拆卸和安装	10	
8	清洁内、外万向节各零部件	5	
9	检查驱动轴各零部件	5	
10	按照规范流程进行拆装作业	15	
11	做好 5S 工作	10	
总　分		100	

(注:操作正确即得分,操作错误或未进行操作得 0 分)

学习任务3　手动变速器拆装

一、任务目标

通过本活动学习,学习者应能:

(1) 完整罗列出手动变速器的组成部件。

(2) 用自己的语言概括变速器的工作原理。

(3) 熟悉变速器的常见换挡方式。

(4) 30分钟内完成手动变速器的拆装。

二、知识准备

1. 变速器的功用

(1) 改变传动比,扩大驱动力和速度变化范围,适应路况和行驶条件,使发动机在最有利的条件下工作。

(2) 不改变发动机旋转方向的前提下,实现倒向行驶。

(3) 中断发动机向驱动轮的动力传递。

2. 变速器的组成

变速器主要由变速传动机构和变速操纵机构组成。

3. 变速器的类型

(1) 按传动比变化方式的不同,变速器可分为有级式、无级式和综合式3种。

(2) 按换挡操纵方式的不同,变速器可分为手动操纵式、自动操纵式和半自动操纵式3种,如图1-43所示。

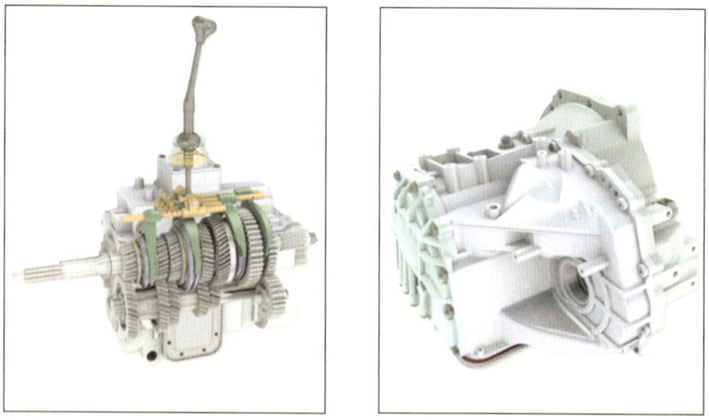

(a) 手动变速器　(b) 自动变速器

图1-43　变速器分类

(3) 按支撑轴的数量不同,变速器可分为2轴变速器和3轴变速器。

(4) 按挡位个数的不同,变速器可分为4挡变速器和5挡变速器。

4. 变速传动机构

(1) 变速传动机构的组成

变速传动机构主要由齿轮、轴及变速器壳体等零部件组成。

(2) 变速器传动机构的工作原理

① 利用不同齿数的齿轮对相互啮合,改变变速器的传动比(i);

② 通过增加齿轮传动的对数,以实现倒挡。

前进挡时,动力由第一轴直接传给第二轴,只经过一对齿轮传动,两轴转动方向相反。倒挡时,动力由第一轴传给倒挡轴,再由倒挡轴传给第二轴,经过两对齿轮传动,第一轴与第二轴转动方向相同。

(3) 常见的换挡方式

① 滑动齿轮换挡方式

如图 1-44 所示,直齿滑动式换挡齿轮与轴通过花键相连接,在空挡情况下,与另一齿轮并不啮合。挂挡时,通过直接移动滑挡齿轮与另一个齿轮啮合即可。这种换挡方式换挡冲击大、齿轮易磨损,同时参与工作的齿轮数少,高强度下易断齿。

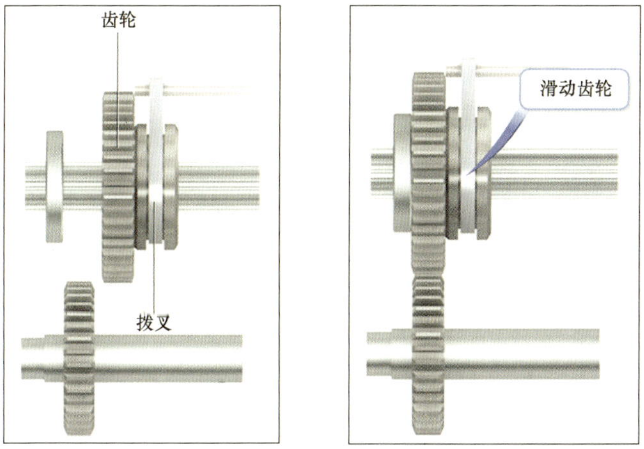

图 1-44　滑动齿轮换挡方式示意

② 接合套换挡方式

如图 1-45 所示接合换挡装置用于斜齿轮传动(参与工作齿轮数多,工作平稳)的挡位。接合套式换挡装置由于其接合齿短,换挡时拨叉移动量小,故操作较轻便,且换挡承受冲击的面积增加,使换挡时冲击减小,换挡元件的寿命长。

③ 同步器换挡方式

如图 1-46 所示同步器式换挡装置是在接合套式换挡装置的基础上又加装了同步元件而构成的一种换挡装置。它可以保证在换挡时使接合套与待啮合齿圈的圆周速度迅速相等,即迅速达到同步状态,并防止二者在同步之前进入啮合,从而可消除换挡时的冲击,并使换挡操纵简单,无须用脚踩离合。

5. 两轴式变速器

(1) 两轴式变速器结构

如图 1-47 所示,两轴式变速器变速传动机构主要由第一轴(即动力输入轴)、第二轴(即

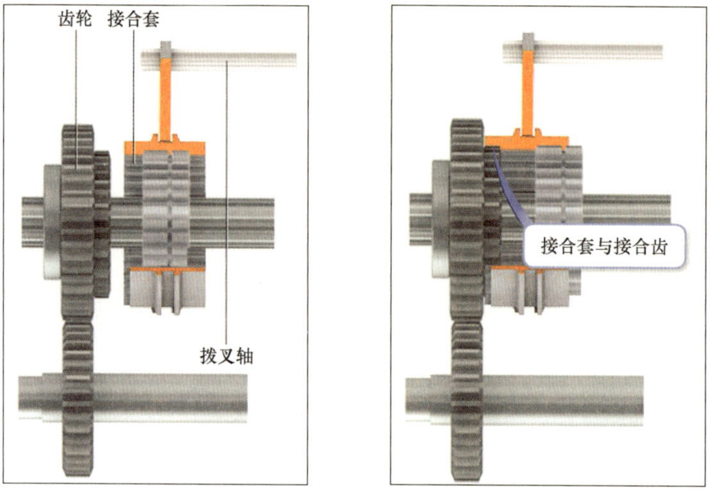

图 1-45　接合套换挡方式示意

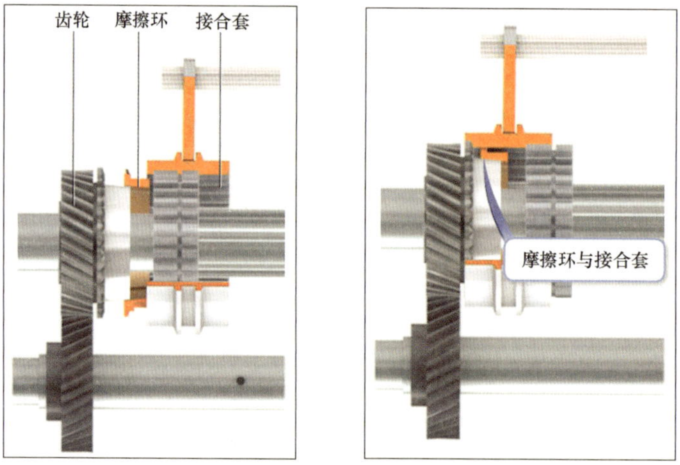

图 1-46　同步器换挡方式示意

动力输出轴)、倒挡轴、各挡齿轮及变速器壳体所构成。大部分轿车都采用两轴式变速器。

(2) 两轴式变速器传动原理

两轴式变速器传动机构如图 1-48 所示。

① 一挡传递路线(如图 1-49 所示)

输入轴→一挡主动齿轮→一挡从动齿轮→一挡-二挡同步器→输出轴。

② 二挡传递路线(如图 1-50 所示)

输入轴→二挡主动齿轮→二挡从动齿轮→一挡-二挡同步器→输出轴。

③ 三挡传递路线(如图 1-51 所示)

输入轴→三挡主动齿轮→三挡从动齿轮→三挡-四挡同步器→输出轴。

④ 四挡传递路线(如图 1-52 所示)

输入轴→四挡主动齿轮→四挡从动齿轮→三挡-四挡同步器→输出轴。

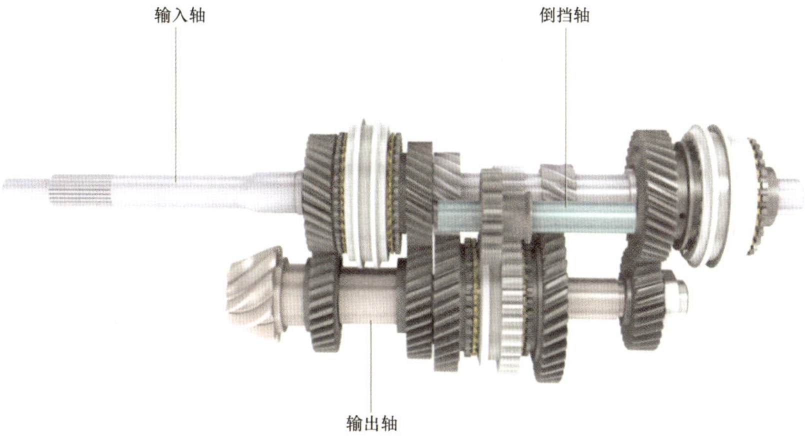

图 1-47　两轴式变速器结构

图 1-48　两轴式变速器传动机构

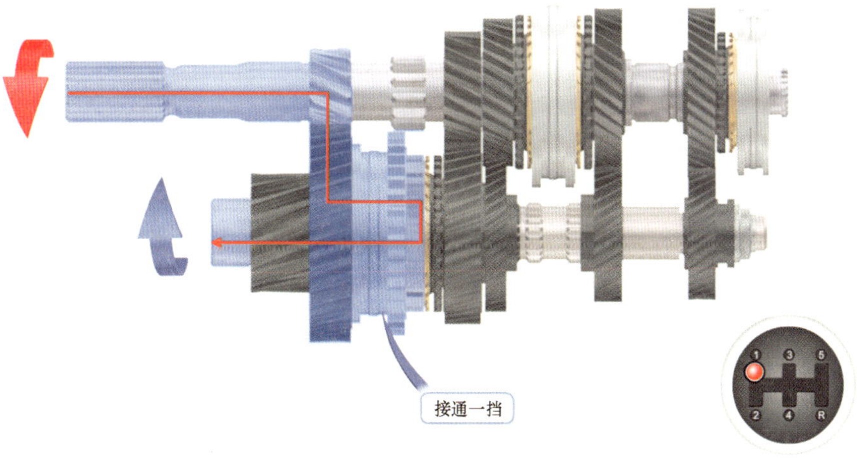

图 1-49　两轴式变速器一挡传动路线

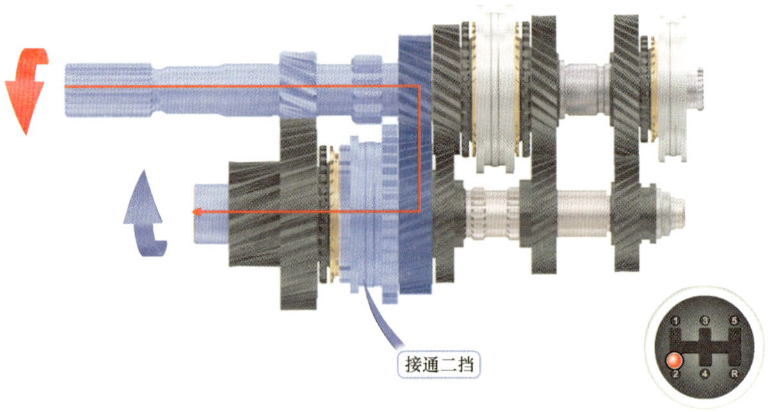

图 1-50　两轴式变速器二挡传动路线

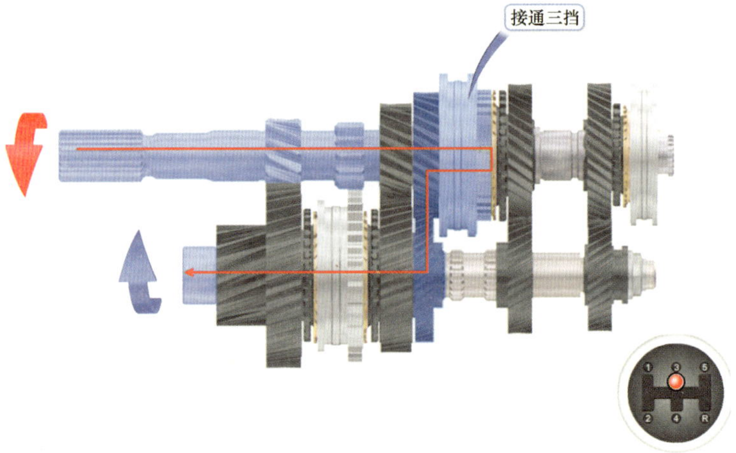

图 1-51　两轴式变速器三挡传动路线

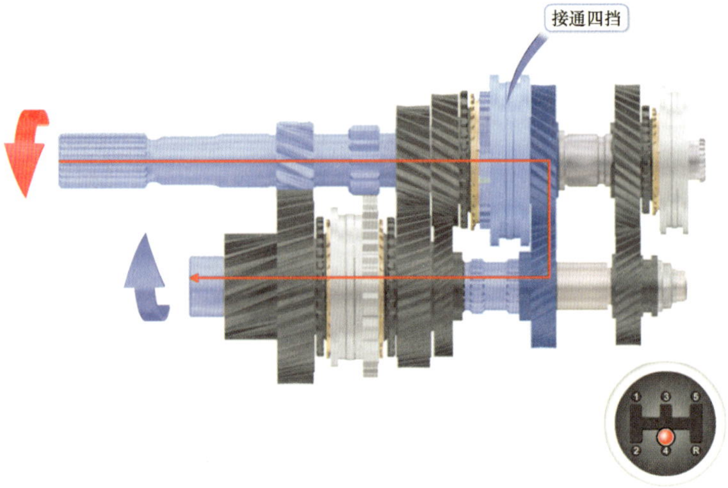

图 1-52　两轴式变速器四挡传动路线

⑤ 五挡传递路线(如图 1-53 所示)

输入轴→五挡主动齿轮→五挡从动齿轮→四挡-五挡同步器→输出轴。

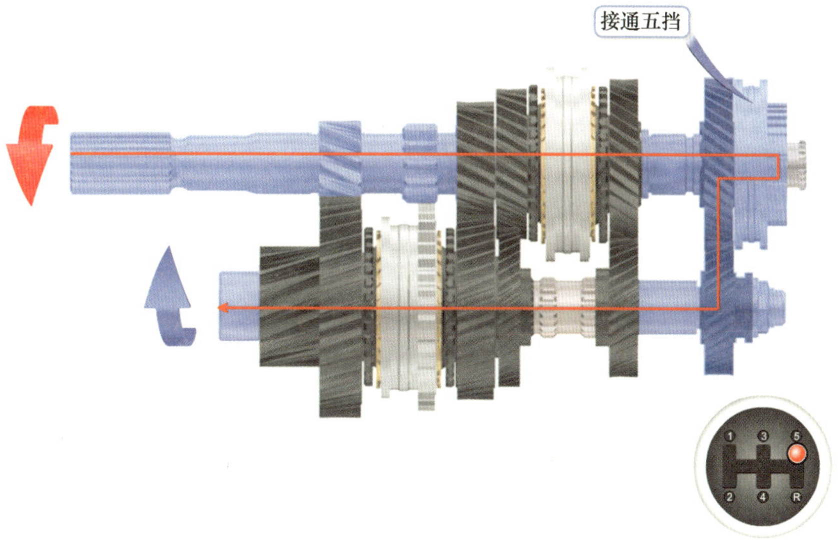

图 1-53　两轴式变速器五挡传动路线

⑥ 倒挡传递路线(如图 1-54 所示)

输入轴→倒挡主动齿轮→倒挡惰轮→倒挡从动齿轮(三挡-四挡同步器接合套)→输出轴。

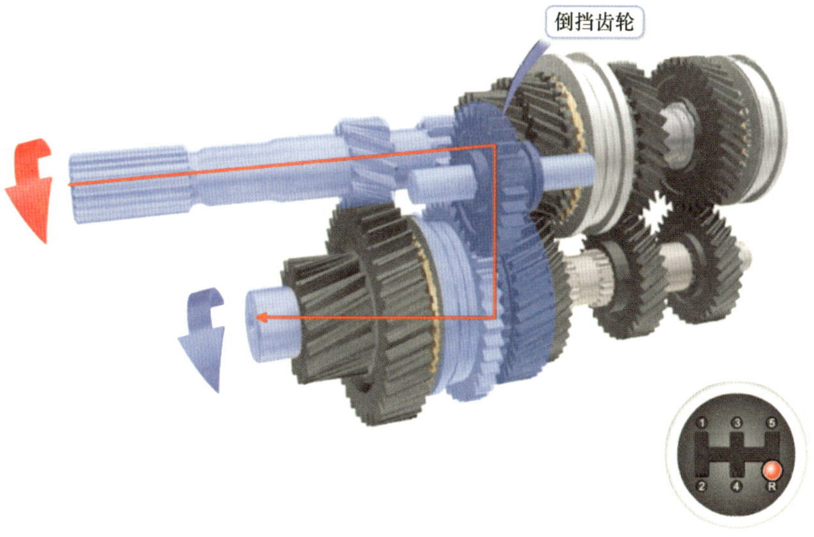

图 1-54　两轴式变速器倒挡传动路线

6. 防止自动跳挡的措施

利用接合套换挡的变速器,由于接合套与齿圈的接合长度较短,同时汽车行驶时需要经常换挡,频繁拨动接合套将使齿端发生磨损。汽车行驶中可能会因震动等原因造成接合套与齿圈脱离啮合,即发生自动跳挡。通过以下结构措施可以防止自动跳挡:

(1) 接合套和接合齿圈的齿端制成倒斜面。

(2) 花键毂齿端的齿厚切薄。

(3) 接合套的齿端制成凸肩图。

防自动跳挡装置如图 1-55 所示。

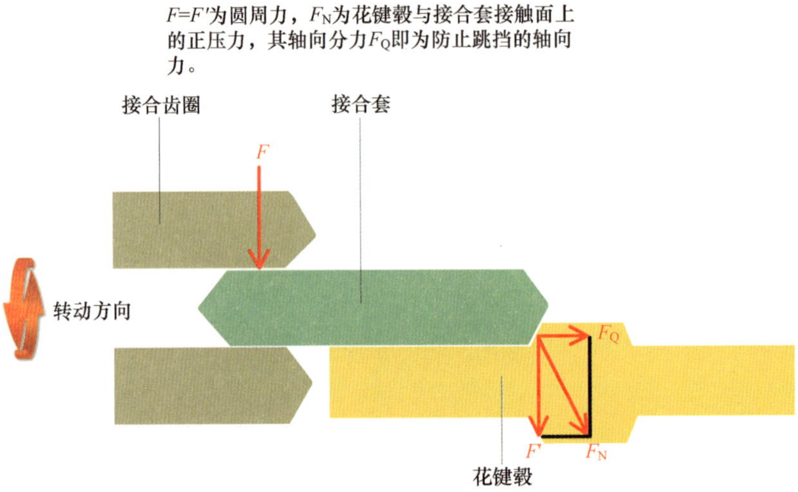

图 1-55　防自动跳挡装置

7. 同步器构造及工作原理

同步器是利用摩擦原理实现同步的，现代汽车上广泛使用的是惯性式同步器，可以从结构上保证待啮合的接合套与接合齿轮的花键齿在达到同步之前不可能接触，可以避免齿间冲击和噪音。

(1) 锁环式惯性同步器

锁环式惯性同步器主要是由齿轮、锁环、卡环、滑块、花键毂、结合套等部分组成，如图 1-56 所示。

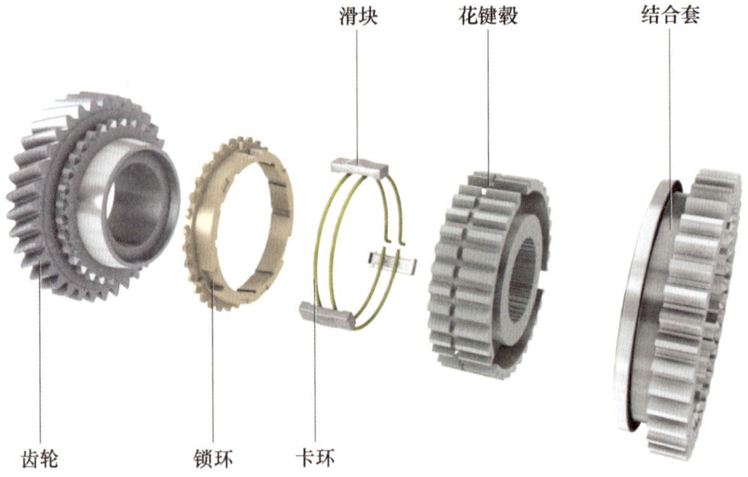

图 1-56　锁环式惯性同步器

(2) 同步器结合过程

① 第一步(如图 1-57 所示)

通过变速器操纵机构向左推动接合套,并通过定位销带动滑块一起向左移动。同时锁环与齿圈相接触,由于两者转速不相等,使得接合套的齿端与锁环齿端恰好抵住。

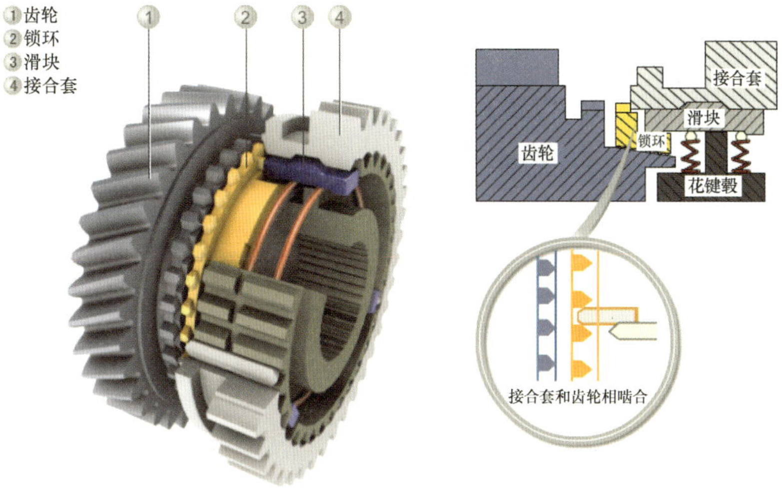

图 1-57　锁环式同步器结合过程一

② 第二步(如图 1-58 所示)

由于驾驶员始终对接合套施加一个轴向推力 F_1,故形成倒角斜面上的法向正压力 F_n 和切向分力 F_2。F_2 形成一个力图拨动锁环相对于接合套向后倒转的拨环力矩。

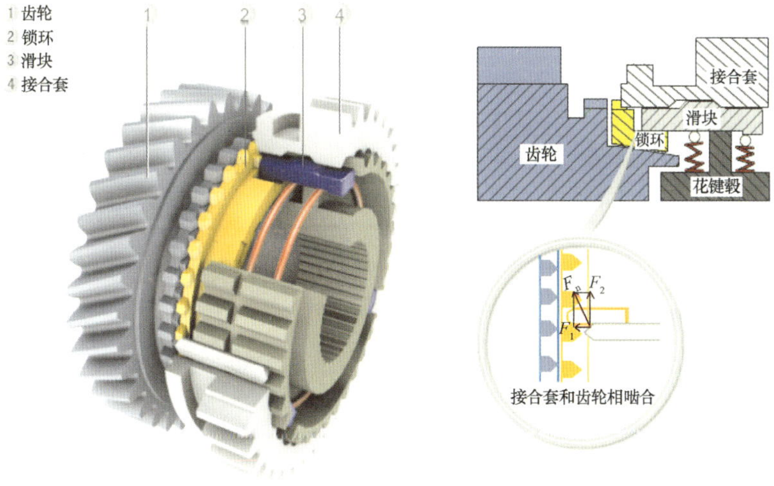

图 1-58　锁环式同步器结合过程二

③ 第三步(如图 1-59 所示)

只要驾驶员继续对接合套施加推力,使两个摩擦锥面之间靠静摩擦作用紧密结合在一起,在拨环力矩的作用下,接合套与锁环不再相抵触,而与锁环的花键齿圈进入啮合。

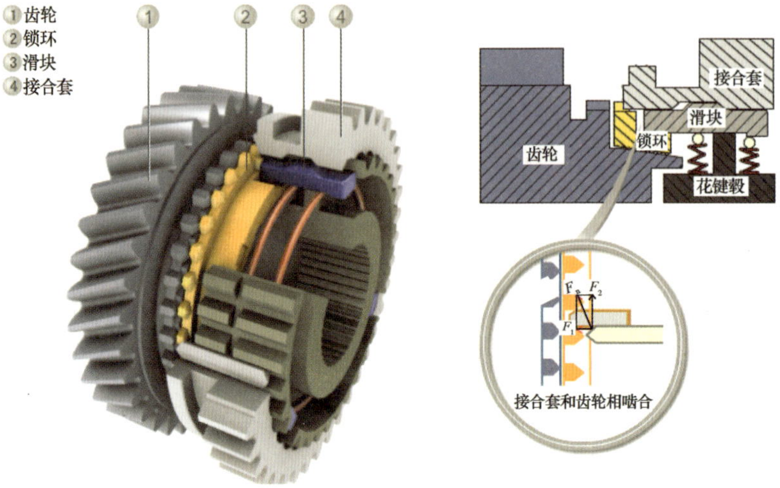

图 1-59　锁环式同步器结合过程三

④ 第四步(如图 1-60 所示)

当接合套与锁环进入啮合后,轴向力不再作用于锁环上,但由于接合套和待啮合齿轮之间未同步,所以接合套的花键齿恰好与齿圈的花键齿发生抵触,则作用于接合套上的轴向力在齿圈的倒角面上也会产生一个切向分力,靠此切向分力便可拨动齿圈及其相联系的零件相对于接合套转过一个角度,从而使接合套与齿圈进入啮合,接合套转过一个角度,从而使接合套与齿圈进入啮合最终完成换挡过程。

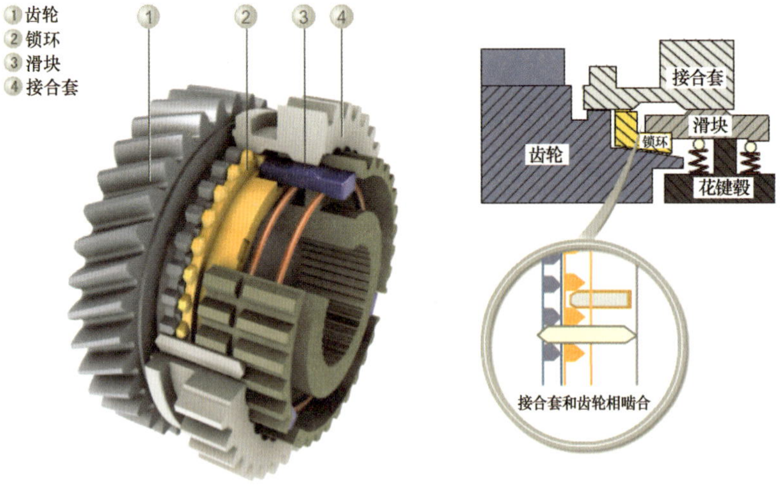

图 1-60　锁环式同步器结合过程四

8. 变速器操纵机构

(1) 操纵机构

如图 1-61 所示,操纵机构主要是由变速杆、拨块、拨叉轴和拨叉等组成。它主要作用是完成换挡的基本动作,保证驾驶员准确可靠地使变速器挂入所需要的挡位。

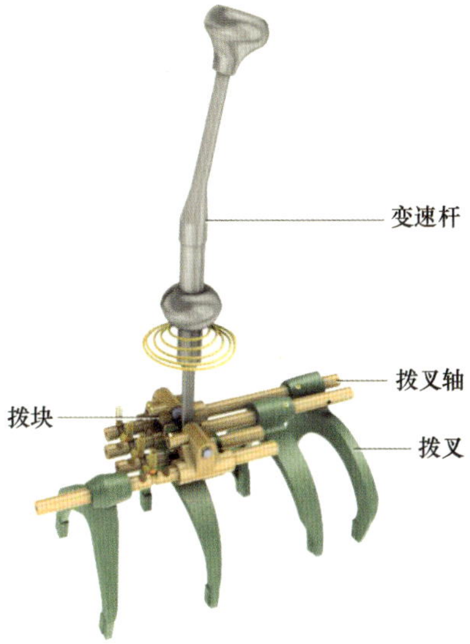

图 1-61　操纵机构

(2) 操纵机构的安全装置

操纵机构的安全装置有自锁装置、互锁装置和倒挡锁装置。操纵机构安全装置的作用是保证变速器在任何情况下都能准确、安全、可靠地工作。

① 自锁装置

如图 1-62 所示，自锁装置是由自锁钢球和自锁弹簧组成，它的作用是保证换挡到位，防止自动脱挡。

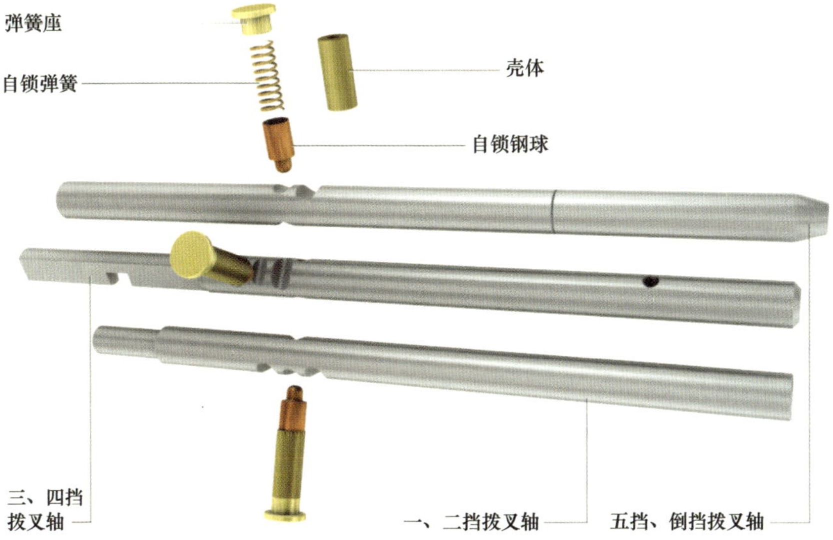

图 1-62　自锁装置结构

② 互锁装置

如图 1-63 所示，互锁装置是由互锁销，互锁钢球组成的，它的作用是防止同时挂入两挡。

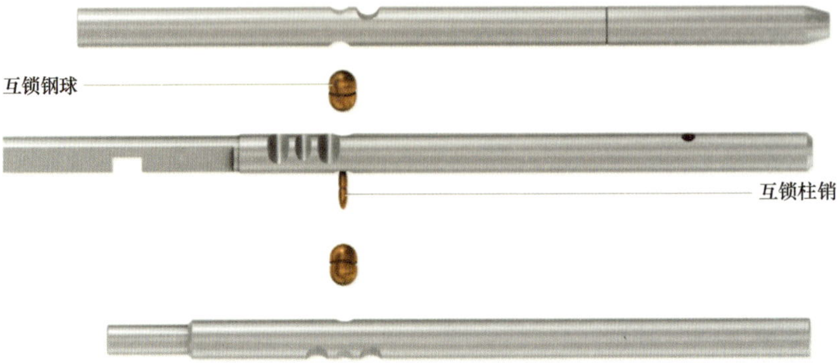

图 1-63　互锁装置结构

③ 倒挡锁装置

如图 1-64 所示，倒挡锁装置是由倒挡锁销、倒挡锁弹簧组成，必须用力克服倒挡锁弹簧才能切入倒挡，以防止误挂倒挡。

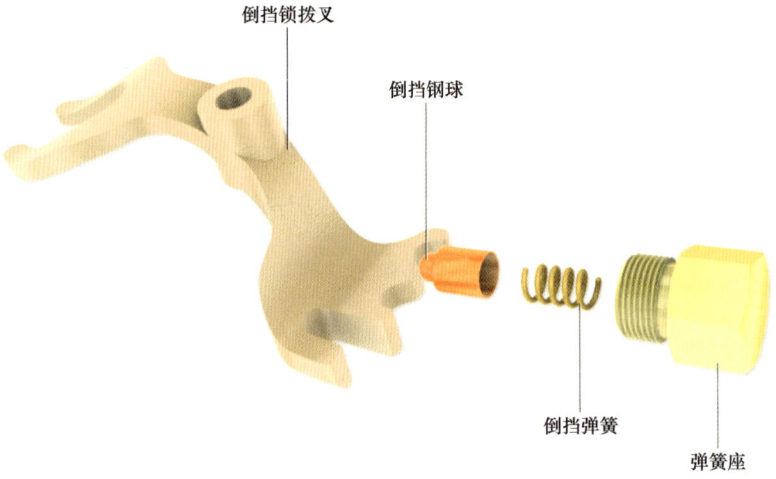

图 1-64　倒挡锁装置结构

9. 远距离操纵机构

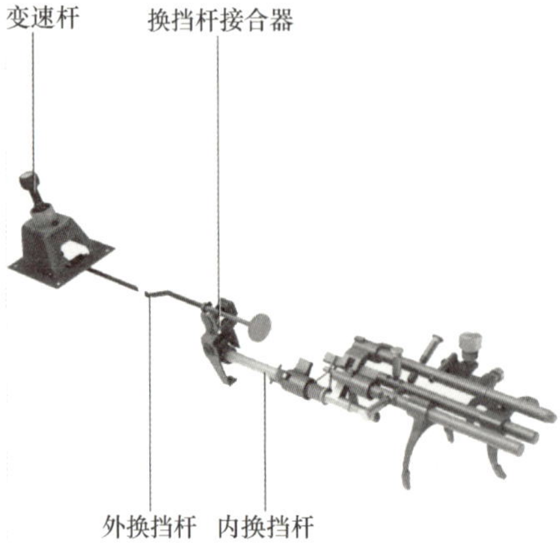

图 1-65　远距离操纵机构

当变速器在汽车上的布置离驾驶员座位较远时，需要在变速杆与拨叉轴之间加装一套传动机构或辅助杠杆，实现对变速器的远距离操纵，如图 1-65 所示。此时，操纵机构由外部操纵机构和内部操纵机构两部分构成。

外部操纵机构是指从变速杆到选挡换挡轴之间的所有传动件，它的作用是实现对变速器的远距离操纵。

内部操纵机构是由选挡换挡轴、拨叉轴、拨叉、自锁装置、互锁装置和倒挡锁等组成。

三、活动实施

（一）实施方案

1. 质量要求

参照 2013 款 1.6 L 科鲁兹轿车厂家的质量标准要求。

2. 组织方式

每四位同学一组，能够使用手动变速器拆装工具，对科鲁兹车上的手动变速器按照企业岗位操作规范进行拆装作业。每组作业时间为<u>　40　</u>分钟。

3. 作业准备

（1）技术要求与标准：

① 正确使用拉模、压床、夹具等工具，防止意外发生。

② 拆下零件应按顺序摆放整齐。

③ 密封胶，刮刀，替换件的准备。

④ 正确使用工具。

（2）场地设施：消防设施的场地。

（3）设备设施：2013 款 1.6 L 科鲁兹轿车一辆、科鲁兹车型底盘相关专用工具、拉模、压床、夹具、工具车、零件车、标保工具车、垃圾桶等。

（4）耗材：干净抹布、清洁剂、密封胶等。

（二）操作步骤

1. 拆卸变速器输入轴和主轴

（1）拆卸换挡控制壳体

如图 1-66 所示，拆卸换挡控制壳体紧固螺栓①，取下换挡控制壳体②和衬垫③，衬垫不可重复使用。

（2）拆卸变速器盖

如图 1-67 所示，拆卸变速器盖紧固螺栓①和②，取下变速器盖③和衬垫④，衬垫不可重复使用。

（3）拆卸变速器壳体

如图 1-68 所示，将变速器换至二挡，拆卸变速器壳体紧固螺栓①，将变速器壳体②连同输入、输出轴和齿轮一起拆下，取下衬垫③，衬垫不可重复使用。

（4）安装变速器夹具

如图 1-69 所示，将 DT-113-2-A 夹具②安装到已经支承好的工作台上，并确保安全可靠；用锁销③将 DT-552 夹具①固定在工作台夹具 DT-113-2-A 夹具②上用以固定变速器。将变速器换至倒挡，把变速器壳体连同输入、输出轴和齿轮一起安装到 DT-552 夹具①上。

（5）拆卸五挡换挡拨叉

如图 1-70 所示，拆卸五挡拨叉螺栓①，取下五挡换挡拨叉②和垫块③。

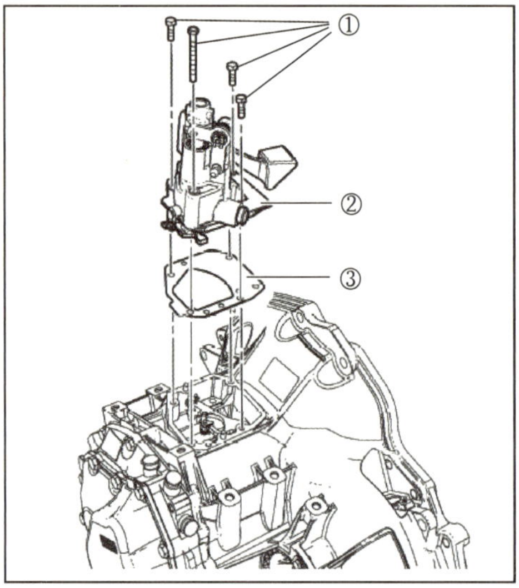

图 1-66　拆卸换挡控制壳体

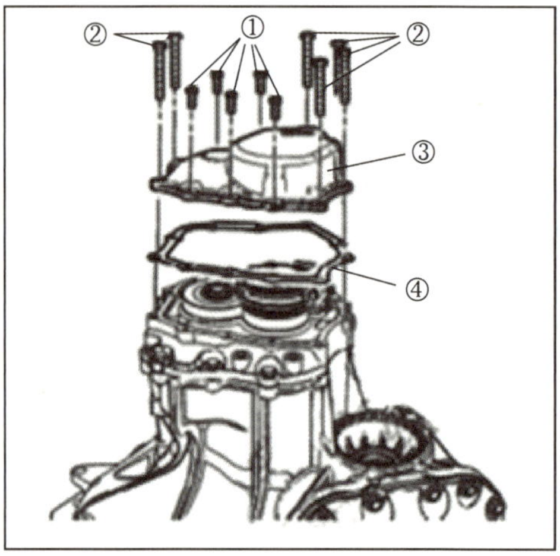

图 1-67　拆卸变速器盖

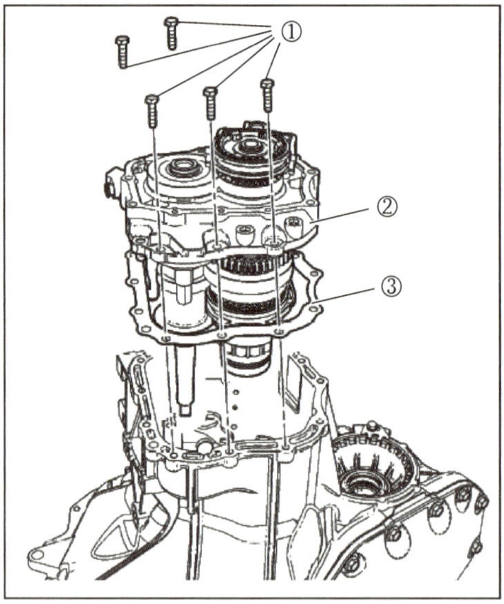

图 1-68　拆卸变速器壳体

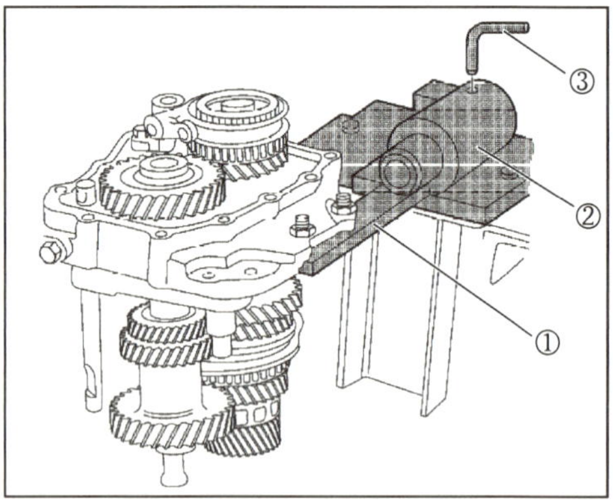

图 1-69　安装变速器夹具

（6）拆卸五挡同步器

如图 1-71 所示，使用卡簧钳拆卸卡环①，用带轴承拔出器支脚的 CH-161-B 轴承拔出器拉出五挡同步器②。

（7）拆卸五挡从动齿轮

如图 1-72 所示，依次拆卸五挡从动齿轮同步器环①、五挡从动齿轮②、五挡从动齿轮轴承③、五挡齿轮卡环④和止推垫圈（2 片）⑤。

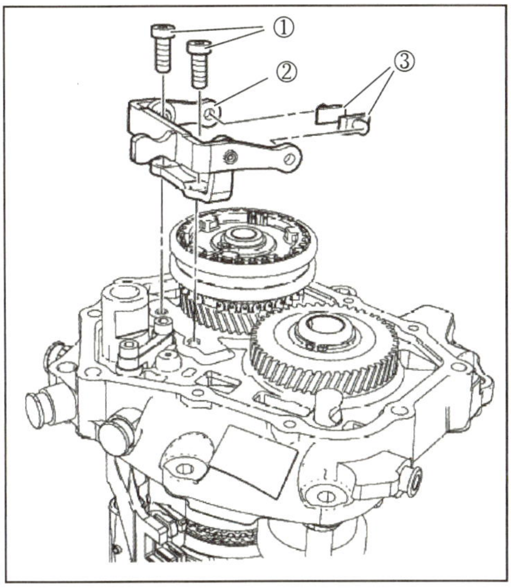

图 1-70　拆卸五挡换挡拨叉

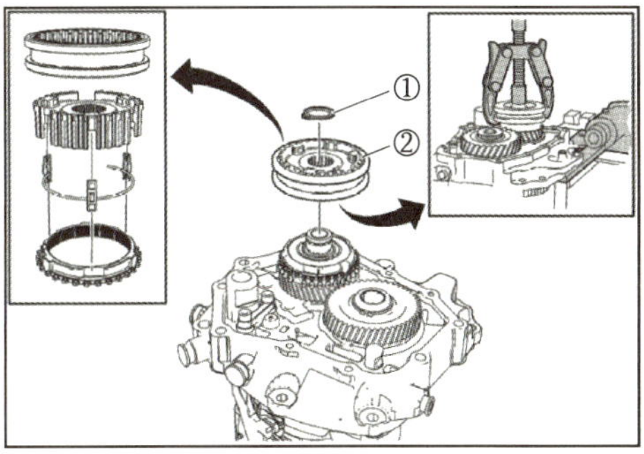

图 1-71　拆卸五挡同步器

(8) 拆卸五挡输入齿轮

如图 1-73 所示，使用卡簧钳拆卸五挡输入齿轮卡环①，用 DT-553-A 五挡齿轮拔出器拉出五挡输入齿轮②。

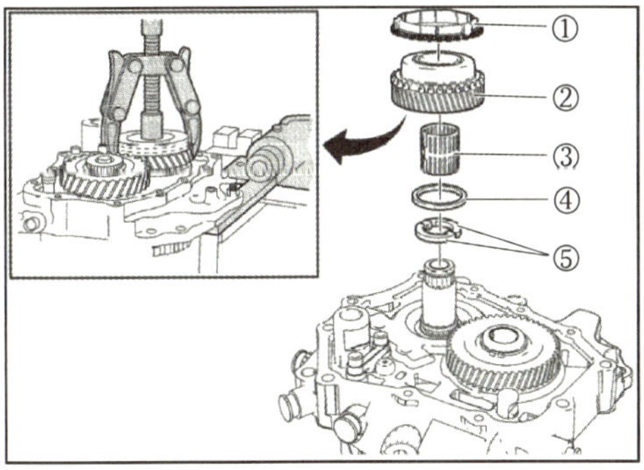

图 1-72　拆卸五挡从动齿轮

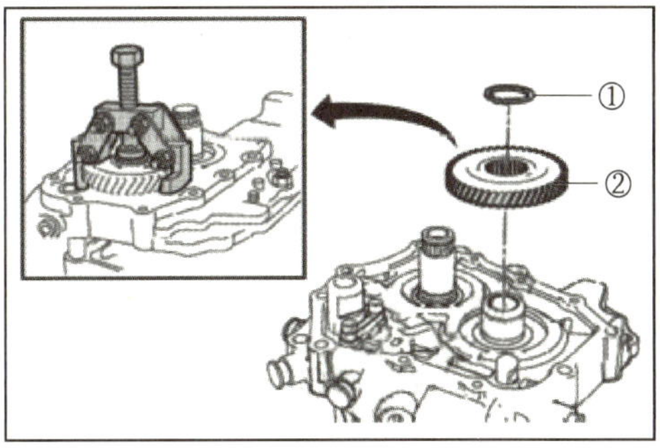

图 1-73　拆卸五挡输入齿轮

(9) 拆卸五挡联锁杆

如图 1-74 所示，拆卸五挡联锁杆紧固螺栓①，取下五挡联锁杆②。

(10) 拆卸换挡轴止动杆

如图 1-75 所示，使用 DT-7004 滑锤和 DT-42469 换挡杆拆卸工具，拆卸 3 个换挡轴止动杆①和换挡轴止动弹簧盖②，取下倒挡换挡轴止动弹簧③、一挡和倒挡同步器固定件④。

(11) 拆卸倒挡换挡拨叉

如图 1-76 所示，拆卸倒挡换挡拨叉销①，拔出倒挡换挡轴②，取下倒挡换挡拨叉③。

(12) 拆卸换挡轴互锁销连接器螺栓

如图 1-77 所示，拆下换挡轴互锁销连接器固定螺栓①。

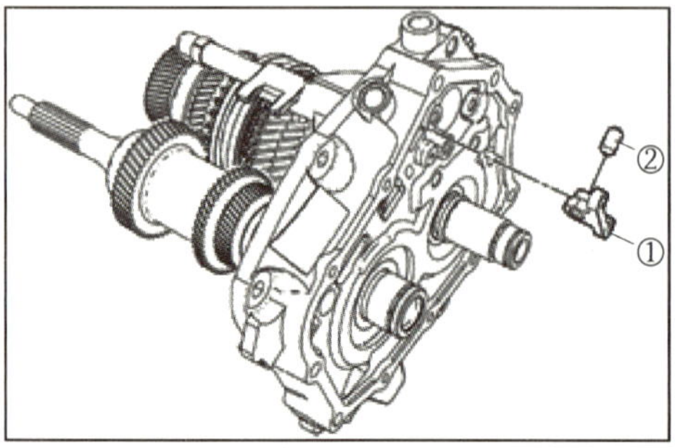

图 1-74　拆卸五挡联锁杆

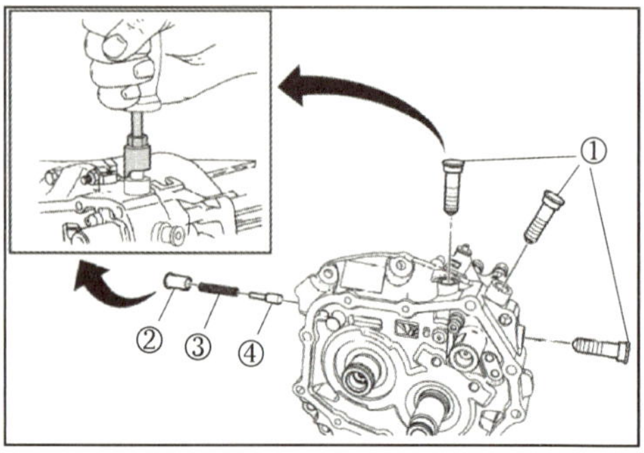

图 1-75　拆卸换挡轴止动杆

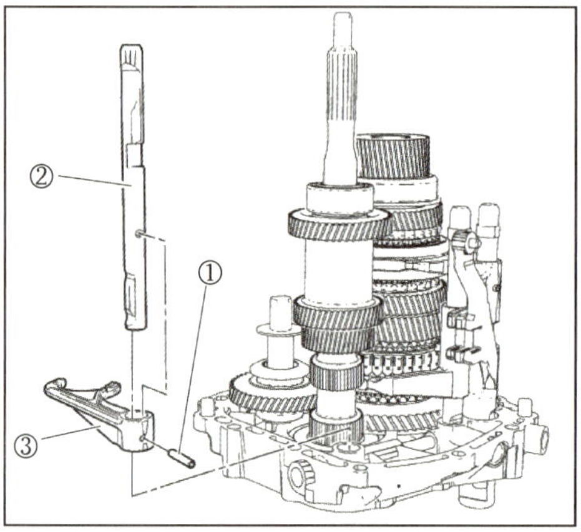

图 1-76　拆卸倒挡换挡拨叉

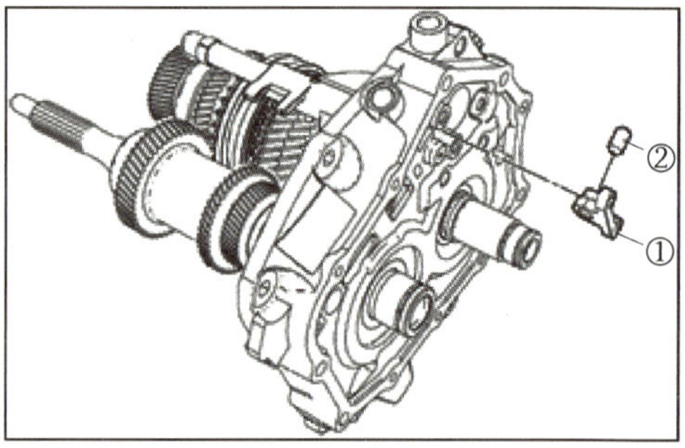

图 1-77　拆卸换挡轴互锁销连接器螺栓

(13) 拆卸三、四挡换挡轴和拨叉、五挡换挡联锁

如图 1-78 所示，拆下三、四挡换挡拨叉销②，三、四挡换挡轴③和换挡拨叉④，分解五挡换挡联锁⑤。

提示：⑦是离合器轴叉衬套，⑥是五挡换挡轴衬套。

(14) 拆卸换挡轴互锁销连接器

如图 1-79 所示，拆下换挡轴互锁销②，取下换挡轴互锁销连接器①。

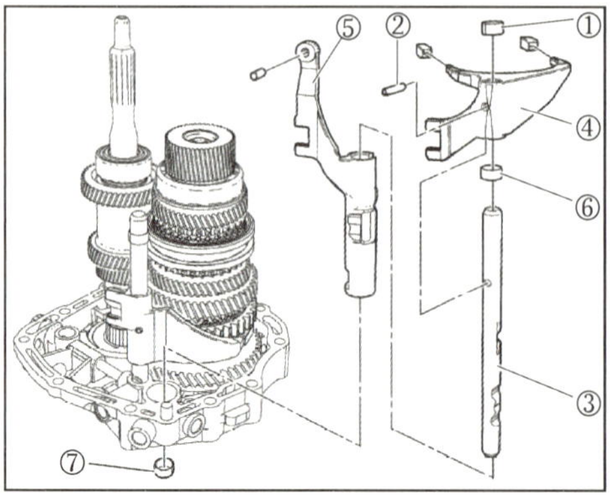

图 1-78　拆卸三、四挡换挡轴和拨叉、分解五挡换挡联锁

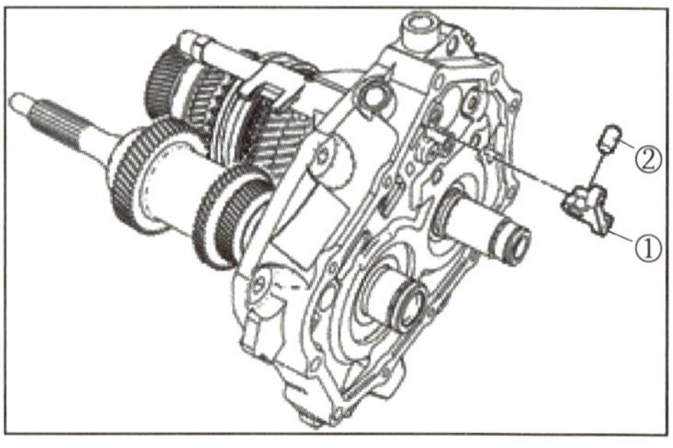

图 1-79　拆卸换挡轴互锁销连接器

(15) 拆卸一、二挡换挡拨叉

如图 1-80 所示，拆卸一、二挡换挡拨叉销②，取下一、二档换挡轴③和一、二档换挡拨叉④。

(16) 拆卸输入轴和主轴

如图 1-81 所示，压紧卡环固定主轴并用 DT-36633 卡环固定件将其固定；使用卡环钳使卡环在输入轴①底部保持打开。

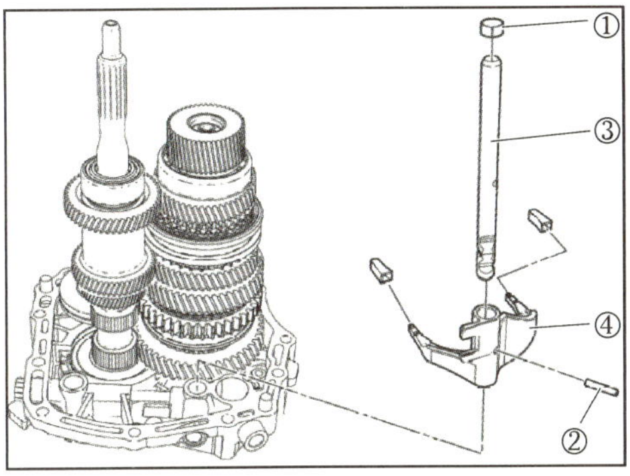

图 1-80　拆卸一、二挡换挡拨叉

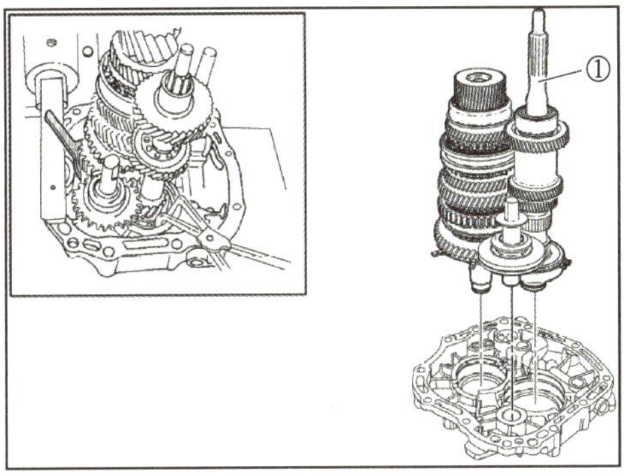

图 1-81　拆卸输入轴和主轴

(17) 拆卸变速器磁铁

如图 1-82 所示，将变速器磁铁①从变速器壳体上拆下。

2. 安装变速器输入轴和主轴

(1) 安装变速器磁铁

如图 1-83 所示，将变速器磁铁①装到变速器壳体上。

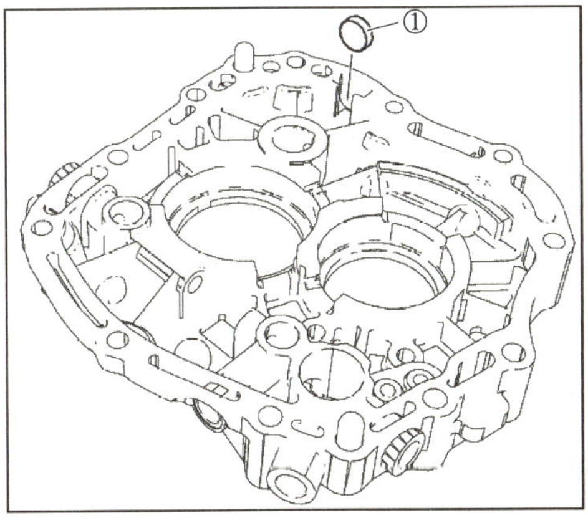

图 1-82　拆卸变速器磁铁

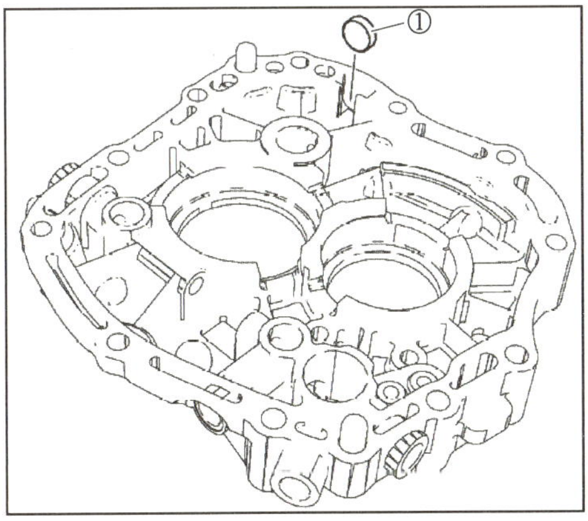

图 1-83　安装变速器磁铁

(2) 安装输入轴和主轴

在主轴底部压紧卡环，并使用 DT-36633 卡环固定件将其固定。如图 1-84 所示，使用卡环钳使卡环在输入轴①底部保持打开。将输入轴/主轴总成安装至变速器壳体上。释放主轴卡环和输入轴卡环。

（3）安装一、二挡换挡拨叉

如图 1-85 所示，将一、二挡换挡轴②和一、二挡换挡拨叉①装到变速器壳体上，插上一、二挡换挡拨叉销③。

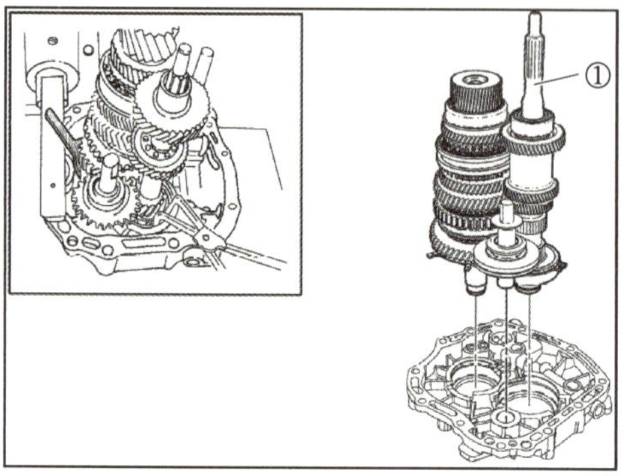

图 1-84　安装输入轴和主轴

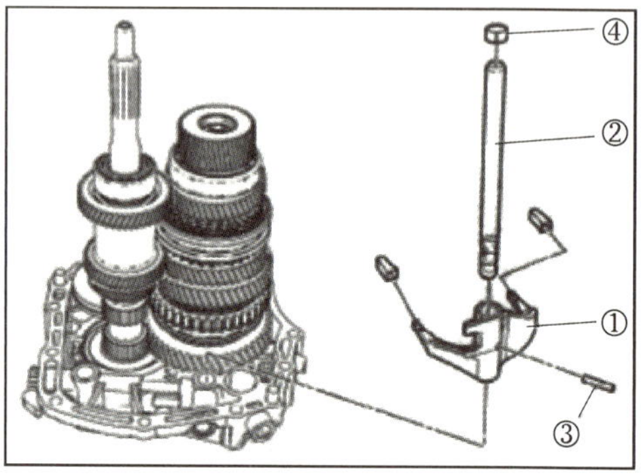

图 1-85　安装一、二挡换挡拨叉

（4）安装换挡轴互锁销连接器

如图 1-86 所示，装上换挡轴互锁销连接器①，插上换挡轴互锁销②。

（5）安装三、四挡换挡拨叉和五挡换挡联锁

如图 1-87 所示，先将五挡换挡联锁①装至三、四挡换挡轴②，再将三、四挡换挡轴②和换挡拨叉④安装到变速器壳体，插上三、四挡换挡拨叉销⑤。

提示：⑥和③是离合器轴叉衬套。

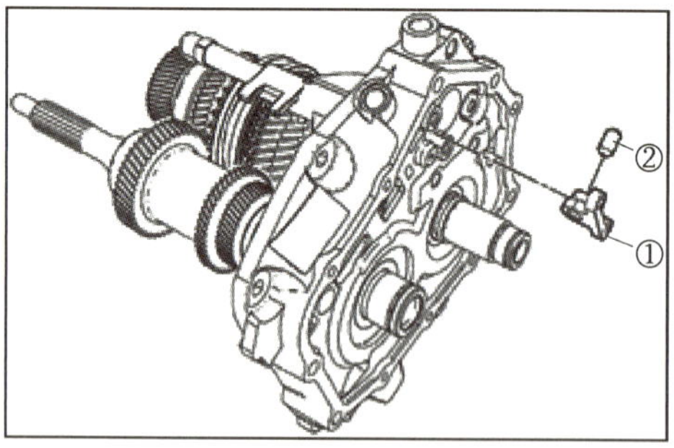

图 1-86　安装换挡轴互锁销连接器

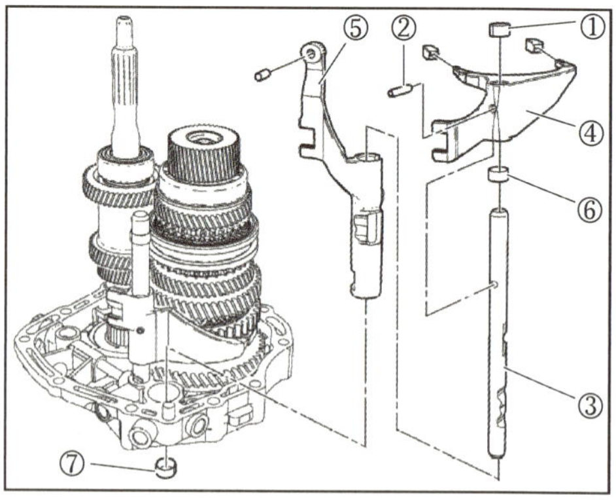

图 1-87　安装三、四挡换挡拨叉和五挡换挡联锁

（6）安装换挡轴互锁销连接器螺栓

如图 1-88 所示，安装换挡轴互锁销连接器固定螺栓①，拧紧力矩为 7 N·m。

（7）安装倒挡换挡拨叉

如图 1-89 所示，安装倒挡换挡拨叉①和倒挡换挡轴②，按图示位置插上倒挡换挡拨叉销③。

（8）安装换挡轴止动杆

如图 1-90 所示，将 1 挡和倒挡同步器固定件①、倒挡换挡轴止动弹簧②装入变速器壳

体，用换挡轴止动弹簧盖③固定；将 3 个换挡轴止动杆④固定于壳体上。

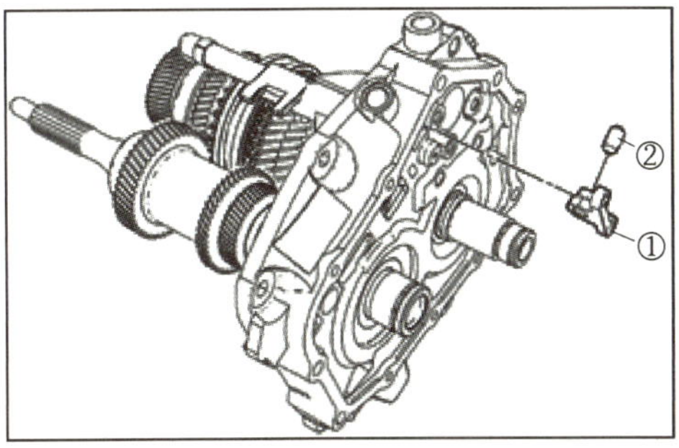

图 1-88　安装换挡轴互锁销连接器螺栓

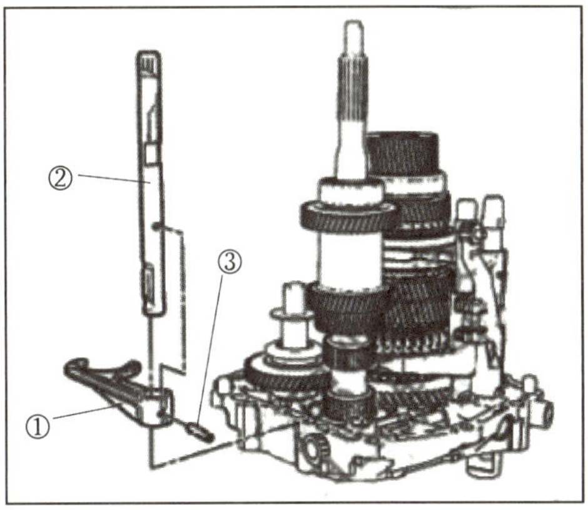

图 1-89　安装倒挡换挡拨叉

（9）五挡联锁杆的安装

如图 1-91 所示，将五挡联锁杆①装到壳体上，用五挡联锁杆紧固螺栓②固定，拧紧力矩为 7 N·m。

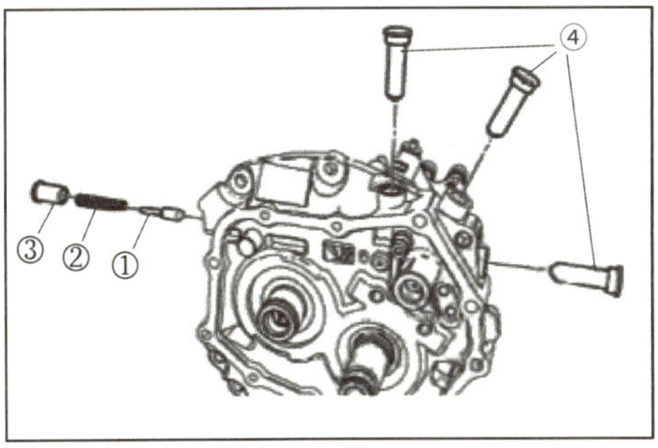

图 1-90　安装换挡轴止动杆

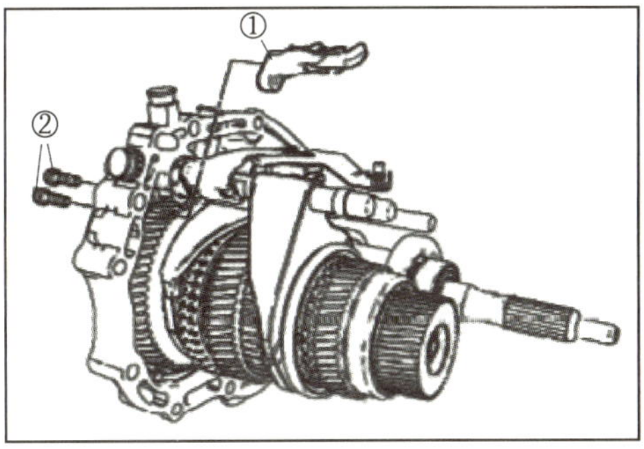

图 1-91　五挡联锁杆的安装

（10）安装五挡齿轮

如图 1-92 所示，将输入轴、主轴和壳体置于 CH-334 安装工具套管上，使用 DT-554 安装工具将前进挡五挡输入齿轮①在液压机上压入，用卡环钳安装五挡输入主动齿轮卡环②。

（11）安装五挡从动齿轮

如图 1-93 所示，依次安装止推垫圈（2 片）①、五挡齿轮卡环②、五挡从动齿轮轴承③、五挡从动齿轮④和五挡从动齿轮同步器环⑤。

（12）安装五挡同步器

如图 1-94 所示，仍将输入轴、主轴和壳体置于 CH-334 安装工具套管上，使用 DT-554 安装工具将五挡齿轮同步器①在液压机上压入，用卡环钳安装五挡齿轮同步器卡环②。

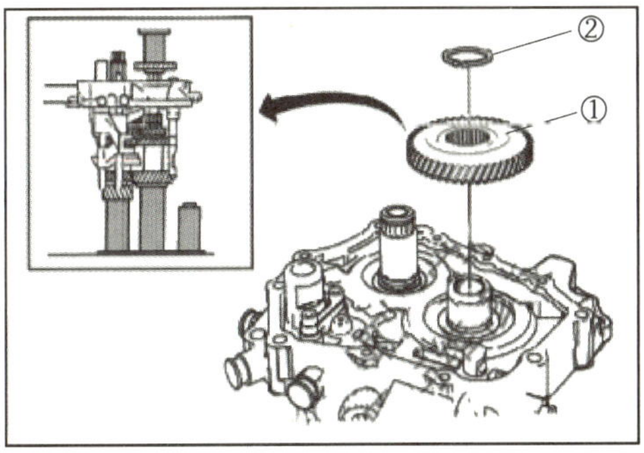

图 1-92　安装五挡齿轮

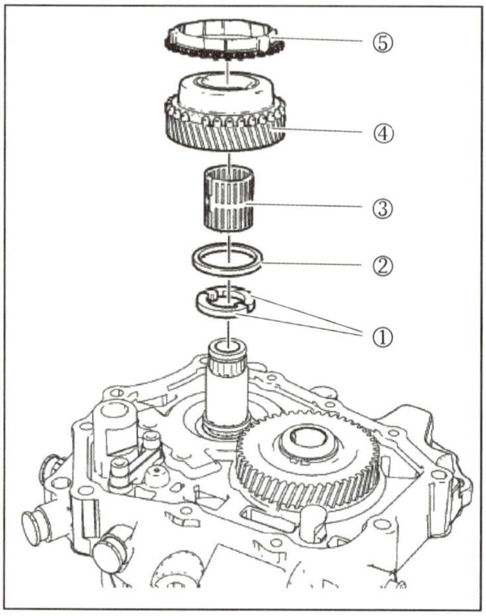

图 1-93　安装五挡从动齿轮

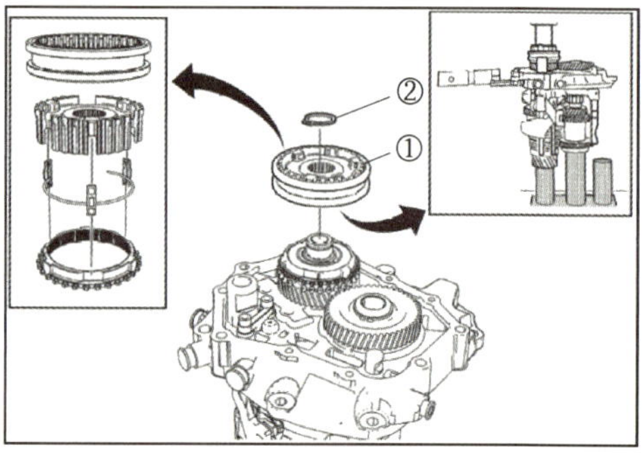

图 1-94　安装五挡同步器

（13）安装五挡换挡拨叉

如图 1-95 所示，将五挡换挡拨叉垫块①装至五挡换挡拨叉②上，然后安装到五挡同步器接合套，用 2 只螺栓③固定，拧紧力矩 22 N·m。

（14）拆卸变速器安装夹具

如图 1-96 所示，拔出锁销①，将变速器和 DT-552 夹具①一起从工作台夹具 DT-113-2-A 夹具上取下。

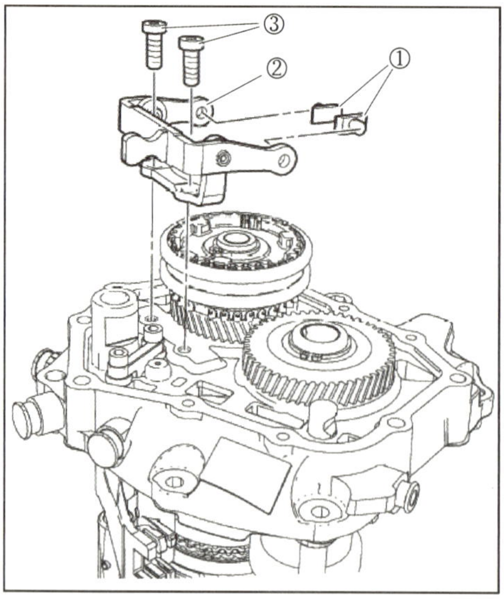

图 1-95　安装五挡换挡拨叉

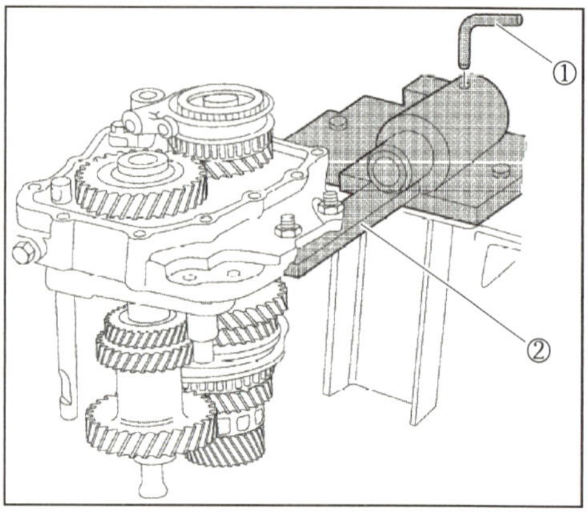

图 1-96　拆卸变速器安装夹具

(15) 安装变速器壳体

如图 1-97 所示，更换变速器壳体衬垫①，将变速器壳体②连同输入、输出轴和齿轮一起装入离合器壳体，用螺栓③紧固，拧紧力矩 22 N·m。

(16) 安装变速器盖

如图 1-98 所示，更换变速器盖衬垫①，用螺栓③将变速器盖②装至变速器壳体上，用螺栓拧紧力矩 18 N·m。

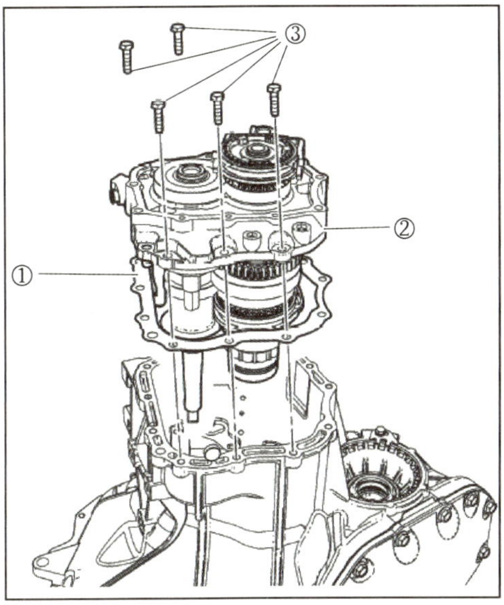

图 1-97　安装变速器壳体

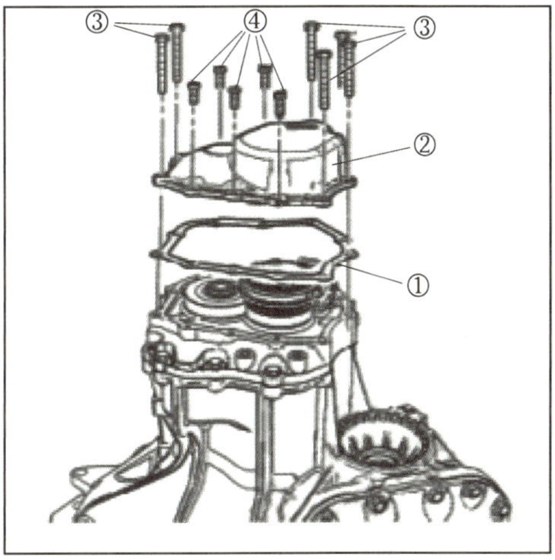

图 1-98　安装变速器盖

(17) 安装换挡控制壳体

如图 1-99 所示，更换换挡控制壳体衬垫①，在变速器处于空挡位置时，装入换挡控制壳体②，用螺栓③紧固，拧紧力矩 22 N·m。

3. 分解变速器输入轴和主轴

(1) 拆卸输入轴轴承座螺栓

如图 1-100 所示，用卡环钳拆下输入轴螺栓卡环①，拆下输入轴轴承座螺栓②。

(2) 拆卸输入轴齿轮组

如图 1-101 所示，将输入轴齿轮组①置于 DT-22912-B 通用轴承拔出器上，用液压机压出输入轴。

(3) 拆卸输入轴轴承

如图 1-102 所示，用液压机将置于DT-22912-B 通用轴承拔出器上的输入轴轴承①压出。

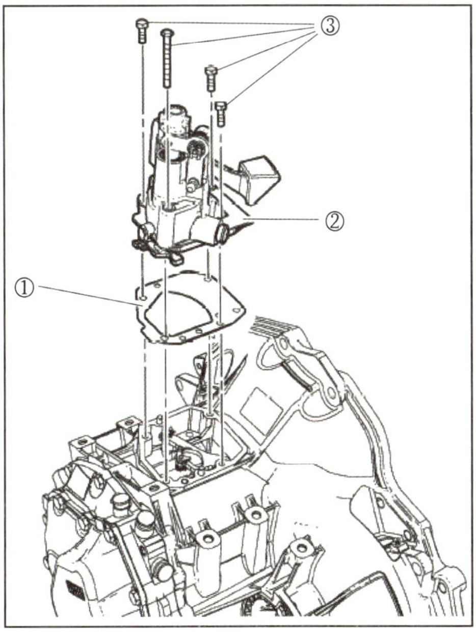

图 1-99　安装换挡控制壳体

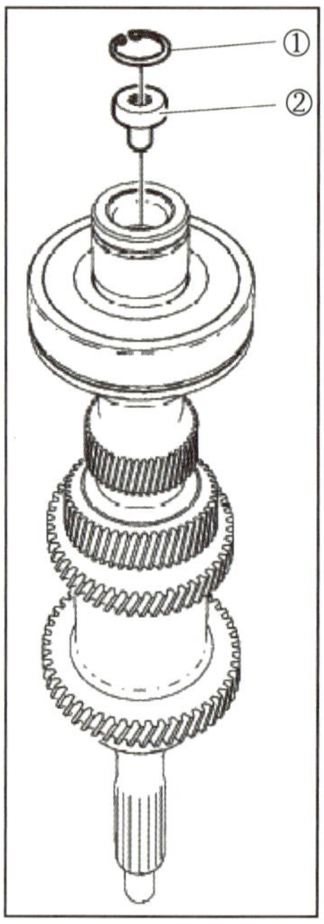

图 1-100　拆卸输入轴轴承座螺栓

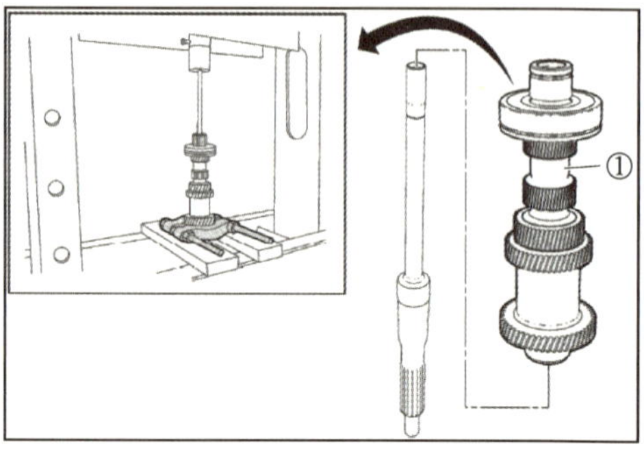

图 1-101　拆卸输入轴齿轮组

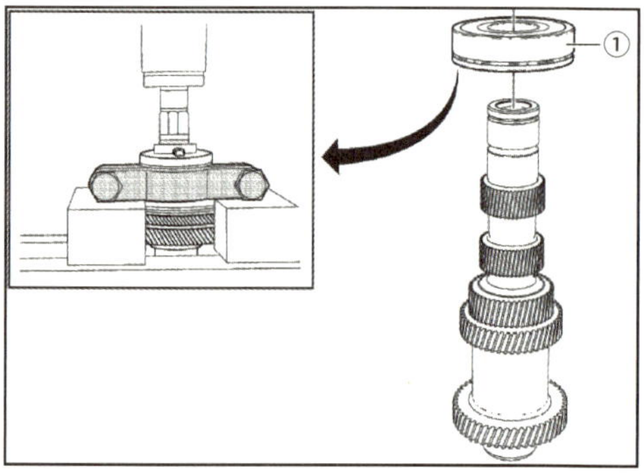

图 1-102　拆卸输入轴轴承

(4) 拆卸主轴后轴承

如图 1-103 所示，用液压机将置于 DT-22912-B 通用轴承拔出器上的主轴后轴承①压出。

(5) 拆卸一挡齿轮

如图 1-104 所示，使用卡环钳拆下主轴后轴承卡环①，依次取下一挡齿轮止推垫圈②、一挡齿轮止推轴承③、一挡齿轮④和一挡齿轮轴承⑤。

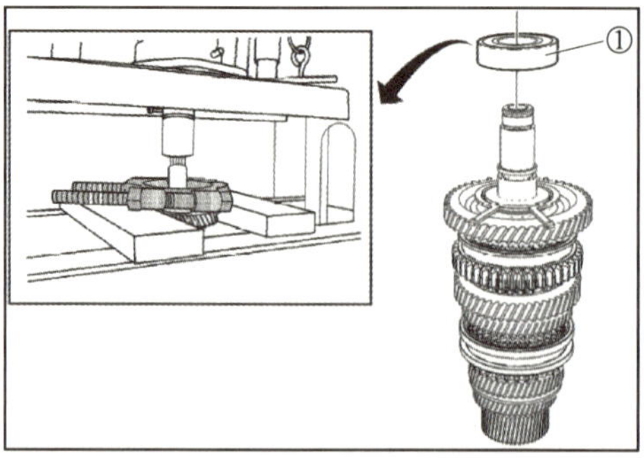

图 1-103　拆卸主轴后轴承

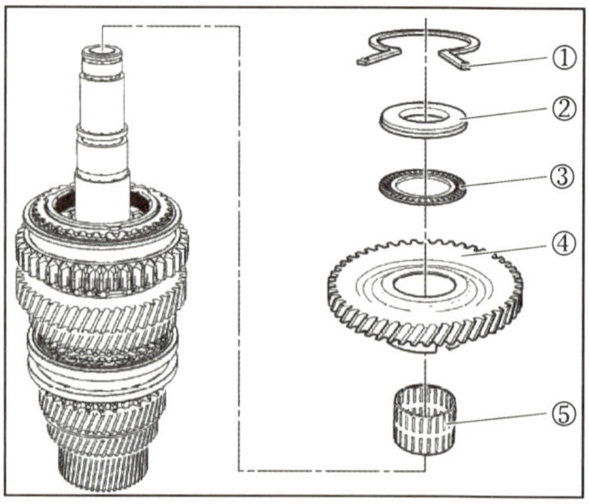

图 1-104　拆卸一挡齿轮

(6) 拆卸二挡和三挡齿轮

如图 1-105 所示，使用卡环钳拆下一、二挡齿轮同步器毂卡环①，取出一、二挡齿轮同步器毂止推垫圈②，使用 DT-22912-B 通用轴承拔出器在液压机上同时压出一、二挡同步器总成③和二挡齿轮④，依次取下二挡齿轮轴承⑤、三挡齿轮止推垫圈（2 片）⑥、三挡齿轮卡环⑦、三挡齿轮⑧和轴承⑨。

（7）拆卸三挡和四挡同步器

如图 1-106 所示，使用 DT-22912-B 通用轴承拔出器在液压机上同时压出三、四挡同步器总成①和四挡齿轮②，取下四挡齿轮轴承③。

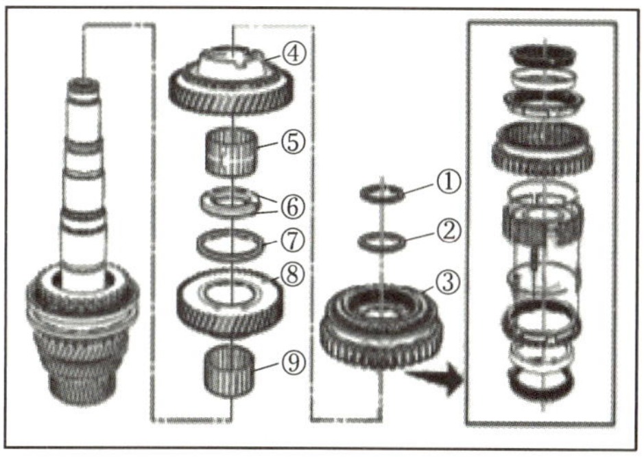

图 1-105　拆卸二挡和三挡齿轮

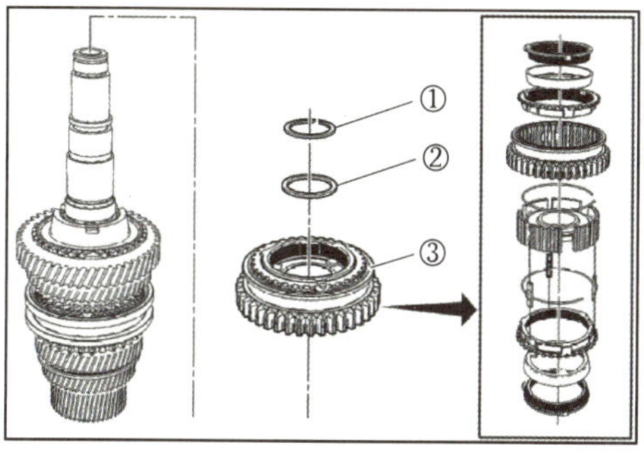

图 1-106　拆卸三挡和四挡同步器

（8）拆卸主轴前轴承

如图 1-107 所示，依次取下四挡齿轮卡环①、主轴止推垫圈（2 片）②、主轴前轴承③。

4. 组装输入轴和主轴

（1）安装主轴前轴承

如图 1-108 所示，依次安装主轴前轴承①、主轴止推垫圈（2 片）②、四挡齿轮卡环③至主轴上。

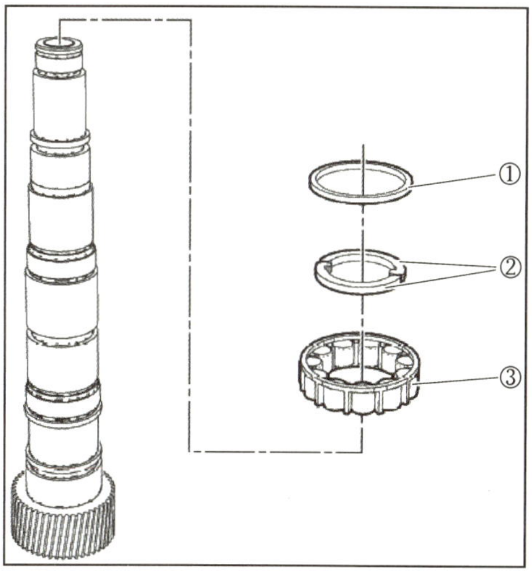

图 1-107　拆卸主轴前轴承

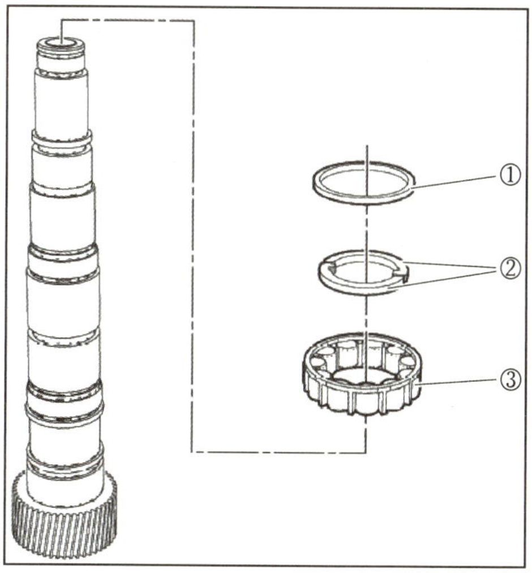

图 1-108　安装主轴前轴承

（2）安装四挡齿轮

如图 1-109 所示，将四挡齿轮轴承①和四挡齿轮②安装到主轴上。

(3) 安装三挡和四挡同步器

如图 1-110 所示，使用 J-44907 轴承安装工具在液压机上安装三挡和四挡同步器①。

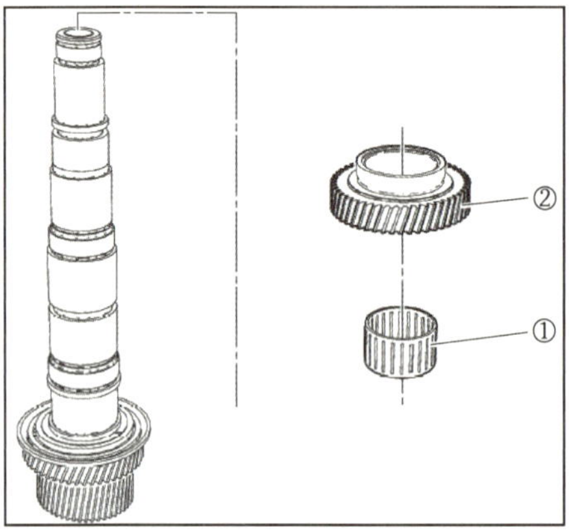

图 1-109 安装四挡齿轮

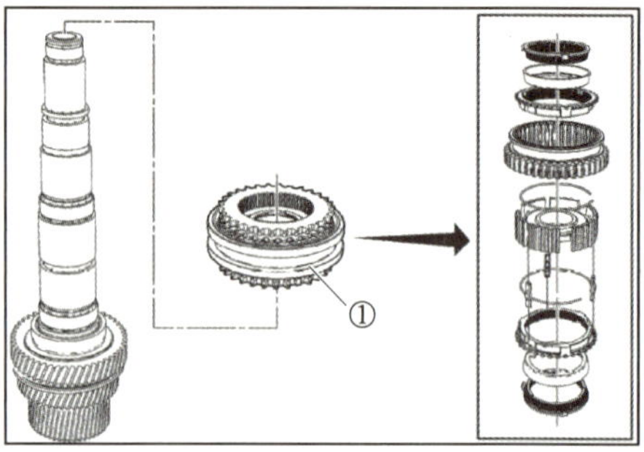

图 1-110 安装三挡和四挡同步器

(4) 安装二挡和三挡齿轮

如图 1-111 所示，依次安装三挡齿轮轴承①、三挡齿轮②、三挡齿轮卡环③、三挡齿轮止推垫圈(2 片)④、二挡齿轮轴承⑤和二挡齿轮⑥。

(5) 安装一挡和二挡同步器

如图 1-112 所示，使用 DT-48238 五挡输入齿轮安装工具在液压机上安装一挡和二挡同步器总成①，装上一挡和二挡齿轮同步器毂止推垫圈②，使用卡环钳安装一挡和二挡齿轮同步器毂卡环③。

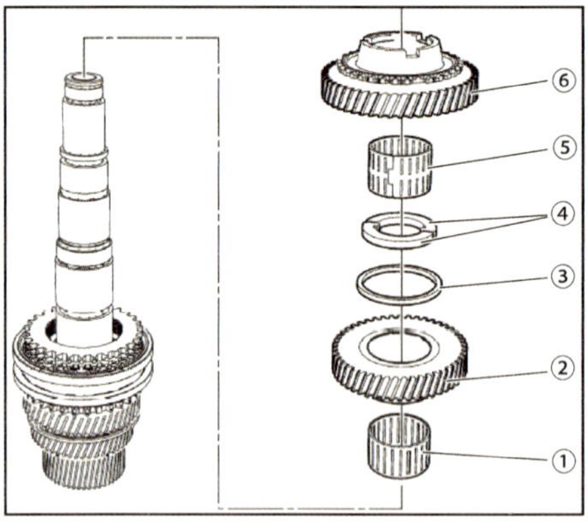

图 1-111 安装二挡和三挡齿轮

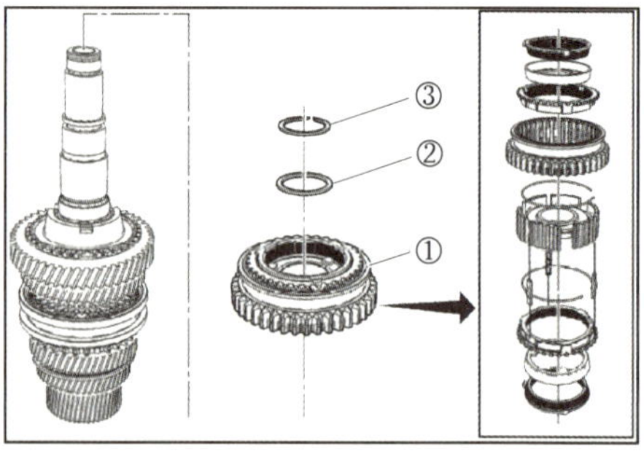

图 1-112 安装一挡、二挡同步器

(6) 安装一挡齿轮

如图 1-113 所示，依次安装一挡齿轮轴承①、一挡齿轮②、一挡齿轮止推轴承③和一挡齿轮止推垫圈④，用卡环钳装妥主轴后轴承卡环⑤。

(7) 安装主轴后轴承

如图 1-114 所示，使用液压机将主轴后轴承①装至主轴。

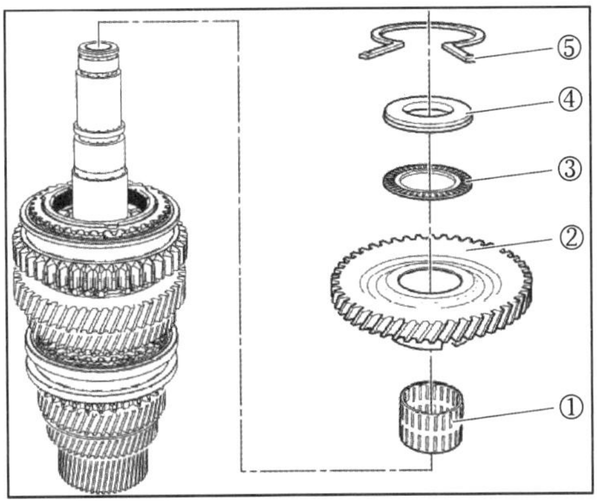

图 1-113　安装一挡齿轮

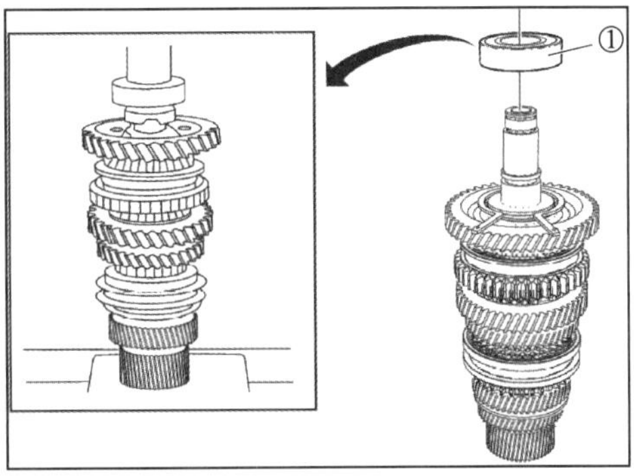

图 1-114　安装主轴后轴承

(8) 安装输入轴轴承

如图 1-115 所示，使用液压机将输入轴轴承①压至输入轴齿轮组总成上。

(9) 安装输入轴齿轮组

如图 1-116 所示，将输入轴齿轮组总成①在液压机上压入输入轴。

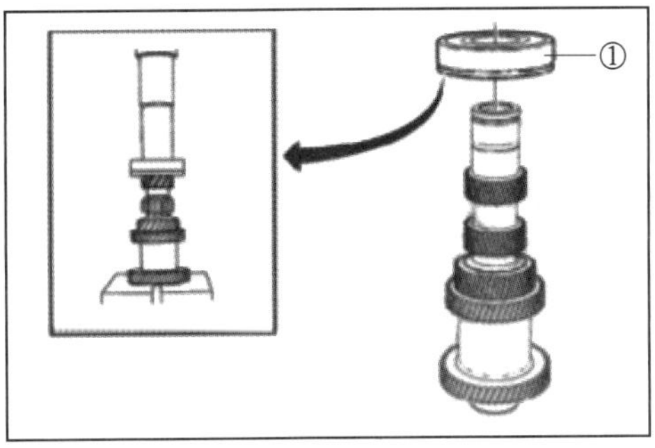

图 1-115　安装输入轴轴承

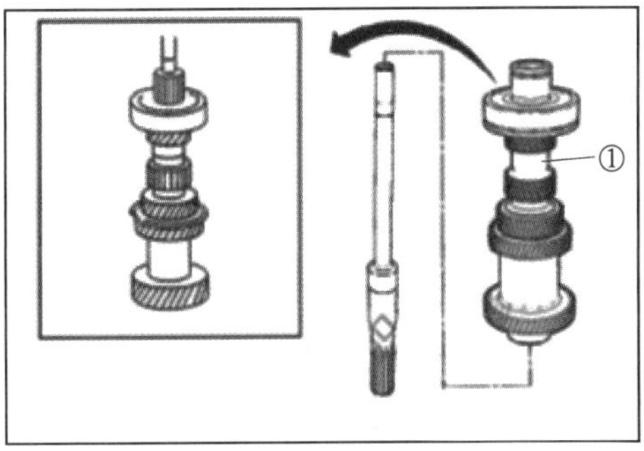

图 1-116　安装输入轴齿轮组

(10) 安装输入轴轴承座螺栓

如图 1-117 所示，拧入输入轴轴承座螺栓，拧紧力矩为 15 N·m，使用卡环钳安装输入轴螺栓卡环。

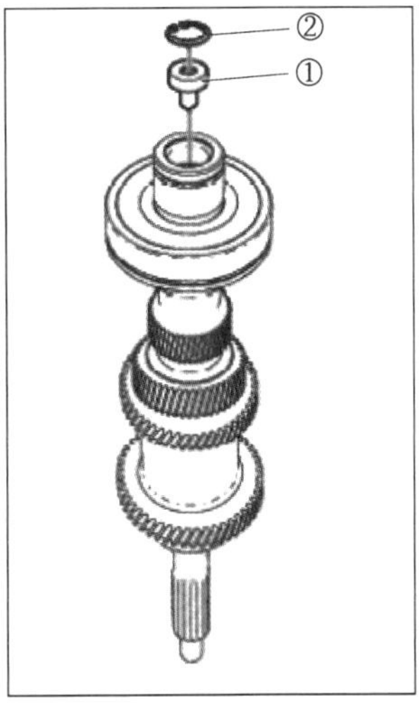

图 1-117　安装输入轴轴承座螺栓

四、活动小结

1. 变速器的功用和类型

(1) 变速器的功用是变速、变矩、中断动力传递、对外输出功率。

(2) 变速器的类型：按传动比级数不同分为有级式、无级式和综合式三种；按传动方式不同分为普通齿轮式和液力机械式；按工作轴的数量可分为三轴式变速器和二轴式变速器。

2. 齿轮变速的原理

(1) 齿轮变速的原理是:一对齿数不同的齿轮啮合传动,若小齿轮为主动齿轮,带动大齿轮转动,输出转速降低;若大齿轮带动小齿轮时,输出转速升高。其传动比 $i_{12}=n_1/n_2=Z_2/Z_1$。

(2) 输入轴转速与输出轴转速或者从动齿轮齿数与主动齿轮齿数的比值。传动比大于1,表示减速;传动比小于1,表示超速;传动比等于1,表示直接挡。

(3) 换挡即改变传动比,通过不同的齿轮啮合传动来实现。

3. 变速器组成

变速器主要由变速传动机构和操纵机构两大部分组成。

五、活动评价

(一) 课堂练习

1. 判断题

(1) 变速器第一轴与第二轴相互平行且在同一条直线上,因此,第一轴转动第二轴也随着转动。 ( )

(2) 变速器倒挡传动比数值设计得较大,一般与一挡传动比数值相近。这主要是为了倒车时,汽车应具有足够大的驱动力。 ( )

(3) 变速器的某一挡位的传动比既是该挡的降速比,也是该挡的增矩比。 ( )

2. 单选题

变速器挂倒挡时,第二轴的旋转方向( )。

A. 与发动机曲轴旋转方向相同　　B. 与发动机曲轴旋转方向相反

(二) 技能评价

表 1-3 手动变速器拆装之技能评价

序号	内　容	分值	得分
1	变速器盖及壳体的拆卸与安装	5	
2	夹具的安装与拆卸	5	
3	换挡拨叉轴的拆卸与安装	10	
4	五挡同步器的拆卸与安装	10	
5	五挡主、从动齿轮的拆卸与安装	10	
6	各类锁销的拆卸与安装	10	
7	输入轴和主轴的拆卸	15	
8	输入轴和主轴的安装	15	
9	按照规范流程进行拆装作业	10	
10	做好 5S 工作	10	
总　分		100	

(注:操作正确即得分,操作错误或未进行操作得 0 分)

学习任务 4　离合器拆装

一、任务目标

通过本活动学习，学习者应能：

(1) 用自己的语言描述离合器的功用。

(2) 简要概括摩擦式离合器的工作原理和类型。

(3) 简要概括膜片弹簧离合器的结构和工作原理。

(4) 在 30 分钟内顺利完成对离合器的拆装。

二、知识准备

离合器安装在发动机与变速器之间，可以在离合器踏板的操纵下接合或分离，从而传递或切断发动机的动力。

1. 离合器的功用

(1) 平顺接合动力，保证汽车平稳起步，采用半联动(滑移)。

(2) 临时切断动力，保证换挡时工作平顺，易于齿轮的分离和接合。

(3) 防止传动系统过载，会自动打滑起到保护作用。

2. 摩擦式离合器

(1) 摩擦式离合器的结构

汽车上使用最多的是摩擦式离合器。如图 1-118 所示，摩擦式离合器基本结构主要是由主动部分、从动部分、操纵机构和压紧机构组成。

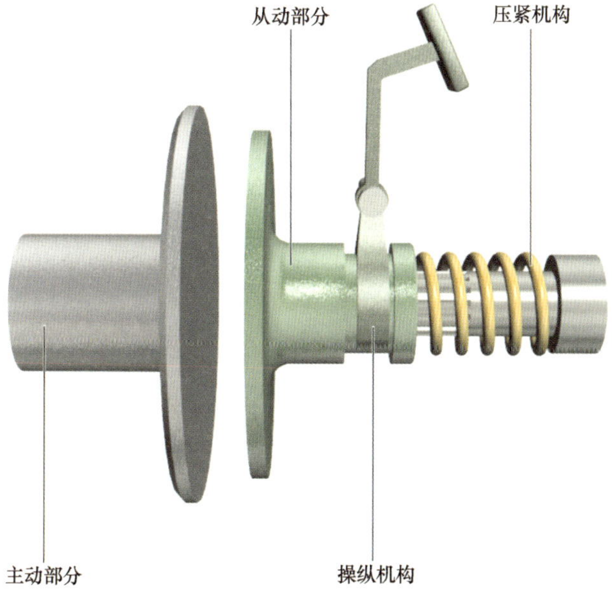

图 1-118　摩擦式离合器基本结构

（2）摩擦式离合器的工作原理

汽车上使用最多的是摩擦式离合器。摩擦离合器依靠摩擦原理传递发动机动力。离合器工作原理如图 1-119 所示。当从动盘与飞轮之间有间隙时，飞轮不能带动从动盘旋转，离合器处于分离状态。当压紧力将从动盘压向飞轮后，飞轮表面对从动盘表面的摩擦力带动从动盘旋转，离合器处于接合状态。

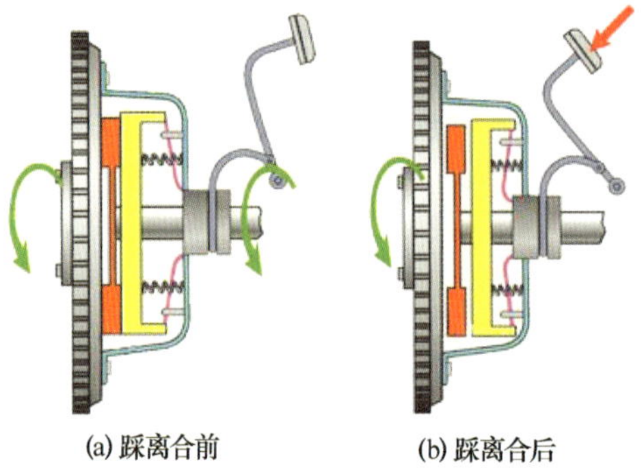

图 1-119　离合器工作原理示意

（3）摩擦式离合器的类型

① 按从动盘的数目分类

摩擦式离合器按从动盘的数目可分为单盘式离合器和双盘式离合器。单盘式离合器只有一个从动盘，双盘式离合器有两个从动盘，摩擦面数目多，可传递的转矩较大。

② 按压紧弹簧的结构形式分类

摩擦式离合器按压紧弹簧的结构形式可分为螺旋弹簧离合器和膜片弹簧离合器。

a. 螺旋弹簧离合器：压紧弹簧是常见的螺旋弹簧，又分为圆周均布螺旋弹簧式和中央螺旋弹簧式。

b. 膜片弹簧离合器：压紧弹簧是膜片弹簧。

3. 膜片弹簧式离合器

（1）膜片弹簧式离合器结构组成

膜片弹簧离合器主要由飞轮、从动盘、压盘、传动片、膜片弹簧、离合器盖、分离叉和分离轴承等组成，如图 1-120 所示。

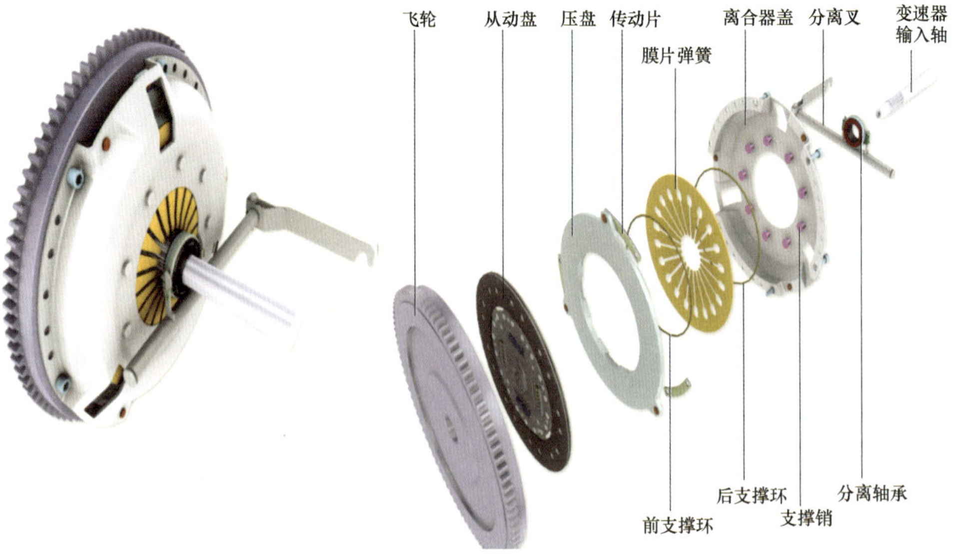

图 1-120　膜片弹簧离合器

(2) 膜片弹簧式离合器工作原理

① 接合状态

当离合器盖总成被固定到飞轮上时，膜片弹簧大端受压并产生位移，对压盘产生压力，使从动盘摩擦片被压紧在飞轮和压盘之间，此时离合器处于接合状态。

② 分离过程

分离过程如图 1-121(a)所示。当分离离合器时，借助踏板机构的操纵使分离轴承前移，推动离合器膜片弹簧小端前移，膜片弹簧以支撑环为支点顺时针转动，膜片弹簧大端后移，通过分离钩拉动压盘离开从动盘于是完成了分离动作，使离合器处于分离状态。

③ 接合过程

接合过程如图 1-121(b)所示。逐渐松开离合器踏板，压盘在压紧弹簧的作用下向前移动，首先消除分离间隙，并在压盘、从动盘和飞轮工作表面上作用足够的压紧力；之后分离轴承在复位弹簧的作用下向后移动，产生自由间隙，离合器接合。

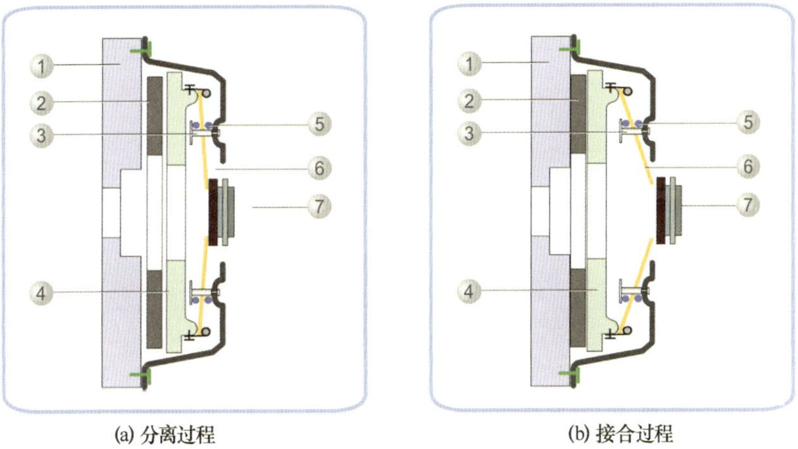

图 1-121　膜片弹簧式离合器工作原理

4. 带扭转减震器的从动盘

(1) 带扭转减震器从动盘的结构组成

如图 1-122 所示，从动盘主要由从动盘本体、摩擦片和从动盘毂组成。带扭转减震器从动盘可以防传动系共振、过载。因为转速和转矩的变化及行驶中产生的震动会减小传动系使用寿命。

(2) 带扭转减震器从动盘的工作原理

如图 1-123 所示，带扭转减震器从动盘的动力传递顺序是：从动盘本体→减震器弹簧→从动盘毂。

5. 操纵机构

下面介绍液压式离合器操纵机构的组成及工作原理。

液压式离合器操纵机构主要由离合器踏板、推杆、储液罐、离合器主缸、离合器工作缸、分离轴承、分离叉等组成，如图 1-124 所示。

离合器操纵机构是驾驶员用以控制离合器的机构，其作用是实现离合器分离及柔和接合。离合器操纵机构起始于离合器踏板，终止于离合器壳内的分离轴承。液压式离合器操

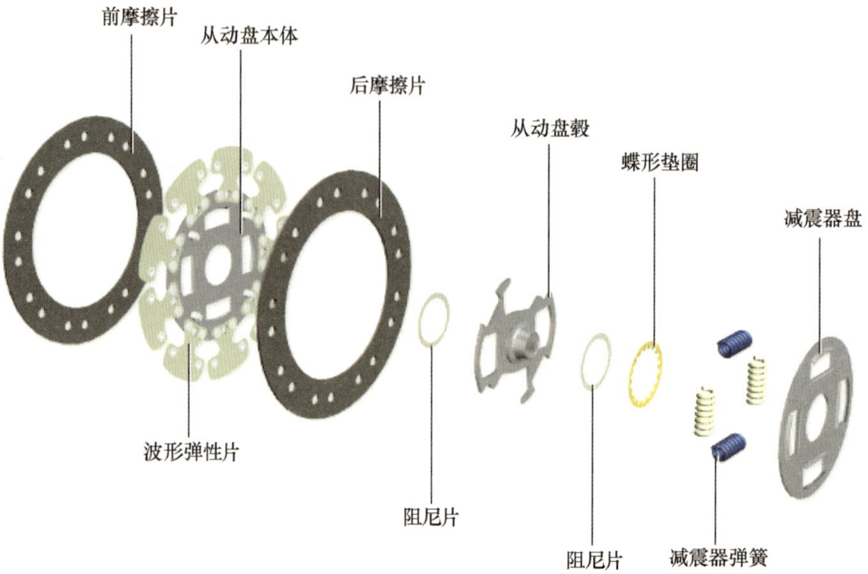

图 1-122　带扭转减震器的从动盘

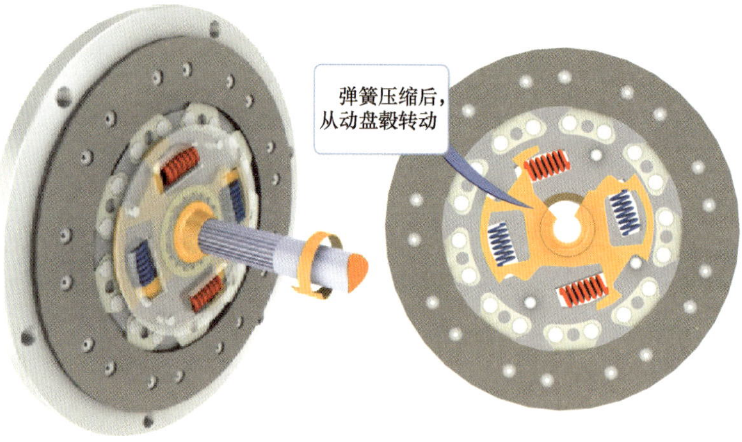

图 1-123　带扭转减震器从动盘的工作原理

纵机构的工作原理如图 1-125 所示。

踩下离合器踏板，推动主缸内活塞运动从而产生液压力，液压力通过高压油管作用于工作缸活塞，活塞运动带动分离轴承使离合器分离；松开离合器踏板，主缸活塞在回位弹簧作用下回到原位，高压油管内油压降低，工作缸中活塞回位，使离合器接合。

三、 活动实施

（一）实施方案

1. 质量要求

参照 2013 款 1.6 L 自动挡科鲁兹轿车厂家的质量标准要求。

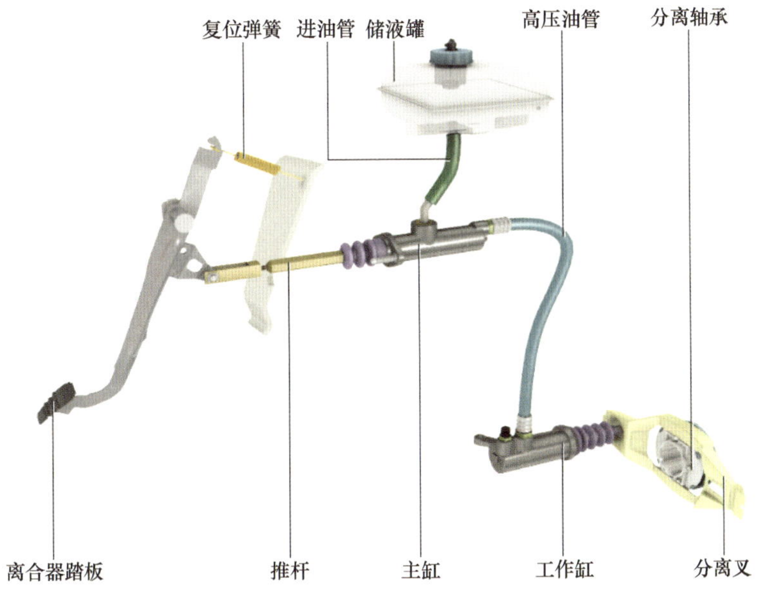

图 1-124　液压式离合器操纵机构组成

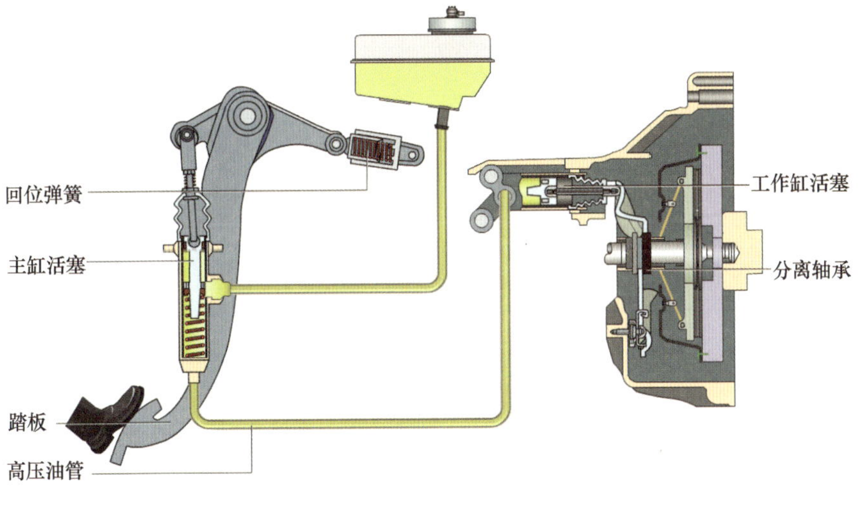

图 1-125　液压式离合器操纵机构工作原理

2. 组织方式

每四位同学一组，能够规范使用离合器拆装工具，按照企业岗位操作规范对离合器进行拆装作业。每组作业时间为 30 分钟。

3. 作业准备

(1) 技术要求与标准：

① 能够正确进行离合器压盘和从动盘的拆卸和安装。

② 掌握专用工具的使用方法。

(2) 场地设施：消防设施的场地。

(3) 设备设施：2013 款 1.6 L 自动挡科鲁兹轿车一辆、科鲁兹轿车专用工具、工具车、零件车、标保工具车、垃圾桶等。

(4) 耗材:干净抹布、清洁剂。

(二) 操作步骤

1. 拆卸离合器压盘和从动盘

(1) 如图 1-126 所示,拆下变速器(对于 D16 变速器的拆卸程序,请参见“变速器更换”)。

(2) 如图 1-126 所示,将 EN-652 固定工具①安装至发动机缸体,用于固定飞轮。

(3) 如图 1-127 所示,将与 DT-6263-1 支架配合使用的 DT-6263 拆卸工具/安装工具①连接至发动机缸体。

(4) 如图 1-127 所示,将 4 个螺栓(箭头处)安装至发动机缸体,但不要紧固。

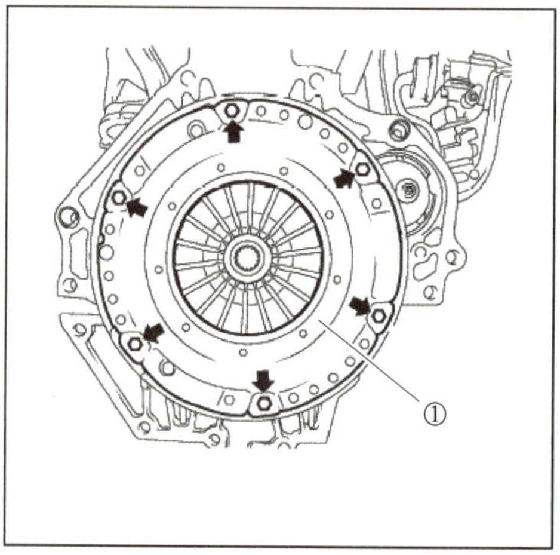

图 1-126　拆变速器和安装 EN-652 固定工具

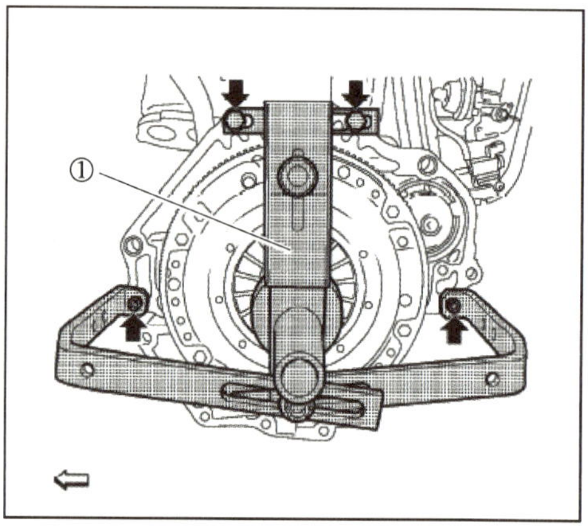

图 1-127　安装拆卸工具 DT-6263

注意事项

◇ 为避免损坏压盘弹簧片末端,用 DT-6263 拆卸工具/安装工具拆卸和安装离合器压盘。

◇ 记录托架的不同长度,以便将 DT-6263 拆卸工具/安装工具连接至发动机缸体下方。

(5) 如图 1-128 所示,将所需离合器对中导管⑤连接至 DT-6263-30 冲子④。

(6) 如图 1-128 所示,紧固 DT-6263 拆卸工具/安装工具。

① 通过 DT-6263 拆卸工具/安装工具将与离合器对中导管配合使用 DT-6263-30 中心冲子②插入离合器压盘和曲轴中心(箭头处)。

② 紧固滚花轮①。

③ 紧固螺栓③。

④ 紧固将 DT-6263 拆卸工具/安装工具安装至发动机缸体的 4 个螺栓。

(7) 如图 1-129 所示,使用 DT-6263 拆卸工具/安装工具预载离合器弹簧。

① 转动螺杆①直至其靠近离合器压盘的弹簧片。

② 测量距离 a。

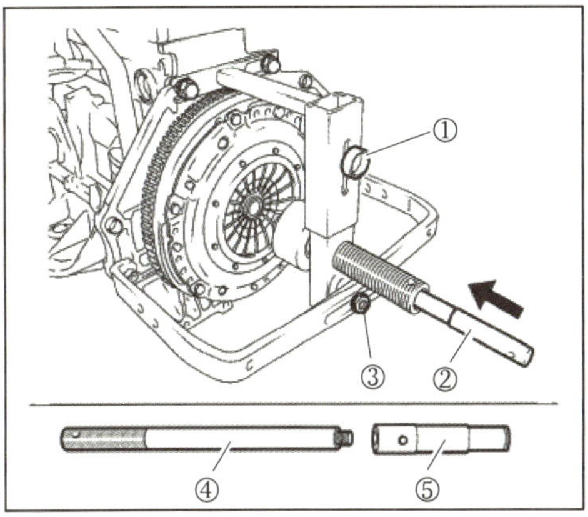

图 1-128　连接离合器对中导管后紧固 DT-6263

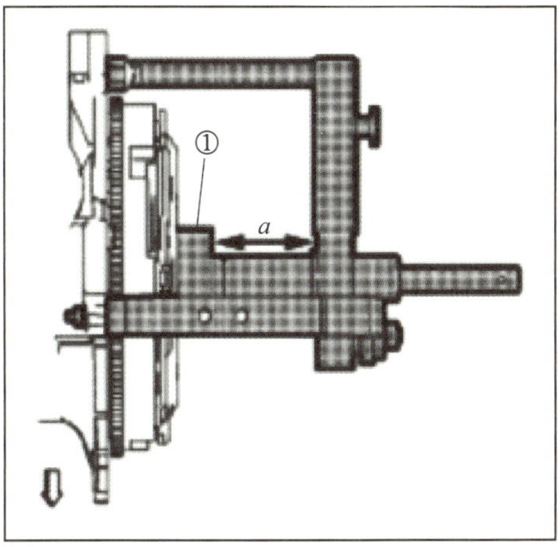

图 1-129　安装工具预载离合器弹簧

提示:不要过度旋转,留出离合器盘自由运动的空间即可。

③ 顺时针转动螺杆直至延长大约 8 mm 距离。

④ 检查离合器盘是否自由运动。

提示:确认装配螺栓时是否涂抹螺纹锁止胶。

(8) 如图 1-130 所示,拆下并报废 6 个离合器压盘螺栓①。

(9) 如图 1-131 所示,松开 DT-6263 拆卸工具/安装工具②。

① 逆时针转动 DT-6263 拆卸工具/安装工具的螺杆① 直至停止。

② 拆下与离合器对中导管(箭头处)配合使用的 DT-6263-30 中心冲子③。

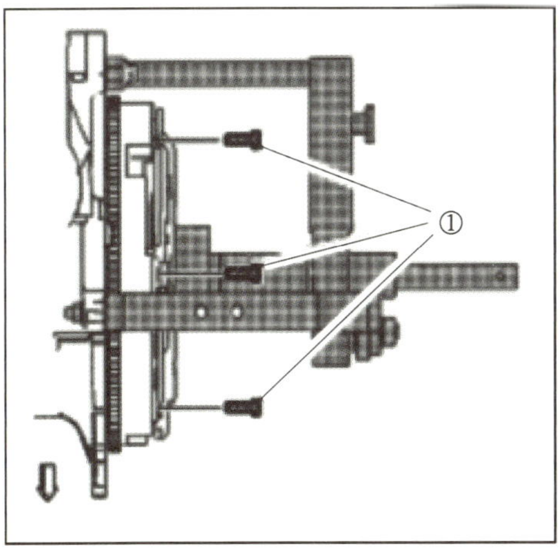

图 1-130　拆下并报废 6 个离合器压盘螺栓

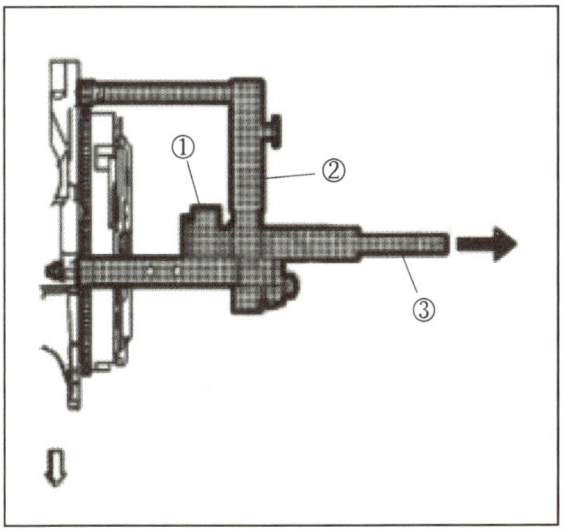

图 1-131　松开 DT-6263

(10) 如图 1-132 所示,拆下离合器压盘①和离合器从动盘②。

提示:离合器压盘和从动盘被异物(油、清洁剂等)污染,必须更换。检查毂侧面的离合器从动盘是否损坏或有灰尘,必要时进行更换。

(11) 如图 1-133 所示,检查离合器压盘和从动盘①并更换。

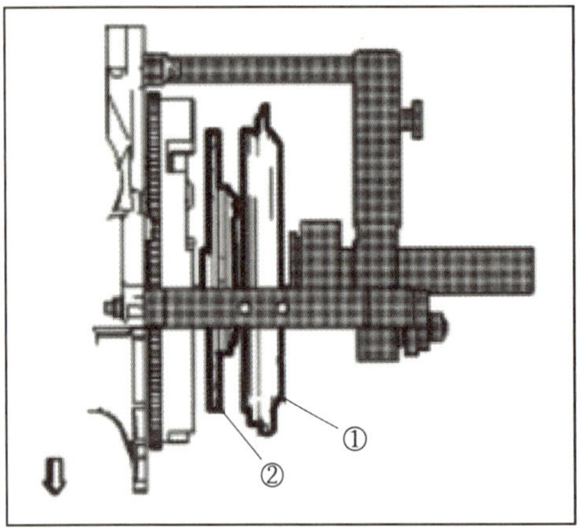

图 1-132 拆离合器压盘和离合器从动盘

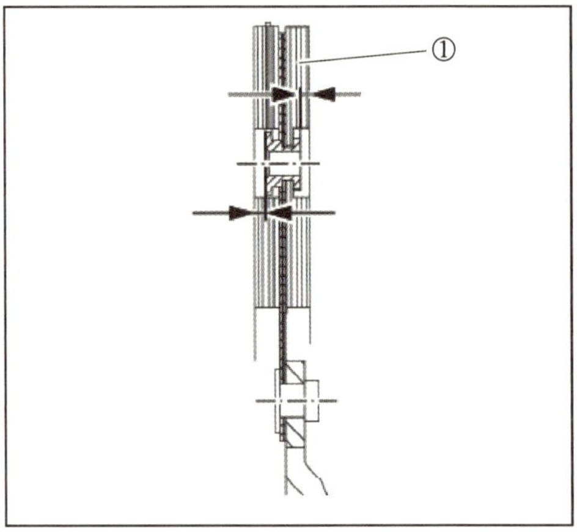

图 1-133 检查离合器压盘和从动盘

注意：如果衬片凸起少于 0.5 mm(箭头处)，则必须更换离合器从动盘。

(12) 检查离合器衬片铆钉上的衬片是否凸起。

(13) 将离合器压盘滑至变速器输入轴并检查是否易于移动。

2. 安装离合器压盘和从动盘

(1) 如图 1-134 所示，将衬套①安装至曲轴。

(2) 清理 6 个离合器压盘螺栓螺纹。

注意：安装离合器从动盘时必须使盘上的德国字母“etriebe-seite”(意思是齿轮箱)朝向变速器。

(3) 如图 1-135 所示，安装离合器从动盘③和离合器压盘②。使用与离合器对中导管配合使用的 DT-6263-30 中心冲子① 对中离合器从动盘。

注意：请勿过度远离。

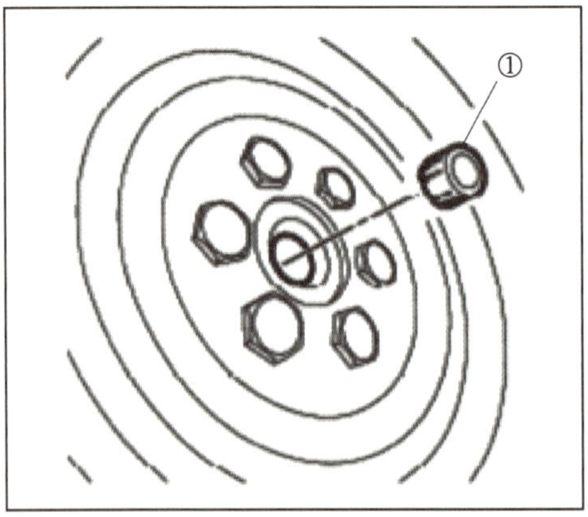

图 1-134 安装衬套

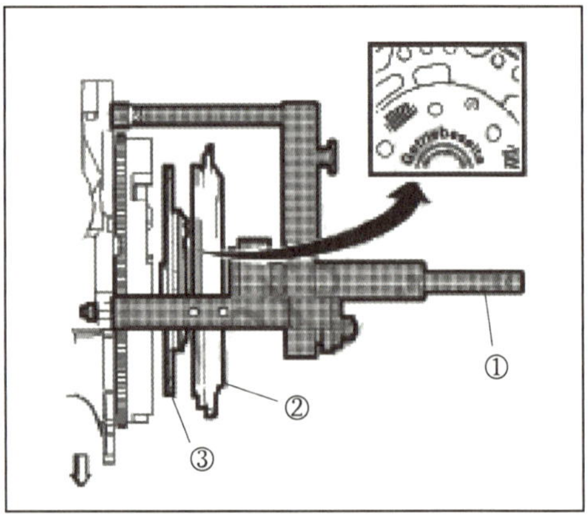

图 1-135 安装离合器从动盘和离合器压盘

(4) 如图 1-136 所示，使用 DT-6263 拆卸工具/安装工具②预载离合器弹簧。顺时针转动螺杆①直至飞轮和压盘对准(箭头处)。

注意事项

此时,装配离合器压盘螺栓时要涂抹螺纹锁止胶。维修时可能提供未密封的螺栓。此时在螺栓上涂抹螺纹锁止胶。如果紧固件未密封,则安装新的离合器压盘螺栓。请勿重复使用旧的螺栓。

(5) 如图 1-137 所示,安装 6 个新的离合器压盘螺栓①。

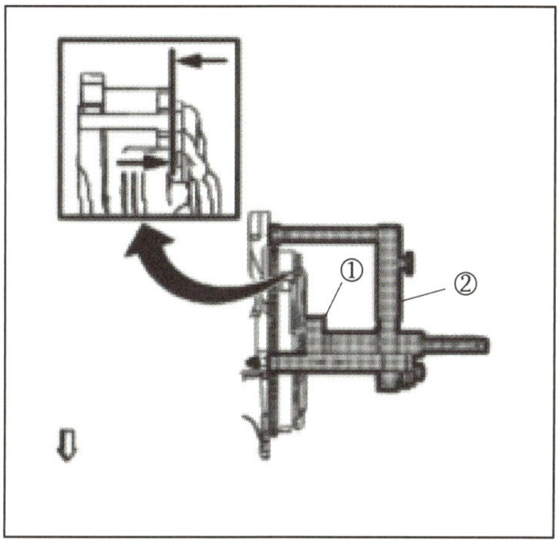

图 1-136　安装工具预载离合器弹簧

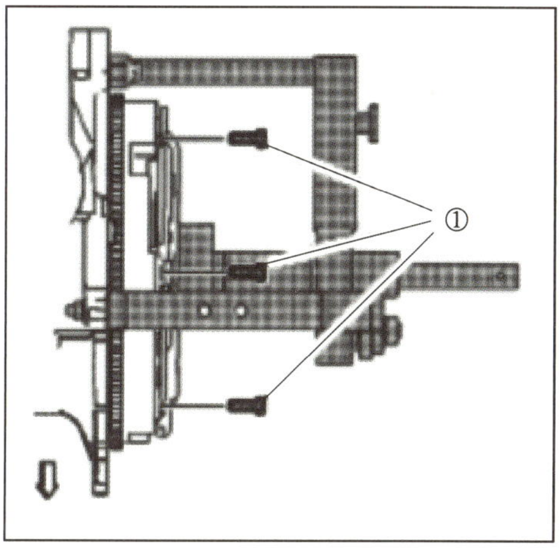

图 1-137　安装新的离合器压盘螺栓

(6) 紧固离合器压盘螺栓,拧紧力矩 15 N · m。

(7) 如图 1-138 所示,从发动机缸体上拆下 DT-6263 拆卸工具/安装工具②。

① 逆时针转动 DT-6263 拆卸工具/安装工具的螺杆①直至停止。

② 拆下与离合器对中导管(箭头处)配合使用的 DT-6263-30 中心冲子③。

③ 拆下将 DT-6263 拆卸工具/安装工具安装至发动机缸体的 4 个螺栓。

(8) 如图 1-139 所示,从发动机缸体上拆下 EN-652 固定工具①。

(9) 安装变速器。

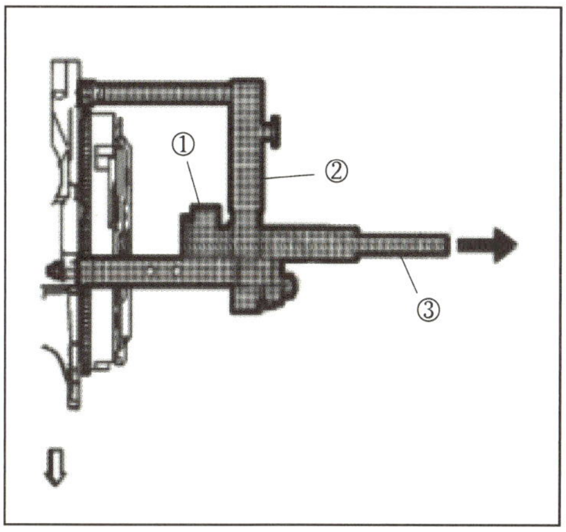

图 1-138　拆下 DT-6263

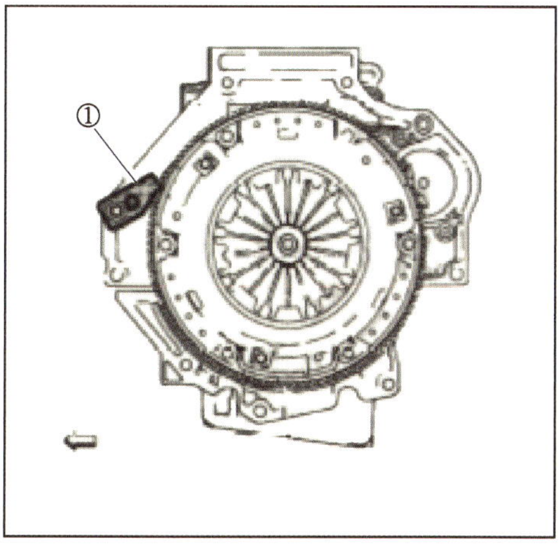

图 1-139　拆下 EN-652 固定工具

四、活动小结

1. 离合器功用

离合器的功用是保证汽车平稳起步，便于换挡，防止传动系过载。

2. 离合器分类

(1) 摩擦式离合器的类型。按从动盘的数目可分为单片式和双片式；按压紧弹簧的形式及布置形式可分为周布螺旋弹簧式和膜片弹簧式等。

(2) 离合器按操纵机构的类型有机械式(杆式和绳式)和液压式等。

3. 离合器结构和工作原理

(1) 离合器由主动部分、从动部分、压紧装置、分离机构和操纵机构五部分组成。

(2) 离合器处于接合状态时，压紧弹簧将压盘、从动盘、飞轮相互压紧。发动机的转矩经飞轮及压盘通过摩擦面的摩擦力矩传到从动盘，再经从动轴向传动系输出。

(3) 离合器的分离过程。踏下踏板时，离合器的主、从动部分处于分离状态，中断动力传递。

(4) 离合器的接合过程。当需要恢复动力传递时，缓慢抬起离合器踏板，离合器的主、从动部分逐渐接合，传递的转矩逐渐增大，直到离合器完全接合处于接合状态为止。

(5) 离合器处于接合状态时，分离轴承与分离杠杆内端之间预留的间隙称为离合器的自由间隙。其作用是防止从动盘摩擦片磨损变薄后压盘不能向前移动而造成离合器打滑。

(6) 离合器从动部分由从动盘和从动轴组成。从动盘分为不带扭转减震器和带扭转减震器的两种类型。

4. 膜片式离合器特点

膜片弹簧离合器的优点是膜片弹簧兼起分离杠杆的作用，简化了结构，轴向尺寸小；压盘圆周上的压力分布均匀，接合平顺；弹簧受高速离心力影响小，压力变化小，传动可靠性高，不易打滑；操纵轻便。

5. 液压式离合器操纵机构组成

液压式操纵机构由离合器踏板、离合器主缸、工作缸、分离叉、分离轴承和管路系统组成。踏下离合器踏板，主缸油压升高并通过管路传到工作缸，再经分离叉、分离轴承使离合器分离。

五、活动评价

(一) 课堂练习

1. 判断题

(1) 摩擦片沾油或磨损过甚会引起离合器打滑。 (　　)

(2) 离合器在使用过程中，不允许出现摩擦片与压盘、飞轮之间有任何相对滑移的现象。 (　　)

(3) 膜片弹簧离合器的结构特点之一是：用膜片弹簧取代压紧弹簧和分离杠杆。 (　　)

2. 单选题

(1) 离合器主动部分不包括(　　)。

A. 压盘　　B. 飞轮　　C. 摩擦片　　D. 离合器盖

(2) 下列有关离合器的传动顺序正确的是(　　)。

A. 飞轮、离合器壳、压盘、离合器片、变速器输入轴

B. 飞轮、压盘、离合器盖、离合器片、变速器输入轴

C. 飞轮、离合器片、压盘、变速器输入轴

D. 飞轮、离合器壳、离合器片、压盘、变速器输入轴

(二) 技能评价

表 1-4　离合器拆装之技能评价

序号	内　容	分值	得分
1	EN-652 专用工具的使用	5	
2	DT-6263-1 支架与 DT-6263 专用工具的使用	5	
3	DT-6263 专用工具预载离合器弹簧	10	
4	检查离合器盘是否自由运动并测量距离	10	
5	拆下离合器压盘和离合器从动盘	10	
6	检查离合器压盘和从动盘并更换	10	
7	将衬套安装至曲轴	10	
8	磨切 6 个离合器压盘螺栓螺纹	15	
9	安装 6 个新的离合器压盘螺栓	5	
10	按照规范流程进行拆装作业	10	
11	做好 5S 工作	10	
总　分		100	

(注:操作正确即得分,操作错误或未进行操作得 0 分)

学习拓展

1. 螺旋弹簧式离合器

(1) 螺旋弹簧式离合器的组成

螺旋弹簧式离合器主要由主动部分、从动部分、压紧部分、操纵机构等部分组成。螺旋弹簧式离合器如图 1-140 所示。

① 主动部分有飞轮、压盘、离合器盖等。

② 从动部分有从动盘、从动轴(即变速器第一轴)。

③ 压紧部分有压紧弹簧等。

④ 操纵机构有分离杠杆、分离杠杆支承柱、摆动销、分离套筒、分离轴承、离合器踏板等。

(2) 螺旋弹簧式离合器的工作过程

螺旋弹簧式离合器的工作过程如图 1-141 所示。

离合器分离时,踩下离合器踏板,在自由行程内首先消除离合器的自由间隙,然后在工作行程内使离合器分离。

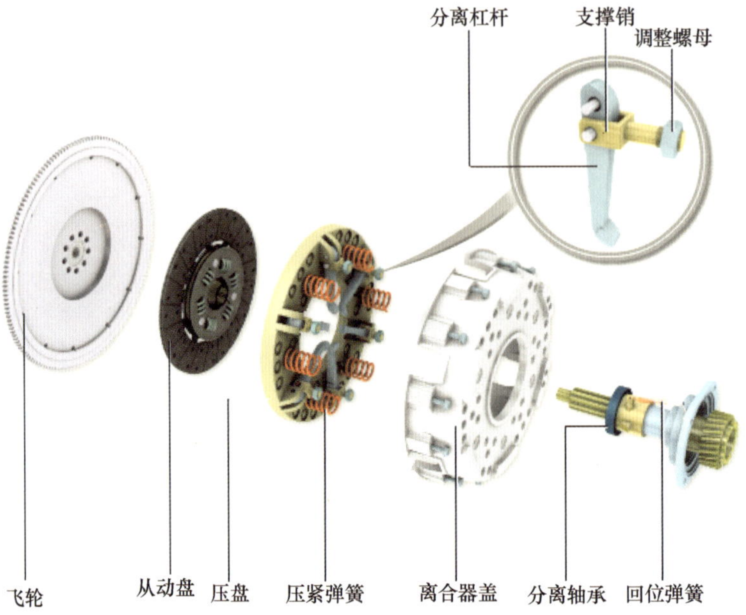

图 1-140　螺旋弹簧式离合器结构

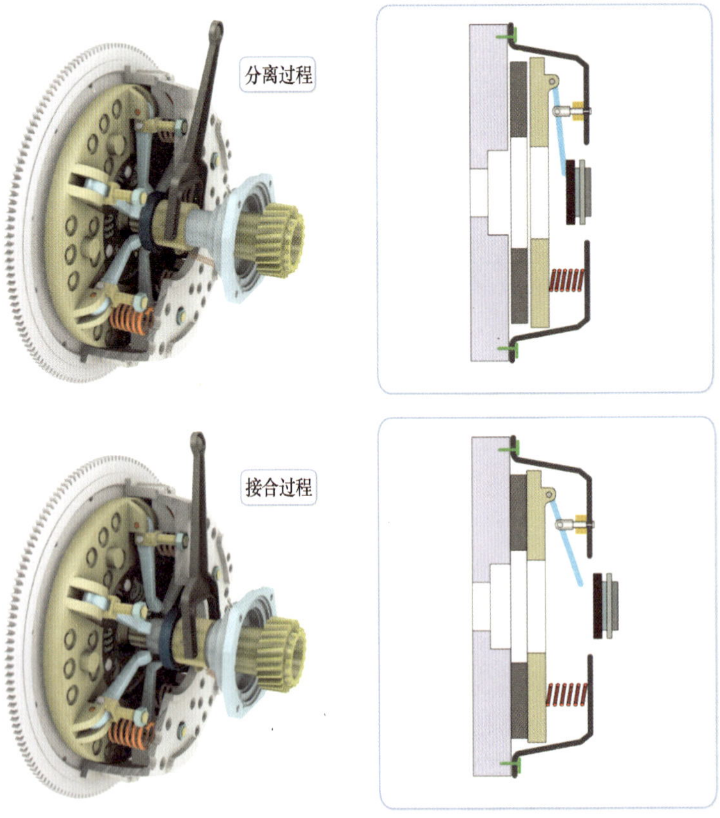

图 1-141　螺旋弹簧式离合器工作过程示意

离合器接合时，逐渐松开离合器踏板，压盘在压紧弹簧的作用下向前移动，首先消除分离间隙，并在压盘、从动盘和飞轮工作表面上作用足够的压紧力；之后分离轴承在复位弹簧的作用下向后移动，使离合器接合。

2. 十字轴刚性万向节

十字轴式刚性万向节结构简单、工作可靠且允许所连接的两轴之间有较大交角，在汽车上应用最为普遍。

(1) 十字刚性万向节的结构

普通万向节又称十字轴式刚性万向节，它允许相邻两轴的最大夹角为15°～20°。如图1-142所示，万向节叉上的孔分别套在十字轴的四个轴颈上。在十字轴轴颈与万向节叉孔之间装有滚针和套筒，用带有锁片的螺钉和轴承盖来使之轴向定位。为了润滑轴承，十字轴内钻有油道，且与润滑脂加注口、安全阀相通。

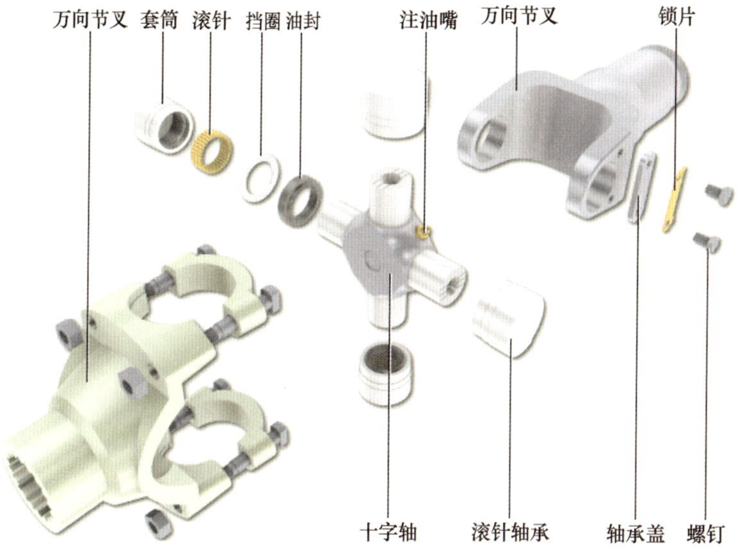

图1-142　十字轴刚性万向节结构

(2) 十字轴式刚性万向节传动的不等速特性

单个十字轴式刚性万向节在输入轴和输出轴有夹角的情况下，其两轴的角速度是不相等的，两轴夹角 α 越大，转角差($\Phi_1-\Phi_2$)越大，万向节的不等速特性越严重，如图1-143所示。

万向节传动的不等速特性将使从动轴及与其相连的传动部件产生扭转震动，从而产生附加的交变载荷，影响传动部件的寿命。

3. 准等速万向节

根据双万向节实现等速传动的原理而设计的万向节称为准等速万向节。准等速万向节有双联式万向节和三销轴式万向节。

(1) 双联式万向节

如图1-144所示，双联式万向节的两个十字轴式万向节相连，中间传动轴长度缩减至最小。这样它允许有较大的轴间夹角，且轴承密封性较好、效率高、制造工艺简单、加工方便、工作可靠等。双联式万向节多用于越野汽车。

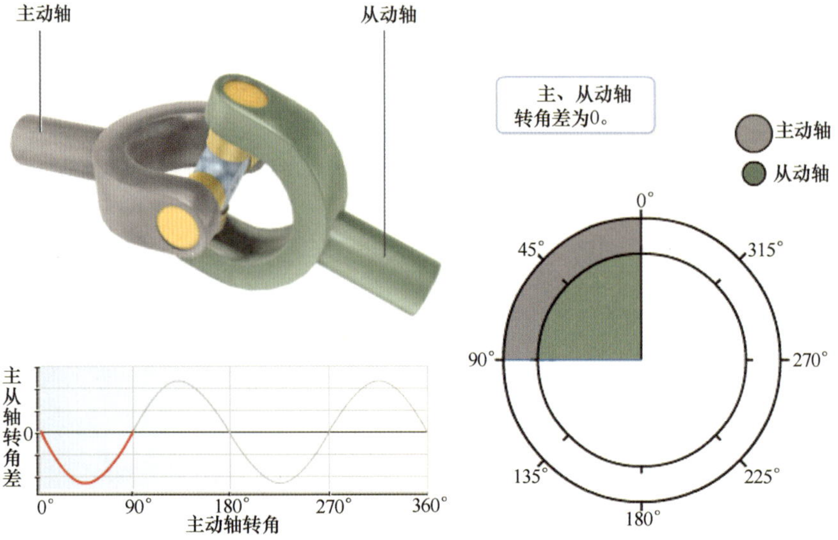

图 1-143　十字轴刚性万向节的不等速性

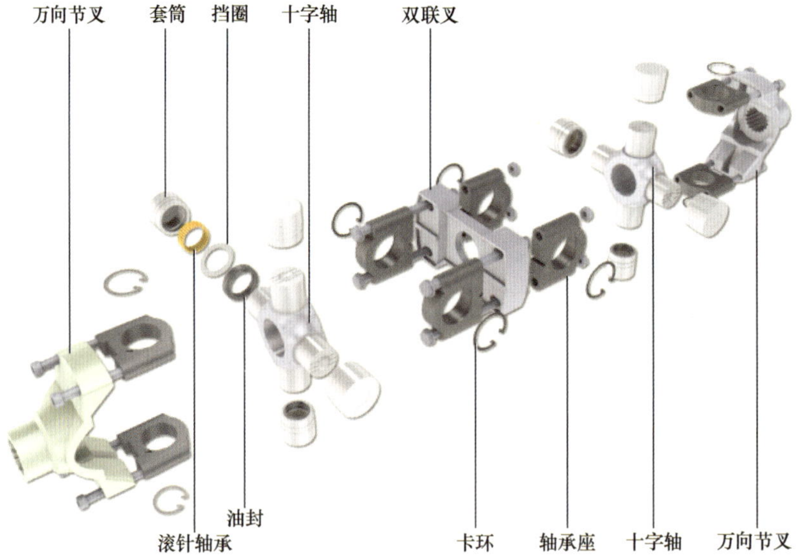

图 1-144　双联式万向节结构

(2) 三销轴式万向节

三销轴式准等速万向节如图 1-145 所示，三销轴式万向节保证两轴角速度接近相等，允许相邻两轴有较大的交角，最大可达 45°，可使汽车获得较小的转弯半径，提高汽车的机动性。但是这种万向节所占空间较大。

4. 传动轴和中间支承

(1) 传动轴

传动轴、花键轴、滑动叉、中间支承和万向节叉等共同组成了传动轴总成，其结构如图 1-146 所示。

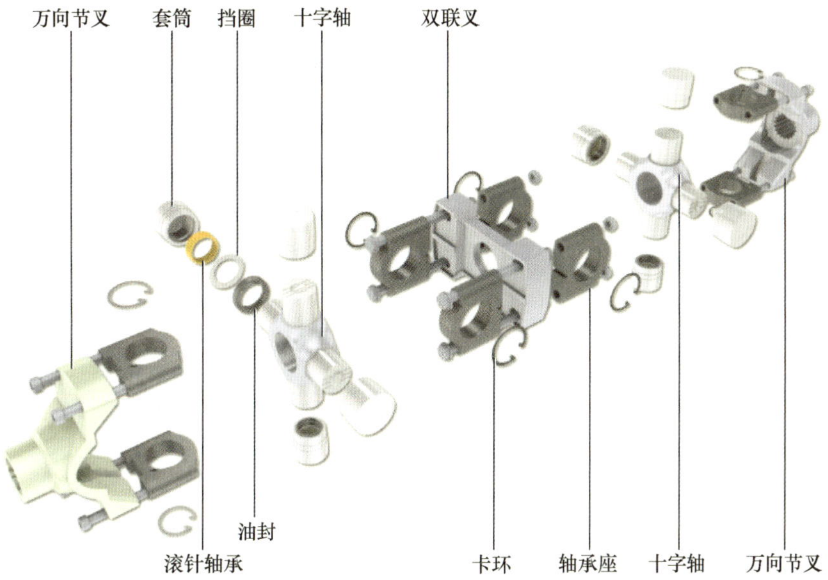

图 1-145　三销轴式准等速万向节

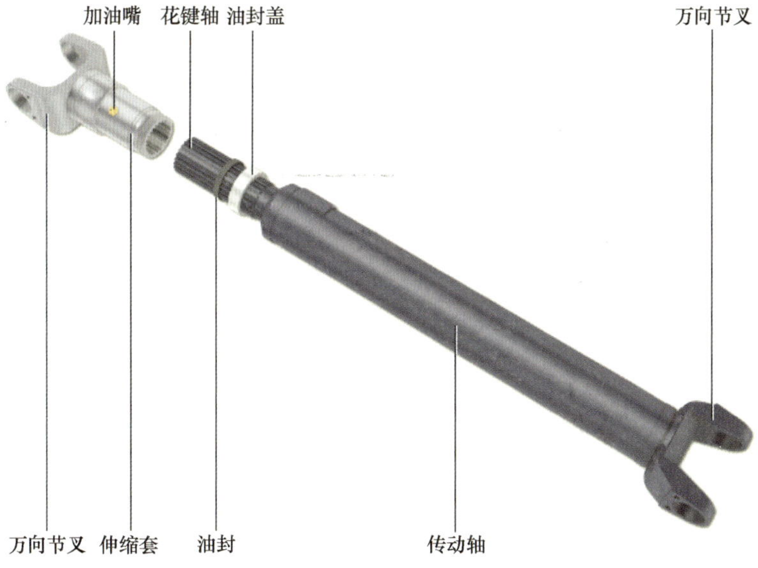

图 1-146　传动轴结构

(2) 中间支承

如果万向传动装置传递的动力较远，传动轴中间会分段，并加中间支承。中间支承的结构如图 1-147 所示。

摆动式中间支承的特点是，中间传动轴可以通过摆臂绕支承轴摆动；支承轴和摆臂下端均有橡胶衬套，可以改善轴承受力，补偿安装误差和运动中的位移。

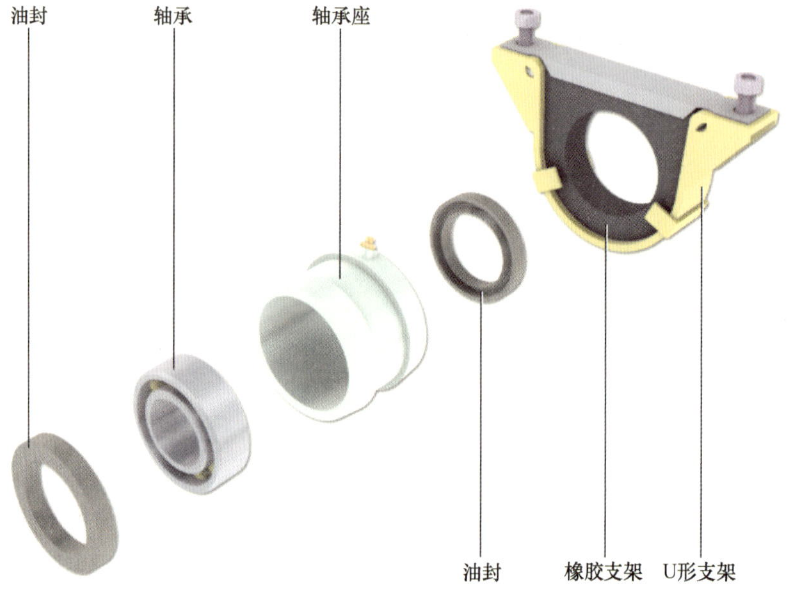

图 1-147　中间支承的结构

项目二

行驶系统构造与拆装

项目描述

如图 2-1 所示，汽车行驶系统是指支持全车并保证车辆正常行驶的专门装置，它是将发动机经传动系传来的动力转换成车轮上的驱动力，使汽车实现适应各种道路行驶的主要系统。

本任务主要通过对行驶系统主要机件的拆装作业，认识以及理解主要机件的结构、相互连接关系以及其工作原理。

图 2-1　汽车行驶系统

学习目标

通过本次任务的学习，应能够：

(1) 描述行驶系统的结构组成和相互之间的安装关系。

(2) 简要概述行驶系统主要总成的结构特点和工作过程。

(3) 根据工艺标准对行驶系统主要总成和零部件进行拆卸和安装。

学习任务

学习任务 1　行驶系统的认识

一、任务目标

通过本活动学习,学习者应能:

(1) 简要概括行驶系统的组成和功用。

(2) 用自己的语言描述汽车行驶系统各组成的作用。

(3) 在 20 分钟内,顺利从实车上识别出行驶统的各组成。

二、知识准备

1. 行驶系统的组成

汽车作为一种地面交通工具,其行驶系统一般由车架、车桥、车轮和悬架等部分组成,如图 2-2 所示。

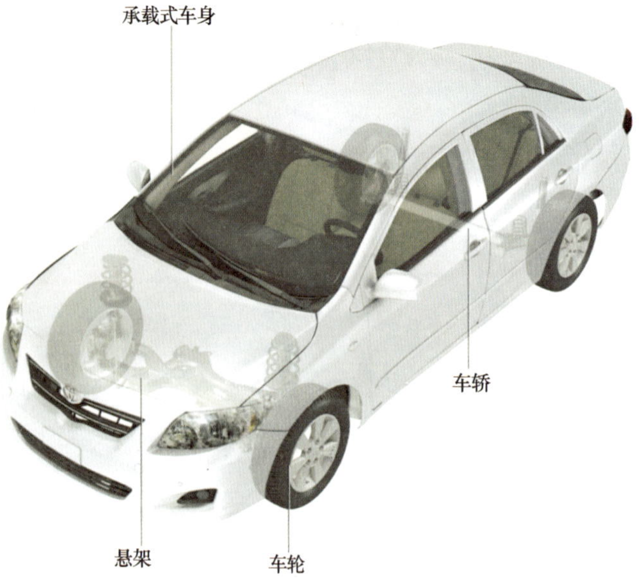

图 2-2　汽车行驶系基本组成

2. 行驶系统的功用

汽车行驶系统的主要功用是：

(1) 传递并承受路面作用于车轮上的各种力和力矩，借助驱动轮与路面的附着作用，将传动系传来的转矩转化为汽车行驶的驱动力。

(2) 缓和不平路面对汽车产生的冲击，减小汽车在行驶中车身的震动，保证汽车平顺行驶。

(3) 与转向系统协调配合，实现汽车行驶方向的正确控制，保证汽车稳定操纵。行驶系统的功用如图 2-3 所示。

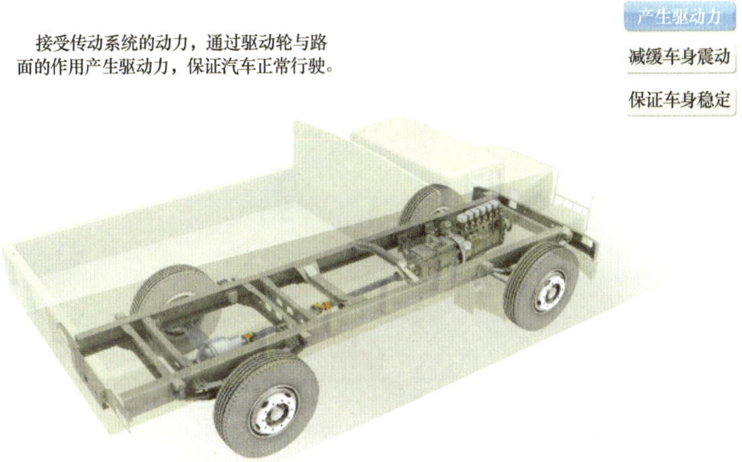

(a) 产生驱动力

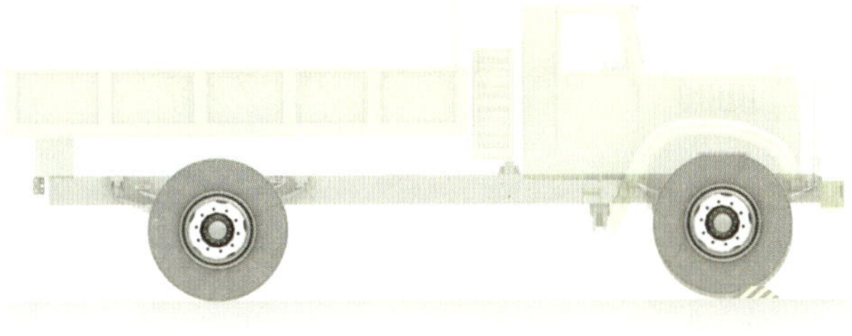

(b) 减缓车身震动

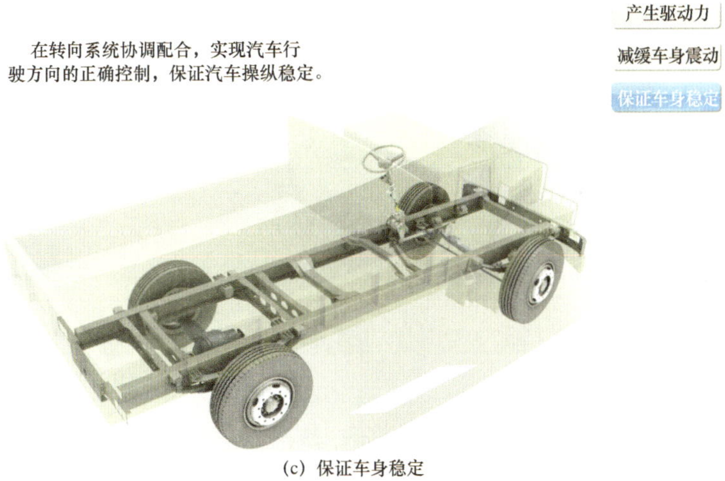

(c) 保证车身稳定

图 2-3　汽车行驶系的功用

汽车车架俗称“大梁”,用以安装汽车的发动机、变速器、传动轴、前桥、后桥和车身等总成和部件。其功用是使各总成保持正确的相对位置,并承受汽车内外的各种载荷。车架的功用如图 2-4 所示。

图 2-4　车架的功用

前后车桥由前后车轮分别支承着,车桥通过弹性悬架与车架相连接。车桥的作用是传递车架和车轮之间的各个方向的作用力,并承受这些力所形成的弯矩和扭矩。车桥的功用如图 2-5 所示。

车轮一般由轮辋、轮毂,以及连接这两者的轮辐(轮盘)组成。车轮用以安装轮胎和连接半轴或转向节,并用来支撑汽车质量,承受半轴或转向节传来的力矩。车轮结构如图 2-6 所示。

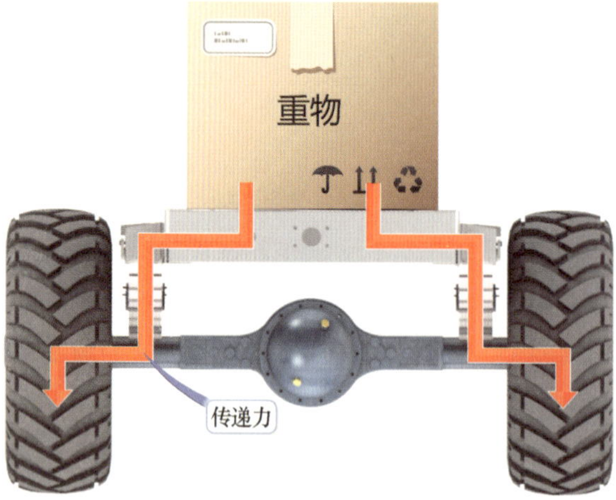

图 2-5　车桥的功用

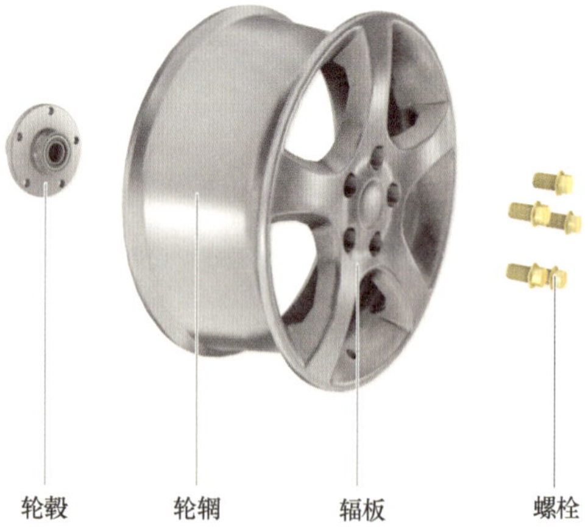

图 2-6　车轮的结构

悬架的作用是把路面作用于车轮上的各种力及其产生的力矩传递到车架(或承载式车身)上,吸收和缓和行驶中因路面不平引起的车轮跳动而传给车架的冲击和震动。悬架的作用如图 2-7 所示。

图 2-7　悬架的作用

三、活动实施

（一）实施方案

1. 质量要求

参照 2013 款 1.6 L 自动挡科鲁兹轿车厂家的质量标准要求。

2. 组织方式

每四位同学一组，查看 2013 款 1.6 L 自动挡科鲁兹轿车的行驶系统，每组作业时间为 20 分钟。

3. 作业准备

（1）技术要求与标准：

① 习惯性使用"三件套"、发动机舱防护罩等汽车防护物品，养成良好职业习惯。

② 养成"采取安全防护措施维修作业"的习惯。

③ 养成工具、零部件、油液"三不落地"的职业习惯，工具及拆下的零部件等都应整齐地放置在工具车及零件盘中。

（2）设备器材：如图 2-8 所示。

（3）场地设施：消防设施的场地。

（4）设备设施：2013 款 1.6 L 自动挡科鲁兹轿车一辆、举升机、工具车、零件车、标保工具车、垃圾桶等。

（5）耗材：干净抹布、清洁剂等。

（二）操作步骤

识别底盘行驶系统的组成部件操作步骤：

（1）按照举升机的操作要求采取相应的安全防护措施，用举升机举起汽车。

（2）从汽车底部找出车架，观察其安装位置。

（3）找出车桥，观察其安装位置。

（4）找出车轮，观察其组成及其安装位置。

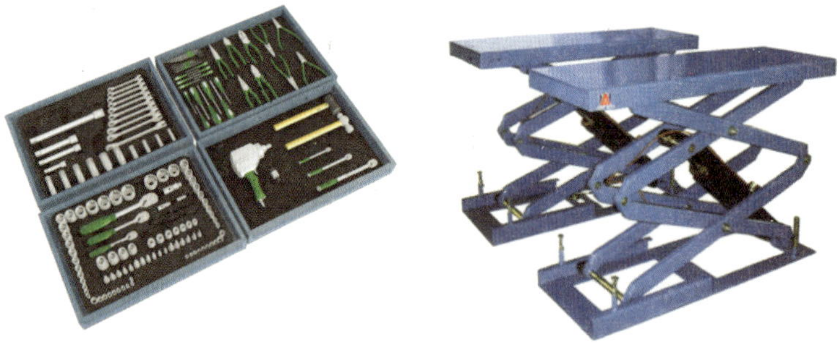

(a) 常用工具（一套）　　(b) 举升机

图 2-8　行驶系统的认识之设备器材

(5) 找出悬架系统，观察其安装位置。

(6) 将汽车及举升机复位，并检查复位状况是否良好。

四、活动小结

1. 行驶系统的组成

汽车行驶系一般由车架、车桥、车轮和悬架等部分组成。

2. 汽车行驶系的主要功用

(1) 将汽车构成一个整体。

(2) 承受汽车总质量。

(3) 借助驱动轮与路面的附着作用，将传动系传来的转矩转化为汽车行驶的驱动力。

(4) 传递并承受路面作用于车轮上的各种力和力矩。

(5) 缓和不平路面对汽车产生的冲击，减小汽车在行驶中的震动，保证汽车平顺行驶。

3. 车桥的作用

车桥的作用是传递车架和车轮之间的各个方向的作用力，并承受这些力所形成的弯矩和扭矩。

4. 悬架的作用

悬架的作用是把路面作用于车轮上的各种力及其产生的力矩传递到车架(或承载式车身)上，吸收和缓和行驶中因路面不平引起的车轮跳动而传给车架的冲击和震动。

五、活动评价

(一) 课堂练习

1. 判断题

(1) 悬架的作用是使各总成保持正确的相对位置，并承受汽车内外的各种载荷。　(　　)

(2) 车轮一般由轮辋、轮毂，以及连接这两者的辐板组成。　(　　)

(3) 前后车桥由前后车轮分别支承着，车桥通过弹性悬架与车架相连接。　(　　)

2. 单选题

(1) 以下不是行驶系功用的是(　　)。

A. 承受汽车总质量

B. 借助驱动轮与路面的附着作用，将传动系传来的转矩转化为汽车行驶的驱动力

C. 传递并承受路面作用于车轮上的各种力和力矩

D. 根据车辆行驶需要，按照驾驶员的意图适时改变汽车的行驶方向

(2) 车轮用以安装轮胎和连接半轴或转向节，并用来支撑汽车质量，承受(　　)传来的力矩。

A. 车桥　　B. 半轴　　C. 悬架　　D. 车架

(二) 技能评价

表 2-1　行驶系统的认识技能评价

序号	内　容	分值	得分
1	按照操作要求举起汽车	10	
2	找出车架并说出其组成和功用	20	
3	找出车桥并说出其组成和功用	20	
4	找出车轮并说出其组成和功用	20	
5	找出悬架并说出其组成和功用	20	
6	将汽车及举升机复位	10	
总　分		100	

（注：操作正确即得分，操作错误或未进行操作得 0 分）

学习任务 2　车轮拆装和轮胎动平衡

一、任务目标

通过本活动学习，学习者应能：

(1) 简要概括车轮和轮胎的组成和功用。

(2) 按结构特点，说出轮辐、轮辋的分类。

(3) 熟悉轮胎的分类和车轮动平衡。

(4) 在 20 分钟内顺利完成车轮拆装和轮胎动平衡。

二、知识准备

1. 车轮

如图 2-9 所示，车轮与轮胎是汽车行驶系统中的重要部件，其功用是：支承整车；缓和由路面传来的冲击力；通过轮胎同路面间存在的附着力作用来产生驱动力和制动力；汽车转弯行驶时产生平衡离心力的侧抗力，在保证汽车正常转向行驶的同时，通过车轮产生的自动回正力矩，使汽车保持直线行驶方向；承担越障和起到提高通过性的作用等。

车轮用以安装轮胎和连接半轴或转向节，并用来支承汽车质量，承受半轴或转向节传来的力矩。车轮一般由轮辋、轮毂以及连接这两者的轮辐(轮盘)组成，如图 2-10 所示。

(1) 按轮辐结构分类

按轮辐结构特点，车轮可分为辐板式和辐条式两种，如图 2-11 所示。

图 2-9　车轮功用

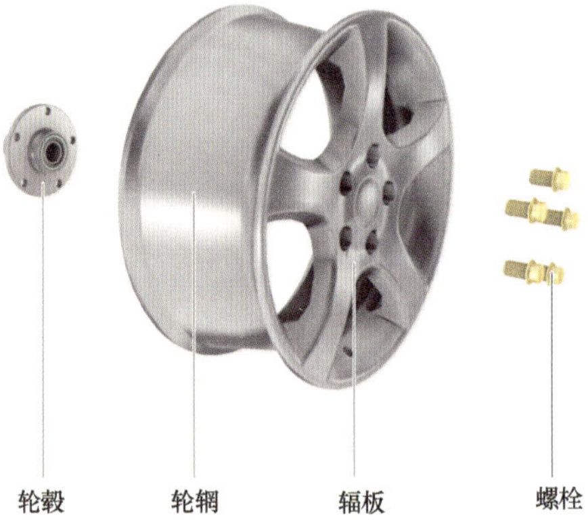

图 2-10　车轮基本结构

（2）按轮辋结构分类

轮辋又称为钢圈，是装配和固定轮胎的基础。按照轮辋结构特点的不同，可分为深槽轮辋、平底轮辋和对开式（可拆式）轮辋三种，如图 2-12 所示。

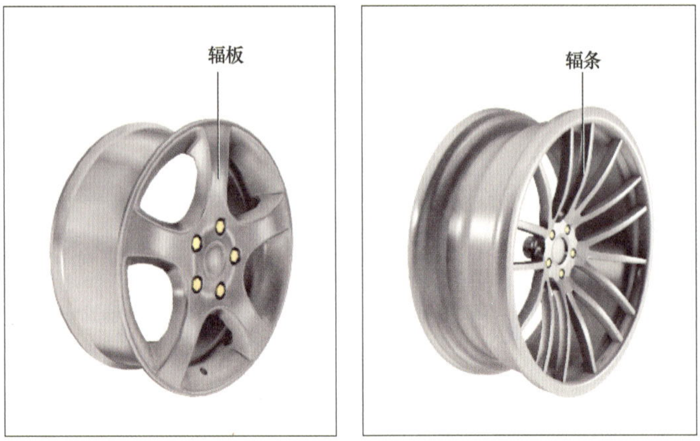

(a) 辐板式车轮　　(b) 辐条式车轮

图 2-11　车轮按轮辐结构分类

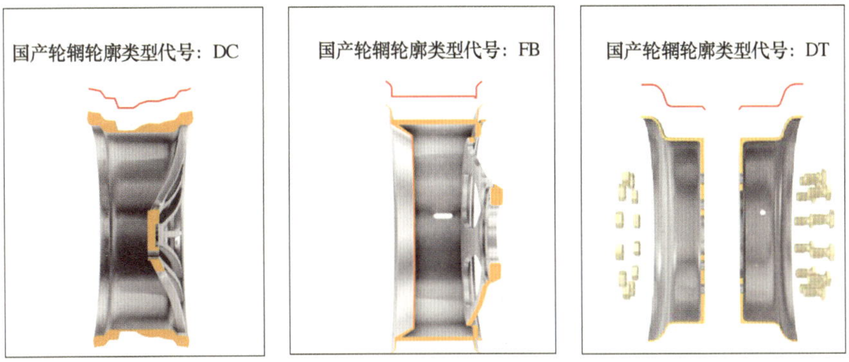

(a) 深槽轮辋　(b) 平底轮辋　(c) 对开式轮辋

图 2-12　车轮按轮辋结构分类

2. 轮胎

轮胎按车种分类，可分为 8 种：PC——轿车轮胎；LT——轻型载货汽车轮胎；TB——载货汽车及大客车轮胎；AG——农用车轮胎；OTR——工程车轮胎；ID——工业用车轮胎；AC——飞机轮胎；MC——摩托车轮胎，如图 2-13 所示。

图 2-13　汽车轮胎类型

汽车轮胎按用途，可分为载货汽车轮胎和轿车轮胎；而载货汽车轮胎又分为重型、中型和轻型载货汽车轮胎。

汽车轮胎按胎体结构，可分为充气轮胎和实心轮胎。现在汽车绝大多数采用充气轮胎。充气轮胎按组成不同，又分为有内胎轮胎和无内胎轮胎两种。

充气轮胎按胎体中帘线排列的方向不同，分为普通斜交轮胎、带束斜交轮胎和子午线轮胎，如图 2-14 所示。

子午线轮胎的优点是：质量轻，弹性大，减震性能好，有良好的附着力，承载能力大，胎温低，耐穿刺，使用寿命长。

汽车轮胎按充气压力大小，可分为高压轮胎（0.5～0.7 MPa），低压轮胎（0.15～0.45 MPa），超低压轮胎（0.15 MPa 以下）。目前广泛采用低压轮胎。

3. 子午线轮胎结构

丰田卡罗拉轿车采用的是子午线轮胎，其主要由帘布层、带束层和胎圈组成，并以带束层箍紧胎体，如图 2-15 所示。

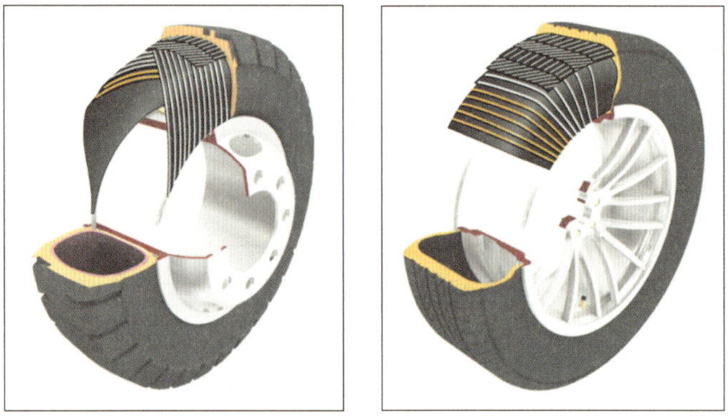

(a) 普通斜交轮胎　　(b) 子午线轮胎

图 2-14　充气轮胎类型(按胎体中帘线排列的方向不同分类)

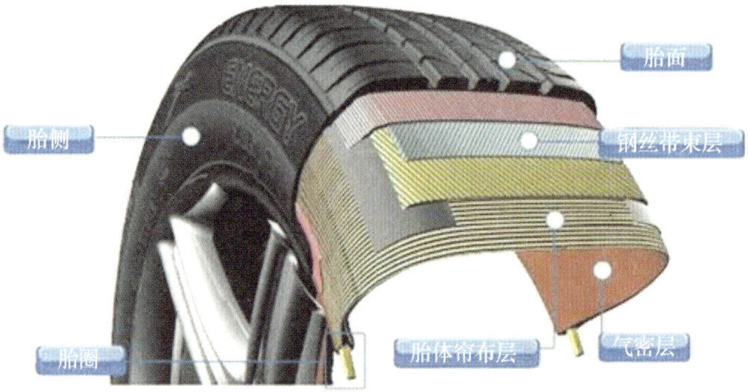

图 2-15　子午线轮胎结构

4. 轮胎规格标记方法

充气轮胎尺寸的标记如图 2-16 所示。D 为轮胎外径、d 为轮胎内径、H 为轮胎断面高度、B 为轮胎断面宽度。轮胎断面高度 H 与 B 之比称为轮胎的高宽比(以百分比表示),即 $(H/B)\times 100\%$ 又称为轮胎的扁平率。通常高宽比为 80%、75%、70%、60%、55%等。

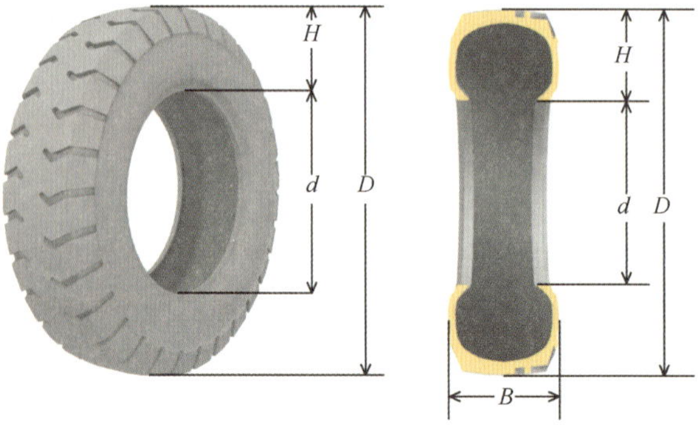

$$\text{轮胎宽高比}=\frac{\text{轮胎断面高度}H}{\text{轮胎断面宽度}B}\times 100\%$$

D 轮台外径
d 轮台内径
H 轮胎断面高度
B 轮胎断面宽度

图 2-16　轮胎规格标记方法

目前,充气轮胎一般习惯用英制单位表示法,欧洲国家常用米制单位表示法。还有些英制和米制单位混用表示,个别国家也用字母作代号来表示轮胎规格尺寸的。我国轮胎规格标记主要采用英制单位,也有些用英制和米制单位混合表示。

例:185/60R1380H,185:胎面宽(毫米);60:扁平比;R:子午线结构;13:钢圈直径(英寸);80:载重指数,参照图 2-17 所示;H:速度代号,参照图 2-18 所示。

LI	kg	LI	kg	LI	kg	LI	kg
50	190	70	335	90	600	110	1 060
51	195	71	345	91	615	111	1 090
52	200	72	355	92	630	112	1 120
53	206	73	365	93	650	113	1 150
54	212	74	375	94	670	114	1 180
55	218	75	387	95	690	115	1 215
56	224	76	400	96	710	116	1 250
57	230	77	412	97	730	117	1 285
58	236	78	425	98	750	118	1 320
59	243	79	437	99	775	119	1 360
60	250	80	450	100	800	120	1 400
61	257	81	462	101	825	121	1 450
62	265	82	475	102	850	122	1 500
63	272	83	487	103	875	123	1 550
64	280	84	500	104	900	124	1 600
65	290	85	515	105	925	125	1 650
66	300	86	530	106	950	126	1 700
67	307	87	545	107	975	127	1 750
68	315	88	560	108	1000	128	1 800
69	325	89	580	109	1030	129	1 850
						130	1 900

图 2-17　汽车轮胎载重表

速度符号	最高速度/(km·h^{-1})	速度符号	最高速度/(km·h^{-1})
E	70	Q	160
F	80	R	170
G	90	S	180
J	100	T	190
K	110	U	200
L	120	H	210
M	130	W	220
N	140	Y	230
P	150	Z	240

图 2-18　汽车轮胎速度表

国产轿车轮胎规格表示方法示例如图 2-19 所示。

5. 轮胎动平衡

轮胎的动平衡用轮胎动平衡机检测,动平衡机的结构如图 2-20 所示。

动平衡机使用时应输入各项数据,主要包括:设定轮胎动平衡机至车轮轮辋边缘的距离(如图 2-21 所示),测量轮辋宽度(如图 2-22 所示)和读取轮辋直径等。

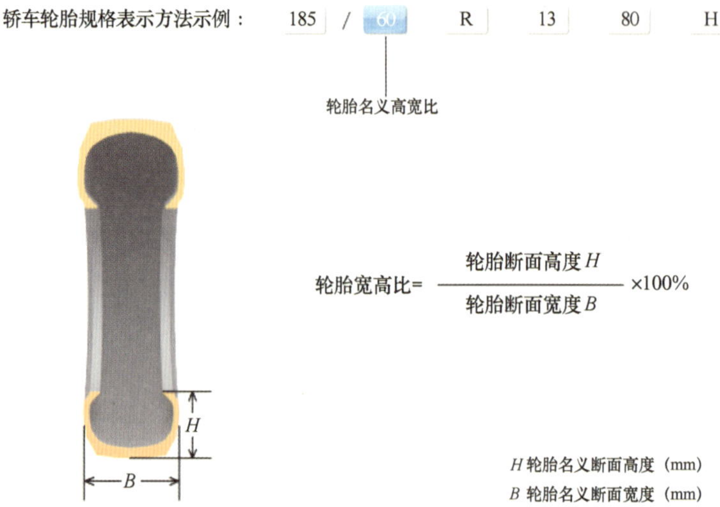

图 2-19　国产轿车轮胎规格表示方法示例

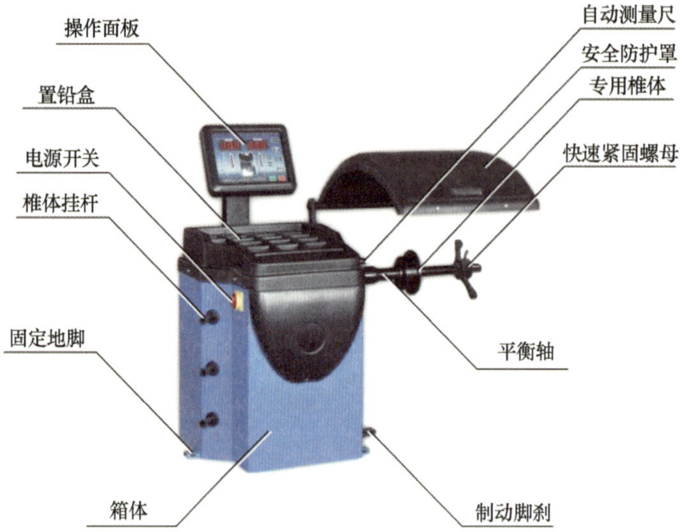

图 2-20　轮胎动平衡机

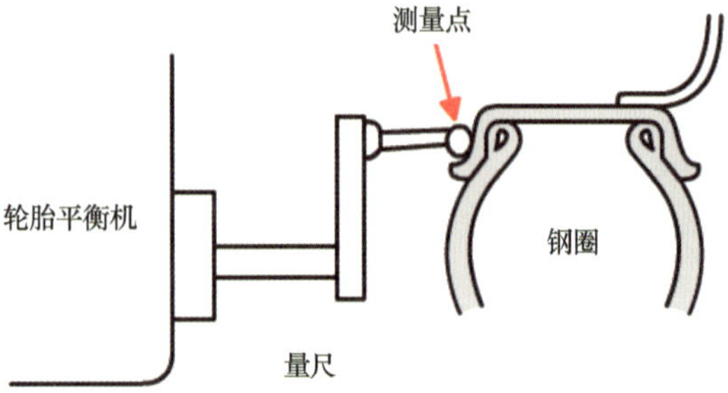

图 2-21　动平衡机至车轮轮辋距离测量

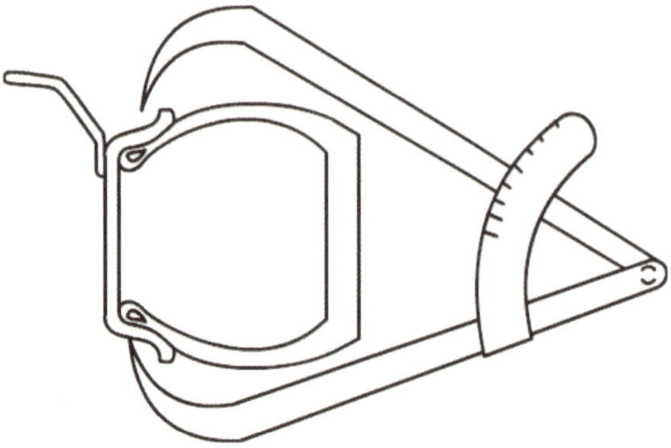

图 2-22　测量轮辋宽度

如果检测发现轮胎动不平衡，则需要加配平衡块。常用的平衡块有 5 g、10 g、15 g、20 g、25 g、30 g、50 g、和 100 g 八种。一般选择两面嵌入式配重模式。

当轮胎动平衡检测值在 5 g 以内视为合格，否则需重新测量和调整。

动平衡机上的轮胎安装方法有两种：倒锥式安装和前锥式安装。使用倒锥式安装方法时，依次装入弹簧，装入锥套，装上车轮轮辋，装上轮辋罩盖，装入衬套，拧紧快速紧固螺母，如图 2-23 所示。使用前锥式安装方法时，依次安装车轮轮辋，装入锥套，装入衬套，拧紧快速紧固螺母，如图 2-24 所示。

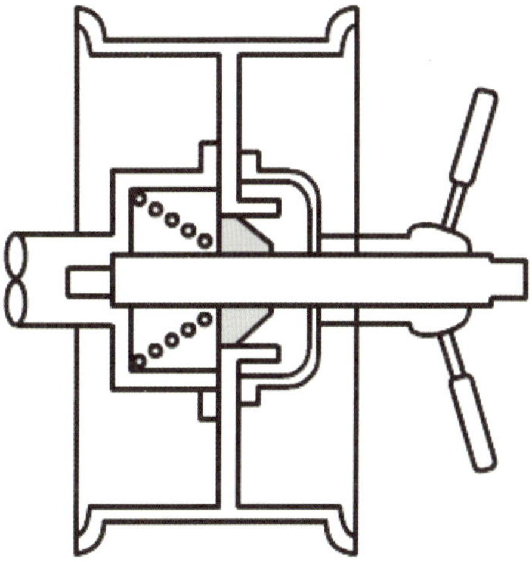

图 2-23　倒锥式安装

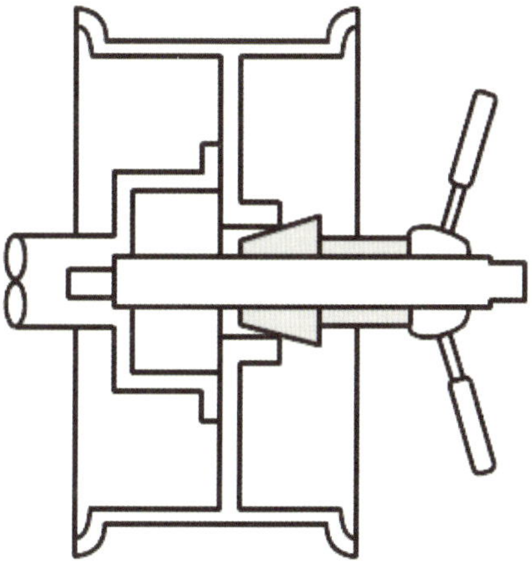

图 2-24　前锥式安装

三、活动实施

（一）实施方案

1. 质量要求

参照 2013 款 1.6 L 自动挡科鲁兹轿车厂家的质量标准要求。

2. 组织方式

每四位同学一组，能够规范使用车轮拆装工具和轮胎动平衡机，按照企业岗位操作规范对车轮进行拆装和轮胎动平衡作业。每组作业时间为 40 分钟。

3. 作业准备

（1）技术要求与标准：

① 轮胎胎面花纹检查。

② 轮胎动平衡机性能检查。

③ 按技术标准对轮胎进行动平衡，其动不平衡量不大于 5 g。

（2）设备器材：如图 2-25 所示。

（3）场地设施：消防设施的场地。

（4）设备设施：2013 款 1.6 L 自动挡科鲁兹轿车一辆、工具车、零件车、标保工具车、垃圾桶等。

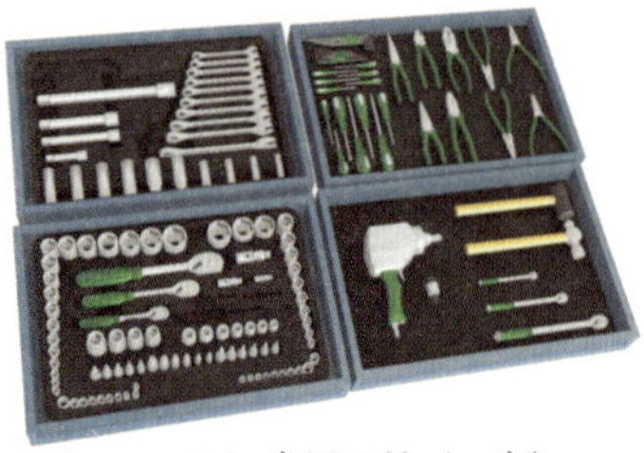

(a) 常用工具（一套）

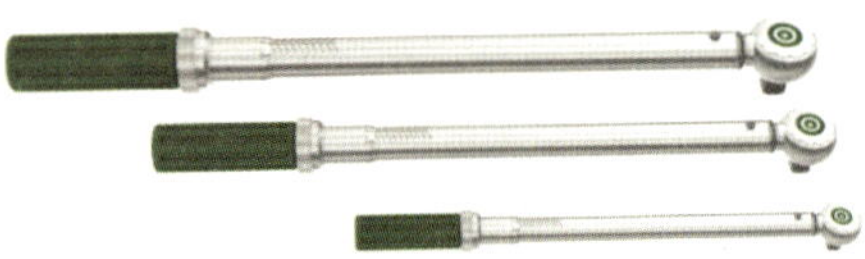

(b) 定扭矩扳手

(c) 指针式扭力扳手

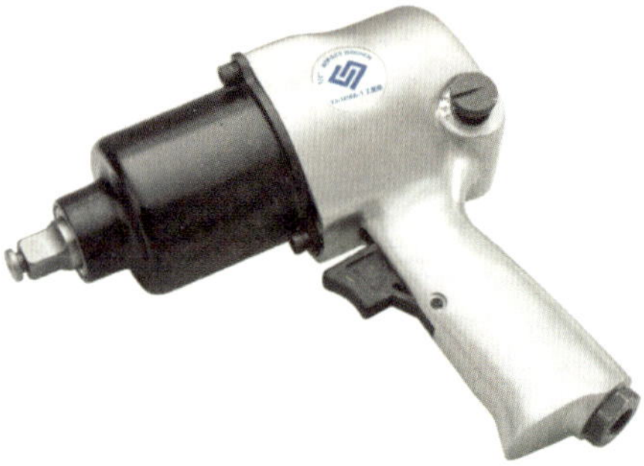

(d) 气动（电动）拆装工具

(e) 轮胎动平衡机

图 2-25　车轮拆装和轮胎平衡设备器材

(5) 耗材：干净抹布、清洁剂等。

(二) 操作步骤

1. 拆卸车轮

(1) 拧松车轮固定螺母

如图 2-26 所示，选用套筒、接杆和指针式扭力扳手对角拧松右前车轮固定螺母。以同样方法拧松其余三个车轮固定螺母。

(2)安装左右两侧举升臂

① 如图 2-27 所示，将举升垫移动到两侧的举升点上。

注意事项

◇ 车轮的举升点在车辆底座两个凹槽处。

图 2-26　拧松右前车轮固定螺母

图 2-27　将举升垫移到两侧的举升点

② 如图 2-28 所示，略微升起举动机，依次调整两侧垫块与车辆的接触位置。

图 2-28　升起举动机，调整两侧垫块位置

③ 如图 2-29 所示，举升车辆至轮胎离开地面 100～200 mm 时，停止举升，按压车辆前部确保车辆支撑可靠。同样按压车辆后部。

④ 确认车辆周边无异常，再次举升车辆。

注意事项

◇ 举升车辆时，应排除周围的障碍物，并注意举升平台和周围不能站立人员。

◇ 检查举升机两边是否同步上升，若发现危险情况，应立即终止举升，并上报处理。

⑤ 如图 2-30 所示，举升车辆至合适高度，确认举升机锁止可靠。

图 2-29　按压车辆后部

图 2-30　确认举升机锁止可靠

⑥ 如图 2-31 所示，一人扶住车辆，另一人使用风动扳手和黑色套筒对角拆卸车辆固定螺栓。

图 2-31　拆卸车辆固定螺栓

注意事项

◇ 使用风动扳手时，应选用配套的黑色套筒。

◇ 使用风动扳手时，禁止佩戴手套。

⑦ 取下车轮，摆放到车轮架上。

2. 轮胎动平衡检测

(1) 安装车轮

① 如图 2-32 所示，将车轮安装到旋转轴上，选择合适的轴心定位锥体，再用快锁螺母固定并锁紧。

图 2-32　将车轮安装到旋转轴上

② 打开电源开关,确认系统自检无异常。

注意事项

轮胎要完全固定在转轴上,不能左右摇摆。

(2) 测量并输入数据

① 如图 2-33 所示,将测量尺拉至与轮辋接触的位置,读出测量尺上的数值并输入。

图 2-33　测量轮辋

注意事项

读取数值时,需要正视测量尺刻度。

② 如图 2-34 所示,用宽度测量卡尺测量轮辋对边宽度的数值,并输入。

③ 如图 2-35 所示,找到轮辋上标记的名义直径并输入。

④ 如图 2-36 所示,去除原有的动平衡块。

⑤ 清除轮辋上的尘土与脏污。

(3) 车轮动平衡检测

① 如图 2-37 所示,按“start”键,车轮旋转 7 秒钟后,机器自动停止。机器停止后,显示器上显示的数值为轮胎的不平衡值。

图 2-34　测量轮辋宽度

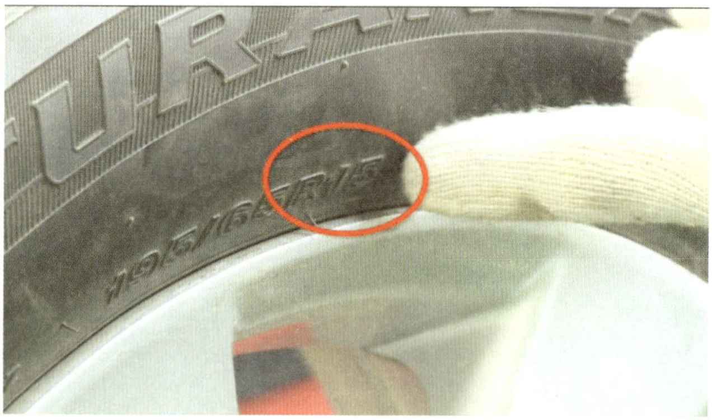

图 2-35　查看轮胎直径

图 2-36　去除原有的动平衡块

② 如图 2-38 所示，根据仪器指示转动车轮，当其中一组指示灯全亮时，表示轮辋最高点位置为该侧的不平衡点。

③ 如图 2-39 所示，在轮辋不平衡点处，贴上显示器测得数值相应平衡块。以同样方法，粘贴另一侧动平衡块。

图 2-37　按“start”键

图 2-38　最高点位置为该侧不平衡点

图 2-39　在不平衡点贴平衡块

注意事项

动平衡块要固定在指定的位置上，防止与其他部件产生运动阻碍。

(4) 轮胎动平衡复测

① 如图 2-40 所示，按“start”键，车轮旋转 7 秒钟后，机器自动停止，直至左右两侧的显示器均显示为 00。

图 2-40　按“start”键

② 松开快锁螺母，取下轴心定位锥体，取下车轮并摆放到轮胎架。

③ 清洁仪器，关闭电源。

3. 检测车轮径向跳动量

（1）如图 2-41 所示，将车轮固定在旋转轴上，选用百分表组件，将组件安装到动平衡机壳体上，调整百分表组件，使侧针垂直抵在轮胎磨损面上，并预压缩 1 mm。

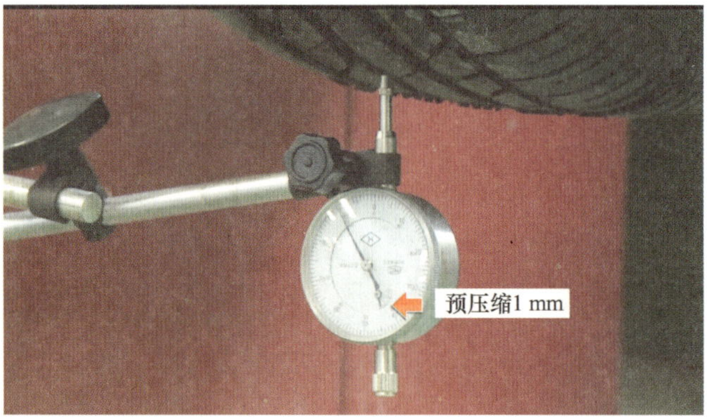

图 2-41　选用百分表

（2）百分表校零。

（3）如图 2-42 所示，转动制动盘一周，观察指针刻度，偏摆量应不大于 1.4 mm，读取测量值并记录。若测量值大于标准值则需要更换轮胎。

（4）测量完成，拆卸百分表组件。

4. 车轮换位

（1）将做好动平衡的车轮交叉换位。

（2）暂时安装车轮，旋入车轮固定螺栓；正确使用工具，对角旋紧固定螺母。

以同样方法，安装其他三个车轮，如图 2-43 所示。

（3）确认车辆周边无异常，略微举升车辆，打开两侧举升机保险，然后降下车辆。

（4）安装车轮挡块，将两侧举升臂归位。

（5）使用扭力扳手对角紧固螺母至规定力矩。标准紧固力矩：103 N · m。

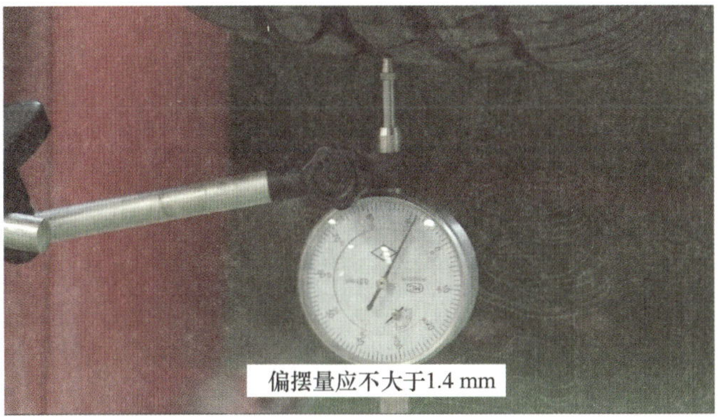

图 2-42 百分表校零

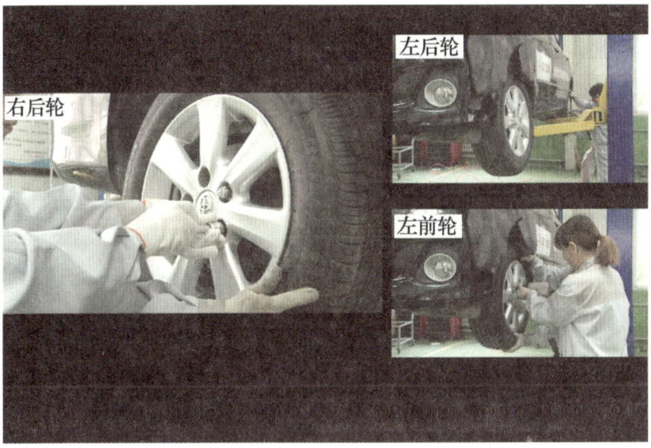

图 2-43 车轮换位

5. 整体检查

上述作业完成后，需检查车轮安装是否到位，轮胎螺栓是否按步骤紧固，轮胎气压是否在规定范围内等，并进行车辆的最终检查。

四、活动小结

（1）车轮与轮胎是汽车行驶系统中的重要部件，其功用是：支承整车；缓和由路面传来的冲击力；通过轮胎同路面间存在的附着力作用来产生驱动力和制动力；汽车转弯行驶时产生平衡离心力的侧抗力，在保证汽车正常转向行驶的同时，通过车轮产生的自动回正力矩，使汽车保持直线行驶方向；承担越障和起到提高通过性的作用等。

（2）充气轮胎按胎体中帘线排列的方向不同，可分为普通斜交轮胎、带束斜交轮胎和子午线轮胎。

（3）丰田卡罗拉车采用的子午线轮胎，其结构由帘布层、带束层、胎冠、胎肩和胎圈组成，并以带束层箍紧胎体。

(4) 充气轮胎尺寸的标记：D 为轮胎外径、d 为轮胎内径、H 为轮胎断面高度、B 为轮胎断面宽度。轮胎断面高度 H 与 B 之比称为轮胎的高宽比(以百分比表示)，即$(H/B)\times 100\%$又称为轮胎的扁平率。通常高宽比为 80%、75%、70%、60%、55%等。目前，充气轮胎一般习惯用英制单位表示法，欧洲国家常用米制单位表示法。还有些英制和米制单位混用表示，个别国家也用字母作代号来表示轮胎规格尺寸的。我国轮胎规格标记主要采用英制单位，也有些用英制和米制单位混合表示。

(5) 在使用中，轮胎除了正常磨损外，也会由于使用不当而出现不正常磨损。

(6) 为使轮胎均匀磨损，汽车每行驶 6 000～8 000 km 应进行轮胎换位，换位要包括备胎。不同规格或不同帘线结构的轮胎不得混合使用，不得使用低于规定层级的轮胎，不许混用窄轮辋或窄轮胎。

五、活动评价

(一) 课堂练习

1. 判断题

(1) 车轮与轮胎是汽车行驶系统中的重要部件，其功用是：支承整车；缓和由路面传来的冲击力。 ( )

(2) 丰田卡罗拉轿车采用的是子午线轮胎，其结构主要由帘布层、带束层、胎冠、胎肩和胎圈组成，并以带束层箍紧胎体。 ( )

(3) 通常子午线轮胎的高宽比为 80%、75%、70%、60%、55%、50%。 ( )

(4) 轮胎的高宽比(扁平率)越小，说明轮胎的断面越窄，故高宽比小的轮胎称为窄断面轮胎。 ( )

2. 单选题

(1) 卡罗拉轮胎标准气压值为( )。

A. 前轮 200 kPa、后轮 220 kPa　　B. 前轮 220 kPa、后轮 200 kPa

C. 前轮 220 kPa、后轮 220 kPa　　D. 前轮 230 kPa、后轮 230DkPa

(2) 卡罗拉花纹深度极限值为( )。

A. 1.6 mm　　B. 1.8 mm　　C. 1.4 mm　　D. 1.9 mm

(二) 技能评价

表 2-2　车轮拆装和轮胎动平衡技能评价

<table>
<tr><th>序号</th><th>考评</th><th>考评项目</th><th>考评标准</th><th>考评分值</th><th>学生自评</th><th>学生互评</th><th>教师评价</th></tr>
<tr><td>1</td><td rowspan="5">素质评价
(20 分)</td><td>遵守学校考勤制度</td><td>迟到(早退)扣 5 分</td><td>5</td><td></td><td></td><td></td></tr>
<tr><td>2</td><td>遵守安全操作规程</td><td>操作过程中若发生安全事故，视情节严重情况进行扣分</td><td>5</td><td></td><td></td><td></td></tr>
<tr><td>3</td><td>遵守文明操作规程</td><td>文明用语、礼貌待人</td><td>5</td><td></td><td></td><td></td></tr>
<tr><td rowspan="2">4</td><td rowspan="2">工作态度和团队合作意识</td><td>质量意识，学习态度(3 分)</td><td rowspan="2">5</td><td rowspan="2"></td><td rowspan="2"></td><td rowspan="2"></td></tr>
<tr><td>沟通能力，团队合作能力(2 分)</td></tr>
</table>

续 表

序号	考评	考评项目	考评标准	考评分值	学生自评	学生互评	教师评价
5	过程评价（60 分）	选用工量具	工具、量具使用恰当，每错一次扣 2 分	5			
			测量有误每处扣 2 分，读数错误每处扣 2 分				
6		实训操作过程	1. 拆卸车轮（10 分）	50			
			2. 检查轮胎（10 分）				
			3. 轮胎动平衡检测（15 分）				
			4. 检测车轮径向跳动量（10）				
			5. 项目检查（5 分）				
7		工单填写	不认真填写，字迹不工整扣 2 分	5			
			完成全部工作单，每缺一项扣 2 分				
8	5S 管理（20 分）	穿戴工作服		20			
		操作过程中保持工位整洁					
		工量具归位、工作场所的清理					
		工位的整理、废弃物按规范处理					
总分				100			

学生签字：__________　　组长签字：__________　　教师签字：__________

学习任务 3　独立（前）悬架拆装

一、任务目标

通过本活动学习，学习者应能：

（1）简要概括悬架的组成及分类。

（2）说出独立悬架的结构及特点。

（3）在 30 分钟内完成对独立（前）悬架拆装。

二、知识准备

1. 悬架组成和分类

悬架是车架（或承载式车身）与车桥（或车轮）之间全部传力连接装置的总称。它由弹性元件、减震装置和导向机构三部分组成，如图 2-44 所示。

根据汽车两侧车轮运动是否相互关联，汽车悬架分为非独立悬架和独立悬架两大类，如图 2-45 所示。

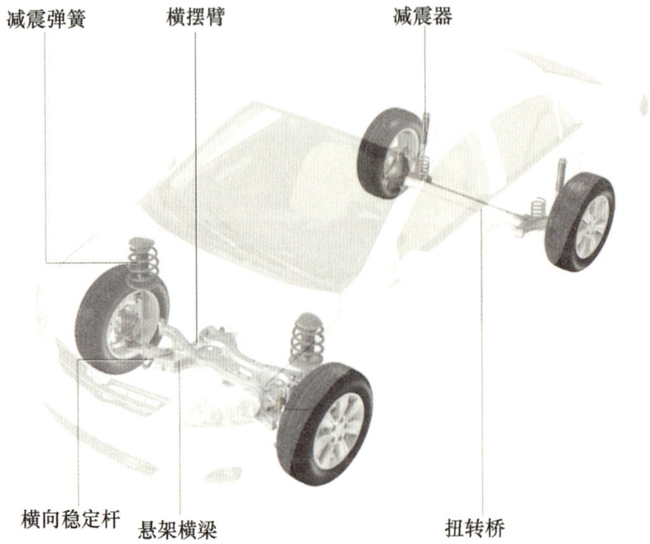

图 2-44　悬架的组成

(a) 非独立悬架　　(b) 独立悬架

图 2-45　悬架的分类

2. 独立悬架结构

独立悬架主要由螺旋弹簧、筒式减震器、导向装置或稳定杆等组成，如图 2-46 所示。

独立悬架的结构特点是两侧车轮各自单独地通过弹性元件与车架(或车身)相连，并且采用断开式车桥。若一侧车轮相对于车架(或车身)的位置发生变化时，另一侧车轮不受影响。这种悬架结构复杂，但车身的平稳性和高速行驶的稳定性较好，因此在轿车和小客车上得到普遍采用。

3. 独立悬架特点

独立悬架的优点是提高了汽车行驶的平顺性、操纵稳定性和乘坐舒适度。

独立悬架具有以下特点：

(1) 在悬架弹性元件一定的变形允许范围内，两侧车轮可以单独运动而互不影响，可以减少汽车在不平路面上行驶时车架和车身的震动。

(2) 减少了汽车的非簧载质量。在道路条件和车速相同时，非簧载质量越小，则悬架所受冲击载荷也越小。

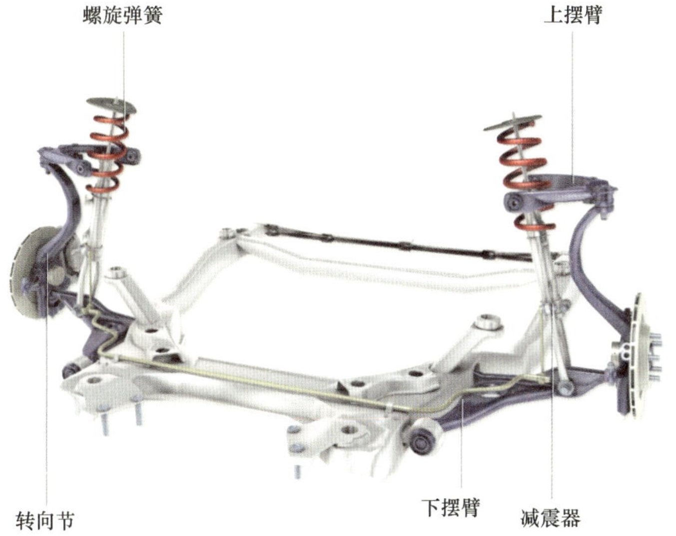

图 2-46 独立(前)悬架结构组成

(3) 采用断开式车桥,降低了汽车质心,提高汽车的行驶稳定性;并使车轮上下运动的空间增大,因而可以将悬架刚度设计得较小,使车身震动频率降低,以改善汽车行驶的平顺性和乘坐舒适性。

但是,独立悬架结构复杂,制造成本高,保养维修不便。

麦弗逊式悬架是一种典型独立悬架,其结构如图 2-47 所示。

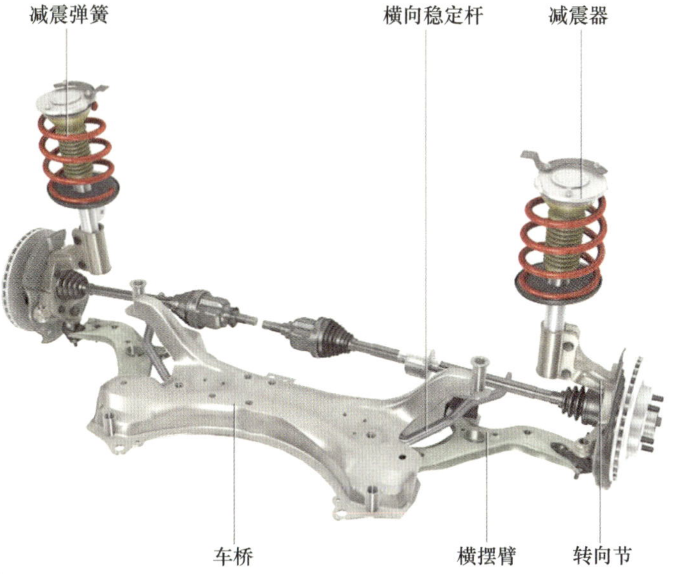

图 2-47 麦弗逊式独立悬架结构

麦弗逊式悬架是近年来中级以下轿车使用很广泛的一种悬架,是车轮沿主销移动悬架的一种。麦弗逊式悬架也称滑柱连杆式悬架,它主要由螺旋弹簧、减震器、横摆臂、横向稳定杆等组成。

减震器与套在其外面的螺旋弹簧合为一体，构成悬架的弹性支柱。支柱的上端与车身挠性连接，支柱的下端与转向节刚性连接。车轮所受的侧向力通过转向节大部分由横摆臂承受，其余部分由减震器活塞和活塞杆组成。

麦弗逊式独立悬架工作原理：减震器上端支座中心与横摆臂外端下球节中心的连线称为主销轴线。麦弗逊式悬架没有传统的主销实体，当车辆在行驶中受到冲击，车轮上下跳动时，减震器的下支点随横摆臂摆动，主销轴线发生变化，车轮沿着摆动的主销轴线而运动。因此，当这种悬架变形时，车轮、主销的倾角和轮距都会有些变化，但合理的杆系布置和调整可以将这些变化控制在很小的范围内。

麦弗逊式悬架突出的优点是增大了两侧前轮内侧的空间，便于发动机和其他一些部件的布置。为了更可靠地传递车轮所受的纵向力，有的悬架中增设了支撑杆，还有的虽不增设支撑杆，但将横摆臂制成叉形，以有效地传递车轮所受的纵向力的侧向力。

4. 减震器的结构、功用与工作原理

（1）减震器结构

减震器的结构如图 2-48 所示。

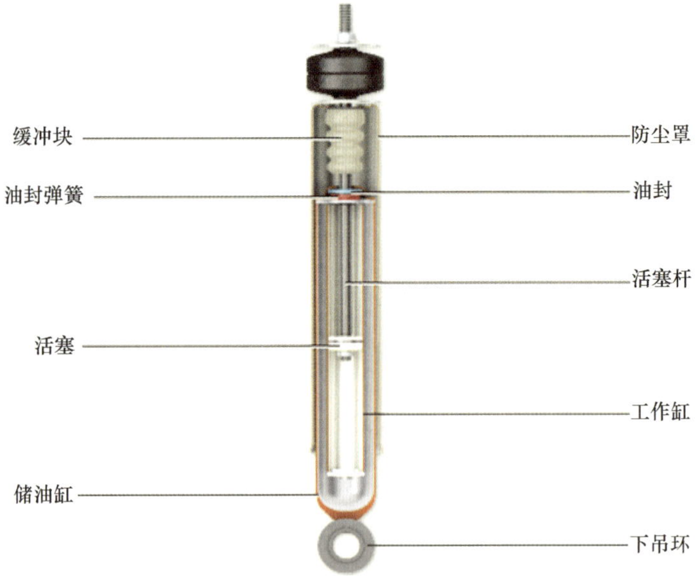

图 2-48　减震器的结构

（2）减震器功用

如图 2-49 所示，减震器在汽车中的作用是迅速衰减由车轮通过悬架弹簧传给车身的冲击和震动，提高汽车行驶的平顺性能。

（3）减震器的工作原理

如图 2-50 所示，当车架与车桥作往复的相对运动而使活塞在缸筒内往复移动时，减震器壳体内的油液便反复地从内腔通过一些窄小的孔隙流入另一内腔，此时孔壁与油液间的摩擦液体分子内的摩擦便形成对震动的阻尼力，使车身与车架的震动能量转化为热能被油液和减震器壳体所吸收，然后扩散到大气中。减震器阻尼力的大小随车架与车桥（或车轮）间相对速度的变化而增减，并且与油液的黏度有关。

图 2-49　减震器的功用

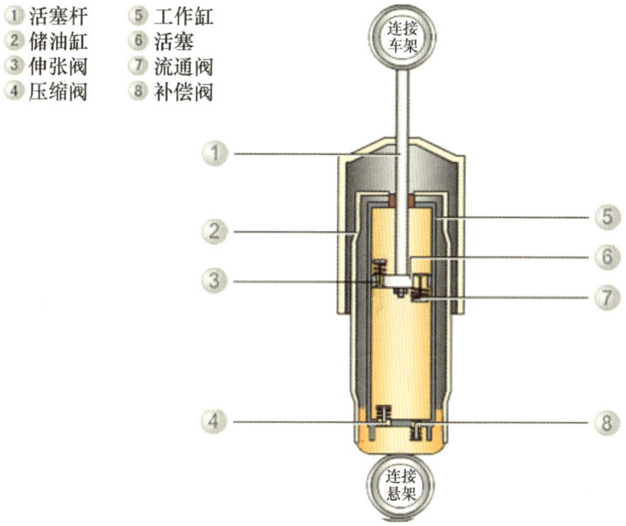

图 2-50　减震器的工作原理

三、活动实施

(一) 实施方案

1. 质量要求

参照厂家的质量标准要求。

2. 组织方式

每四位同学一组，对 2007 款 1.6 L/AT 卡罗拉的独立悬架进行检修，每组作业时间为 <u>60</u> 分钟。

3. 作业准备

(1) 技术要求与标准：

① 遵守正确的安全操作规程，保持操作现场的整洁。

② 按照标准工艺流程进行作业，合理规范地使用工具。

表 2-3 检测内容及规定状态

检测内容	规定状态	检测内容	规定状态
前稳定杆隔震垫卡箍螺栓	22 N·m+40°	转向节球节螺栓	30 N·m + 60°～75°
后车架螺栓	160 N·m	后下控制臂螺栓和螺母	70 N·m+75°～90°
前变速器支座螺栓	58 N·m	前下控制臂螺栓和螺母	90 N·m+75°～90°
后变速器支座托架螺栓	100 N·m	转向节安装螺栓和螺母	90 N·m+60°～70°
轴承/轮毂螺栓	90 N·m+60°+15°	上滑柱支座螺母	45 N·m
下控制臂衬套螺栓	55 N·m+45°+60°	稳定杆连杆螺母	65 N·m

（2）设备器材：如图 2-51 所示。

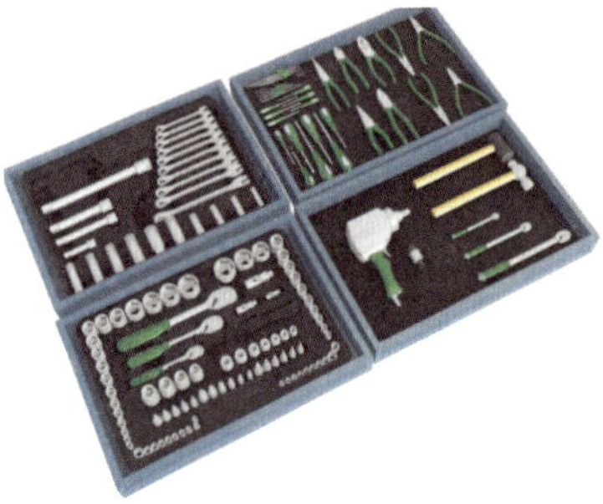

(a) 常用工具（一套）

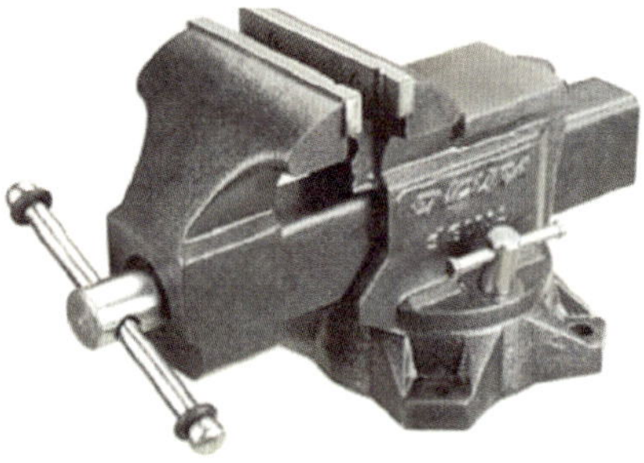

(b) 台虎钳

图 2-51 设备器材

（3）场地设施：消防设施的场地。

（4）设备设施：2007 款卡罗拉汽车 1.6 L/AT 轿车、举升机、工具车、标保工具车、零件车、台虎钳、垃圾桶。

（5）耗材：干净抹布。

（二）操作步骤

步骤一：拆卸独立悬架

1. 分离 2 号转向中间轴总成

（1）如图 2-52 所示，从车辆正前方观察前轮位置，确保前轮处于直线行驶位置。

（2）如图 2-53 所示，将左前安全带绕到方向盘上并固定在左前排座椅安全带总成内，迅速拉动左前安全带使安全带处于锁止状态，然后将左前座椅向后移动，确保方向盘固定不动。

（3）如图 2-54 所示，将驾驶室地毯右上角处掀起，露出转向柱孔盖消音板。旋松转向柱孔盖消音板两个固定夹子并取出，取下转向柱孔盖消音板。

（4）分离 2 号转向中间轴总成：

① 如图 2-55 所示，正确选用 12 mm 套筒、接杆、棘轮扳手，拧松 2 号转向中间轴总成与转向中间轴固定螺栓，从 2 号转向中间轴总成上旋出固定螺栓并取下。

图 2-52　观察前轮位置

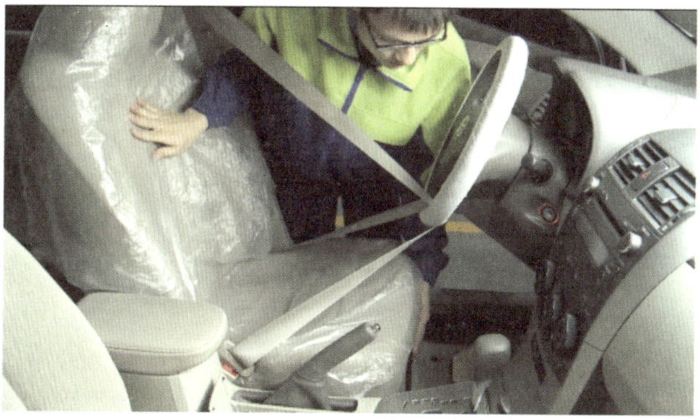

图 2-53　固定方向盘

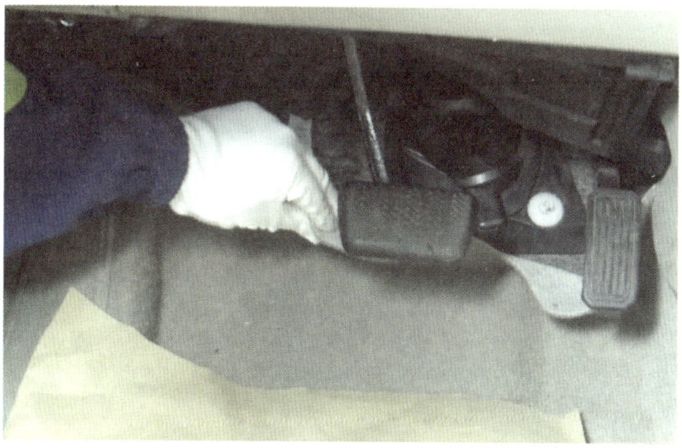

图 2-54　取下消音板

② 如图 2-56 所示，使用记号笔在 2 号转向中间轴总成与转向中间轴上做装配标记，并将 2 号转向中间轴总成向上拔起并与转向中间轴分离。

(5) 如图 2-57 所示，分离转向柱 1 号孔盖分总成脱开转向柱 1 号孔盖分总成 2 个固定卡子，并将转向柱 1 号孔盖分总成向下压动，确保转向柱 1 号孔盖分总成与车身脱离。

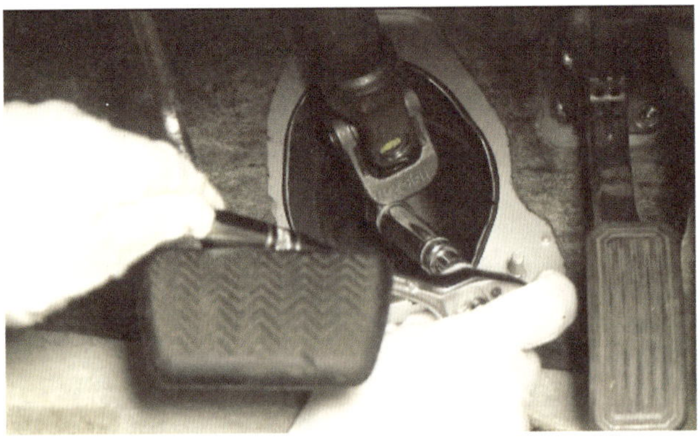

图 2-55　取下固定螺栓

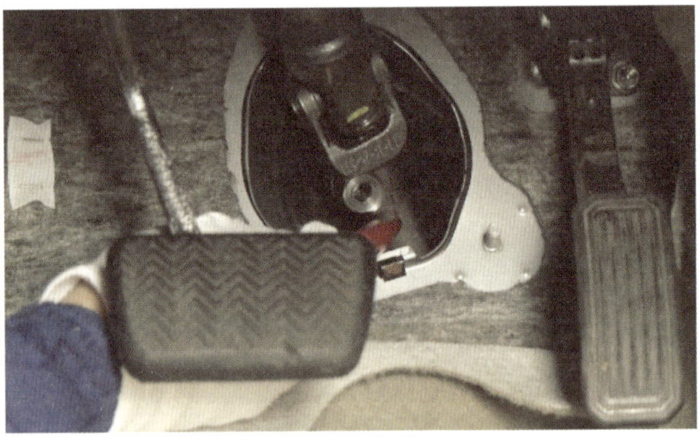

图 2-56　分离 2 号转向中间轴总成

图 2-57　分离转向柱 1 号孔盖分总成

2. 拆卸前轮

(1) 按照举升机操作规范举升车辆至合适的操作高度。如图 2-58 所示，检查左前轮轮毂轴承是否松旷，转动是否正常。

(2) 如图 2-59 所示，选用冲击扳手和 21 mm 冲击扳手专用套筒。正确使用工具依次拆卸前车轮固定螺栓，用同样的方法拆卸右前轮。

图 2-58　检查前轮轮毂轴承

图 2-59　拆卸前轮固定螺栓

3. 排净自动传动桥油

(1) 举升车辆

如图 2-60 所示，根据举升机操作规范，举升车辆至操作的合适高度。

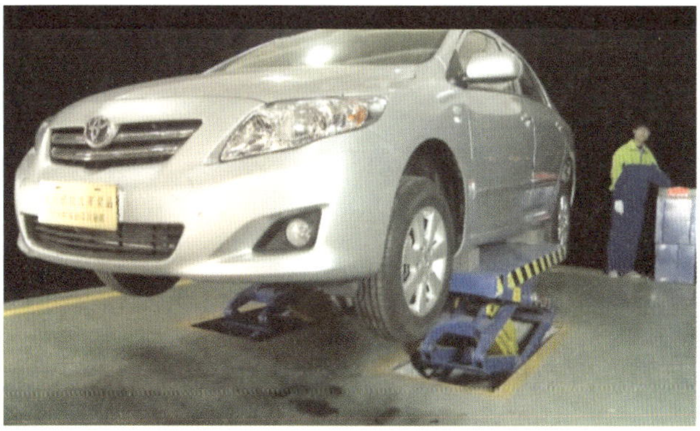

图 2-60　举升车辆

(2) 拆卸放油螺塞

① 将废油回收机放至油底壳下方，清洁变速器油底壳与放油螺塞。

② 如图 2-61 所示，选用 10 mm 的内六角套筒、指针式扭力扳手，正确使用工具松开放油螺塞。

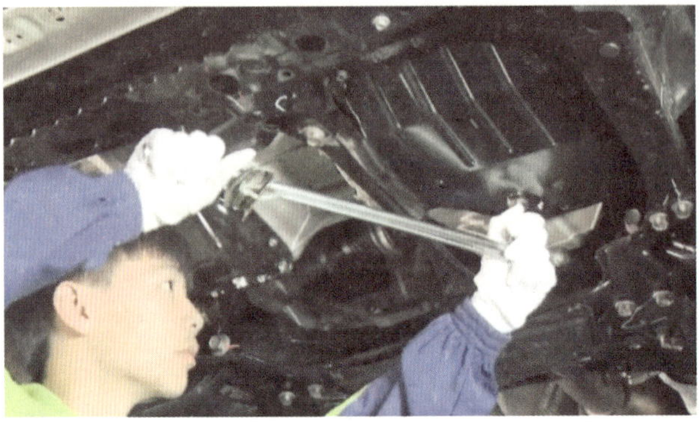

图 2-61　拆卸放油螺栓

③ 如图 2-62 所示，用手旋出放油螺塞，开始排放。

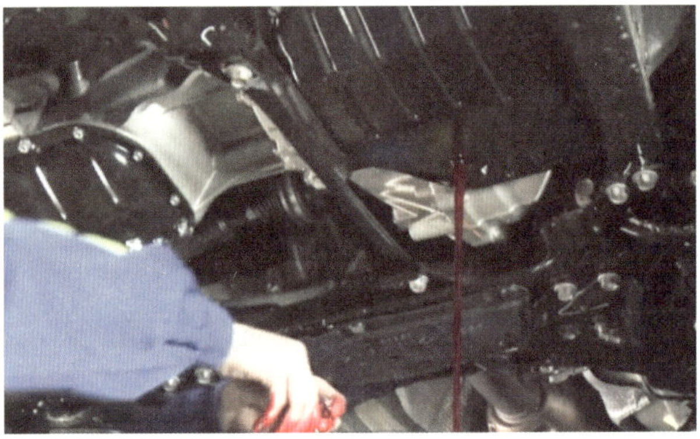

图 2-62　排放废油

注意事项

取下放油螺塞时，不能戴手套，如有油液流到手上应及时清洁。

（3）检查放油螺塞及衬垫

如图 2-63 所示，清洁放油螺塞并检查是否有损坏和变形；检查新的衬垫是否有变形和损坏；将衬垫安装在放油螺塞上。

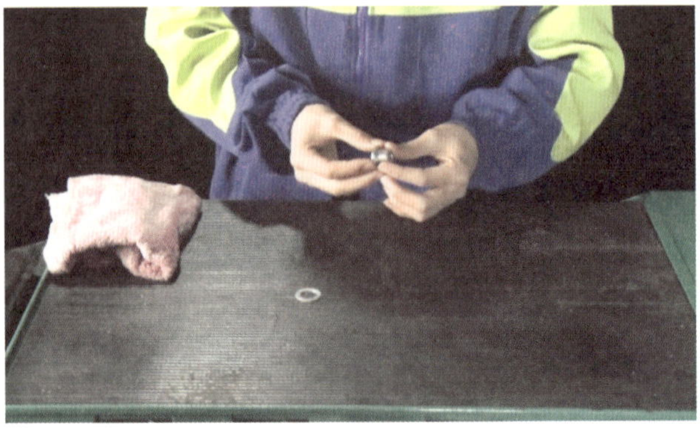

图 2-63　检查放油螺塞

(4) 安装放油螺塞

如图 2-64 所示,确认 ATF 油排完后,将放油螺塞与衬垫安装到油底壳上,并用 49 N·M 的扭矩紧固放油螺塞。

图 2-64　安装放油螺塞

4. 拆卸前半轴总成

(1) 拆卸前桥轮毂螺母

① 如图 2-65 所示,正确选用冲子、锤子,一只手将冲子平直放到左前半轴的凹槽部位,另一只手用锤子敲击冲子顶部将左前桥轮毂固螺母凹入部分敲起,确保螺母锁紧部位完全解锁。

图 2-65　解锁前桥轮毂螺母

② 如图 2-66 所示,正确使用一字螺丝刀,从制动钳总成上插入制动盘边缘内将左前制动盘固定,防止松开左前桥轮毂螺母时转动。

③ 正确使用工具,选择 30 mm 套筒、接杆、指针式扭力扳手,松开左前桥轮毂螺母。

注意事项

确保完全松开前桥轮毂螺母的锁紧部分后才进行操作,否则会损坏驱动轴的螺纹。

④ 正确使用工具,选择 30 mm 套筒、接杆、棘轮扳手,旋出左前桥轮毂螺母并取下。

⑤ 取下一字螺丝刀。

图 2-66　固定左前制动盘

⑥ 用同样的方法，拆卸右前桥轮毂螺母。

(2) 分离稳定杆连杆总成

① 如图 2-67 所示，正确选用 17 mm 套筒、接杆、指针式扭力扳手，松开左前稳定杆连杆总成固定螺母。

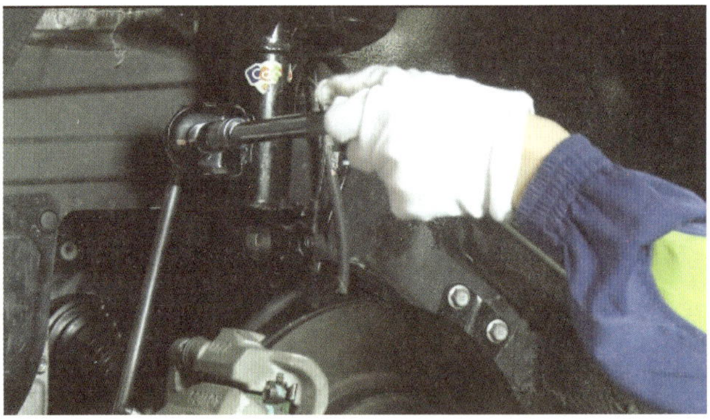

图 2-67　松开固定螺母

② 正确使用工具，选择 17 mm 套筒、接杆、棘轮扳手，旋出左前稳定杆连杆总成固定螺母并取下。

③ 将左前稳定杆连杆总成从减震器上分离。

④ 用同样的方法，分离右前稳定杆连杆总成。

(3) 分离轮转速传感器

① 如图 2-68 所示，正确使用工具，选择 14 mm 套筒、接杆、棘轮扳手，从左前减震器右侧旋松左前转速传感器线束支架固定螺母，完全旋出后并取下。

② 如图 2-69 所示，将左前转速传感器线束支架从减震上分离。

③ 如图 2-70 所示，正确使用工具，选择一字螺丝刀，将左前转速传感器线束固定卡夹脱开，并分离线束。

④ 如图 2-71 所示，正确使用工具，选择 10 mm 套筒、接杆、棘轮扳手，从左前转向节右侧拧松左前轮转速传感器固定螺栓，完全旋出后并取下，将左前轮转速传感器从转向节上分离。

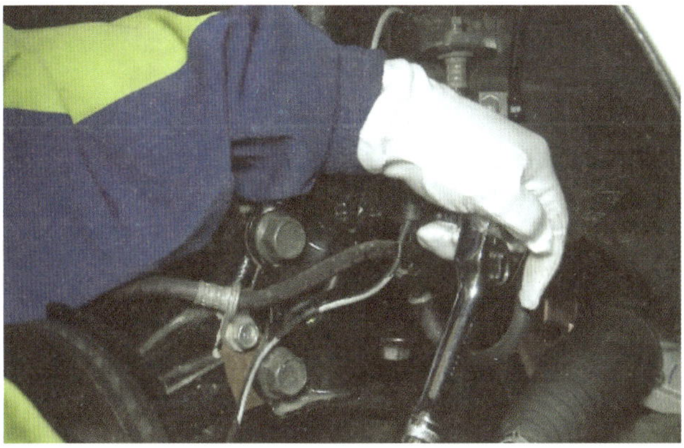

图 2-68　取下固定螺母

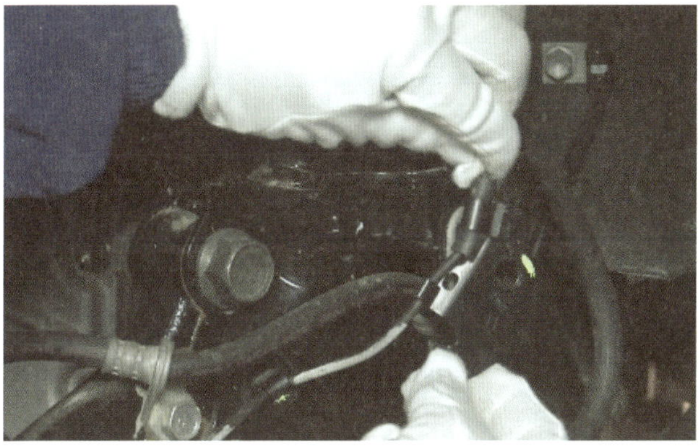

图 2-69　分离线束支架

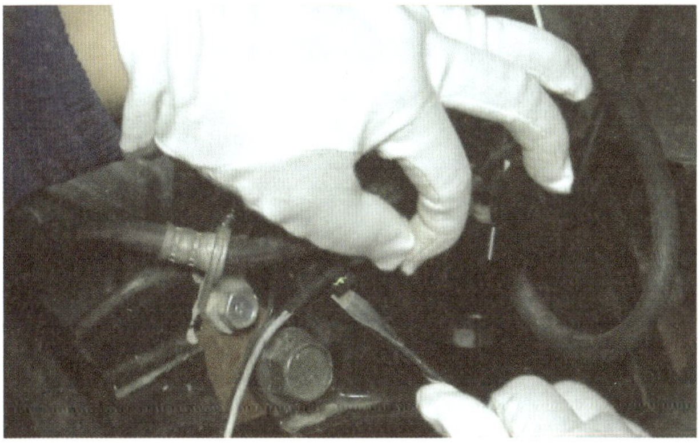

图 2-70　脱开固定卡夹

注意事项

防止异物黏在传感器端部，不要损坏前轮转速传感器；每次拆下转速传感器时，清洁转速传感器的安装孔和表面。

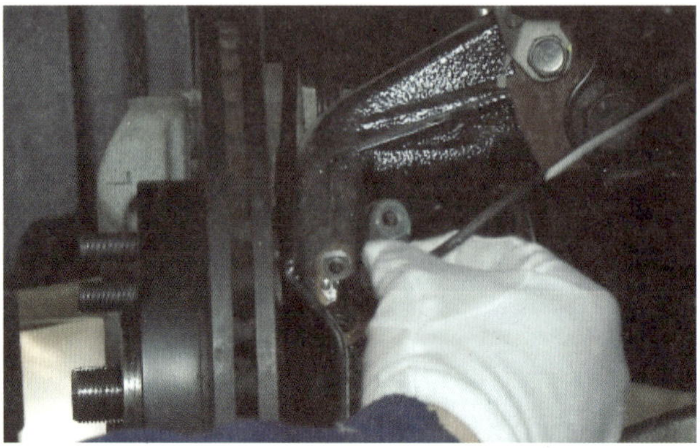

图 2-71　分离轮转速传感器

⑤ 用同样的方法，分离右前轮转速传感器。

（4）分离前挠性软管

① 如图 2-72 所示，正确使用工具，选择 14 mm 套筒、接杆、棘轮扳手，从左前转向节右侧上拧松左前挠性软管固定螺栓，完全旋出后并取下。

② 用同样的方法，分离右前挠性软管。

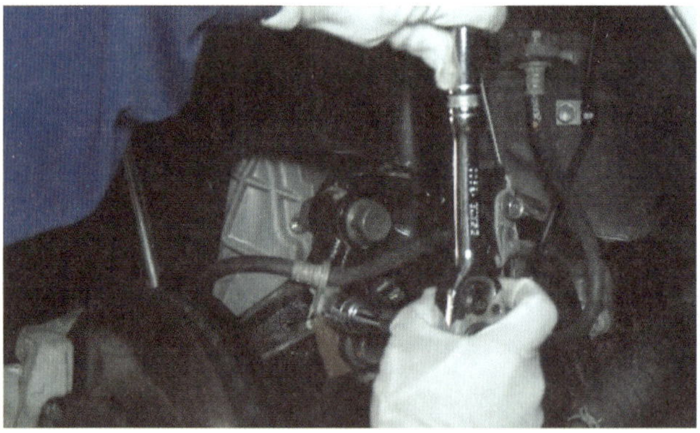

图 2-72　分离前挠性软管

（5）分离前盘式制动器制动钳总成

① 如图 2-73 所示，正确使用工具，选择 17 mm 套筒、接杆、指针式扭力扳手，从左前转向节内侧上拧松左前制动钳总成 2 个固定螺栓。

② 正确使用工具，选择 17 mm 套筒、接杆、棘轮扳手，旋出左前制动钳总成 2 个固定螺栓，并取下。

③ 将左前制动钳总成用铁钩悬挂在左前减震器弹簧上。

④ 用同样的方法，分离右前盘式制动器制动钳总成，如图 2-74 所示。

（6）拆卸前制动盘

① 如图 2-75 所示，使用记号笔在左前制动盘和左前车桥轮毂上做好装配标记。

② 取下左前制动盘。

③ 用同样的方法，拆卸右前制动盘。

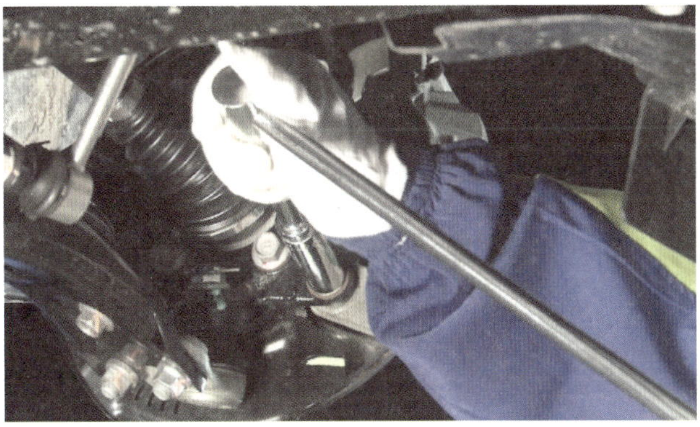

图 2-73　拧松固定螺栓

图 2-74　分离前盘式制动器制动钳总成

图 2-75　做装配标记

(7) 分离转向拉杆球头

① 如图 2-76 所示，选择尖嘴钳，将左侧横拉杆接头分总成上端的开口销弯曲部分掰直，然后使用尖嘴钳从开口销的另一端取下开口销。

② 如图 2-77 所示，正确选用 19 mm 套筒、接杆、棘轮扳手，拧松左侧横拉杆接头分总成固定螺母，拧松后用手取下。

图 2-76　取下开口销

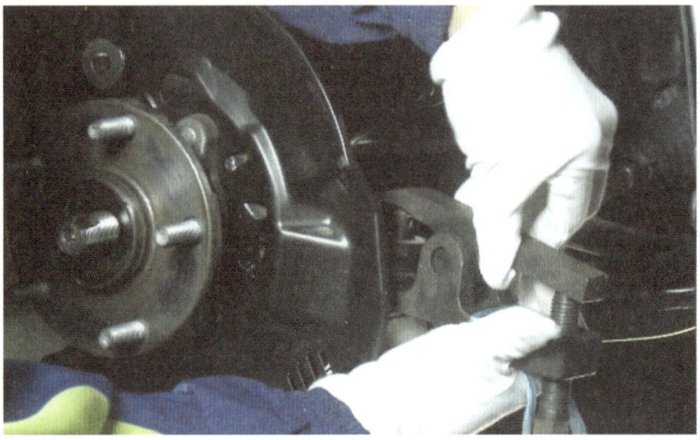

图 2-77　拧松固定螺母

③ 将转向球节专用工具安装到转向球节上，用手紧固转向球节拆卸专用工具，使用一张安全绳将转向球节拆卸专用工具连接到减震器上。

④ 如图 2-78 所示，正确使用工具旋转专用工具上的紧固螺栓，使球头和转向节分离。分离后取下安全绳和专用工具。

⑤ 用同样的方法分离右侧横拉杆接头分总成。

图 2-78　分离球头和转向节

（8）分离悬架下臂

① 如图 2-79 所示，正确选用 17 mm 套筒、指针式扭力扳手拧松左前悬架下臂 2 个固定螺母及 1 个固定螺栓。

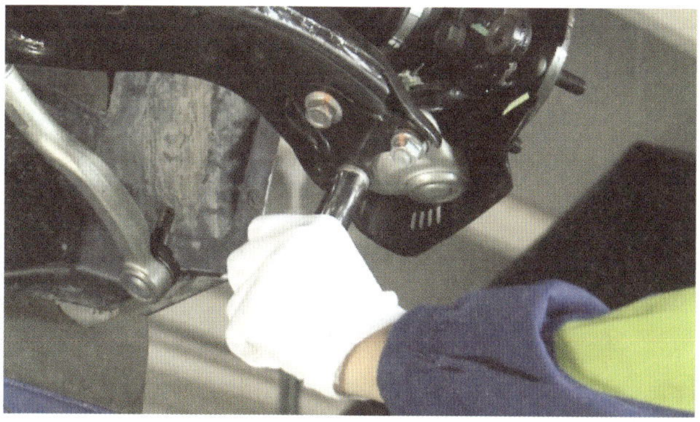

图 2-79　拧松固定螺母和螺栓

② 正确选用 17 mm 套筒、棘轮扳手，旋出左前悬架下臂 2 个固定螺母及 1 个固定螺栓并取下。

③ 将左前悬架下臂与下球节分离。

④ 用同样的方法，分离右前悬架下臂，如图 2-80 所示。

图 2-80　分离悬架下臂

（9）拆卸前桥总成

① 如图 2-81 所示，正确选用 22 mm 套筒、接杆、指针式扭力扳手，拧松左前减震器下侧 2 个固定螺母。

② 正确选用 22 mm 套筒、接杆、棘轮扳手，旋出左前减震器下侧 2 个固定螺母并取下。

③ 取下左前减震器 2 个固定螺栓。

④ 如图 2-82 所示，一只手扶住左前桥总成，另一只将减震器与前桥总成分离。

⑤ 使用记号笔在左前半轴和前桥轮毂分总成上做好装配标记。

⑥ 如图 2-83 所示，两人同时操作，一人抬起左前桥轮毂分总成，一人使用塑料锤敲击左前半轴外侧，将左前半轴与前桥轮毂分总成分离。

图 2-81　拧松固定螺母

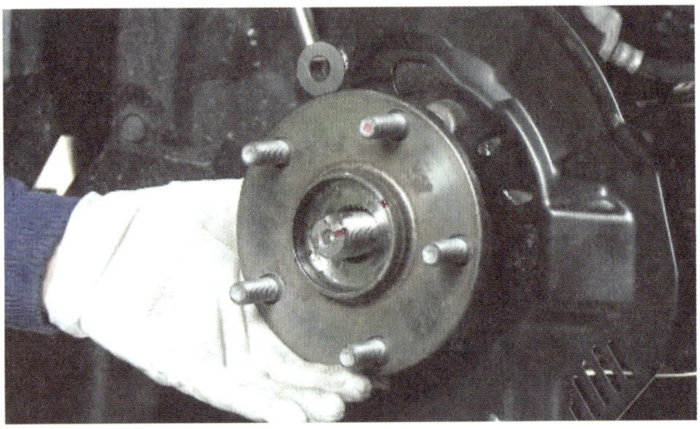

图 2-82　分离减震器和前桥总成

图 2-83　分离前桥轮毂分总成

⑦ 取下左前桥轮毂分总成。

⑧ 用同样的方法，拆卸右前桥总成。

(10) 拆卸前桥左半轴

① 两人配合操作，一人双手扶住左前半轴，一人使用半轴拉拔器前端卡爪与左前半轴内侧万向节总成上的凹槽结合，并用力向外拉动半轴拉拔器滑锤。

② 将左半轴从传动桥上分离，取下左半轴，如图 2-84 所示。

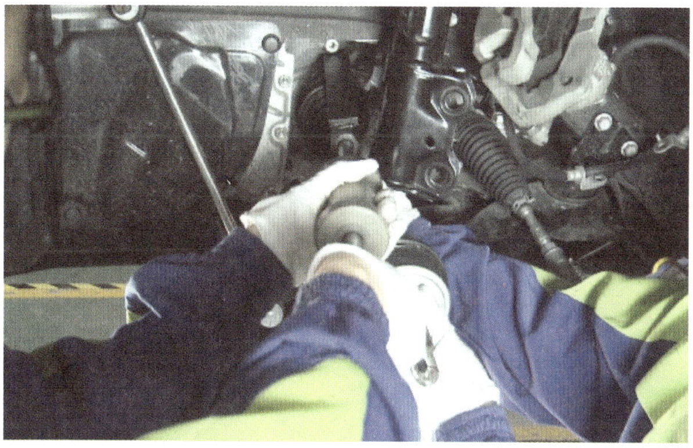

图 2-84　拆卸前桥左半轴

注意事项

◇ 不要损坏传动桥壳油封、内侧万向节防尘套及驱动轴防尘罩。
◇ 不要掉落驱动轴。

5. 拆卸前减震器

(1) 拆卸左前、右前刮水器臂端盖：

① 如图 2-85 所示，选用一字螺丝刀，用胶布将螺丝刀头部包好。

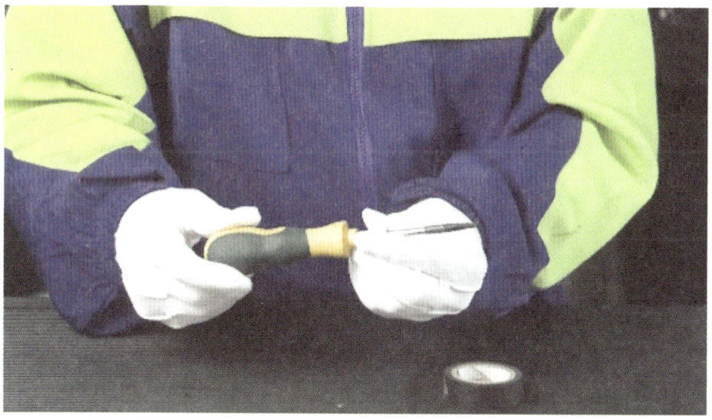

图 2-85　处理一字螺丝刀

② 如图 2-86 所示，拆卸左前、右前刮水器臂端盖。

图 2-86　拆卸刮水器臂端盖

(2) 拆卸左前、右前刮水臂和刮水片总成：

① 如图 2-87 所示，正确选用 14 mm 套筒、棘轮扳手，拆卸左前刮水器臂和刮水片总成的锁止螺母，并用力按下刮水器臂的下端拆下左前刮水器臂和刮水器片总成。

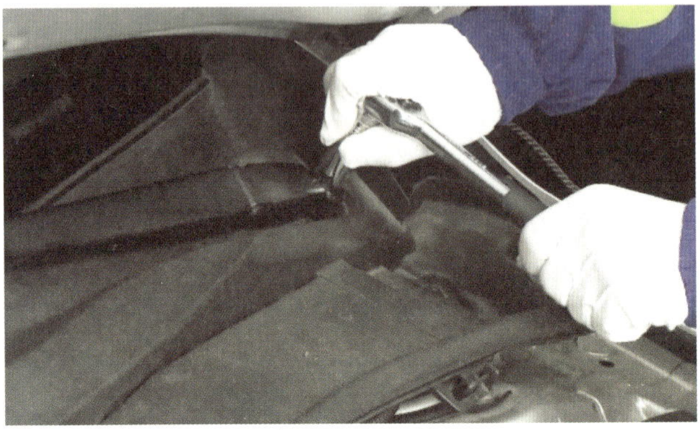

图 2-87　拆下刮水器臂

② 同样的方法拆卸右前刮水器臂和刮水片总成。

(3) 如图 2-88 所示，拆卸发动机盖至前围上侧密封直接拆下发动机盖至前围上密封。

图 2-88　拆下发动机盖至前围上密封

注意事项

拆卸时注意密封条上的卡扣不要掉落。

(4) 如图 2-89 所示，拆卸右前、左前围板上通风栅板：

① 按下前围板上通风栅板两边的固定卡扣的锁心，取下卡扣。

② 如图 2-90 所示，依次拆下右前、左前围板上的通风栅板。

注意事项

在拆卸时不要碰到前挡风玻璃，以免造成不必要的损伤。

(5) 拆卸刮水器电动机线束及线束连接器。如图 2-91 所示，松开刮水器电动机线束固定卡夹，按下线束连接器锁舌，断开刮水器电动机线束连接器。

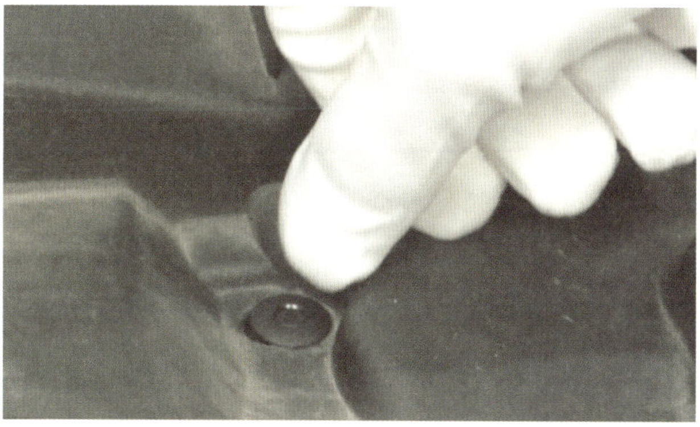

图 2-89　取下卡扣

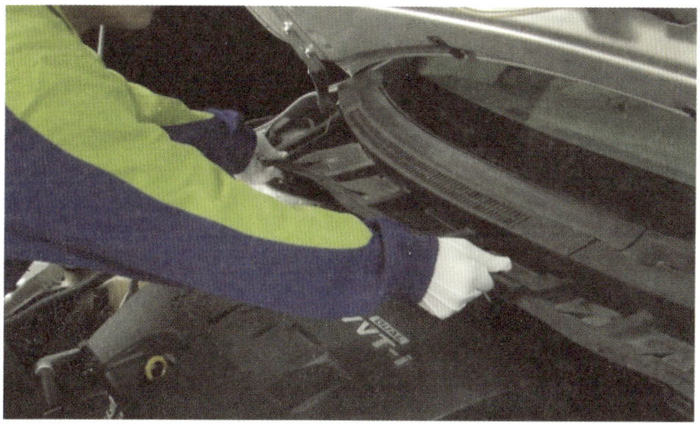

图 2-90　拆下通风栅板

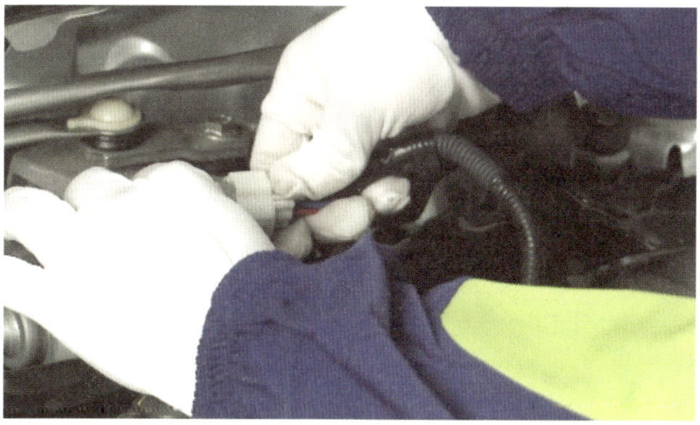

图 2-91　拆卸刮水器电动机线束

(6) 拆卸挡风玻璃刮水器电动机及连杆总成。如图 2-92 所示，正确选用 10 mm 套筒、棘轮扳手，拆下两个固定螺栓，然后拆下挡风玻璃刮水器电动机及连杆总成。

(7) 拆卸前围上外板。如图 2-93 所示，正确选用 10 mm 套筒、棘轮扳手，拆卸前围上外板的 10 个螺栓，然后取下前围上外板。

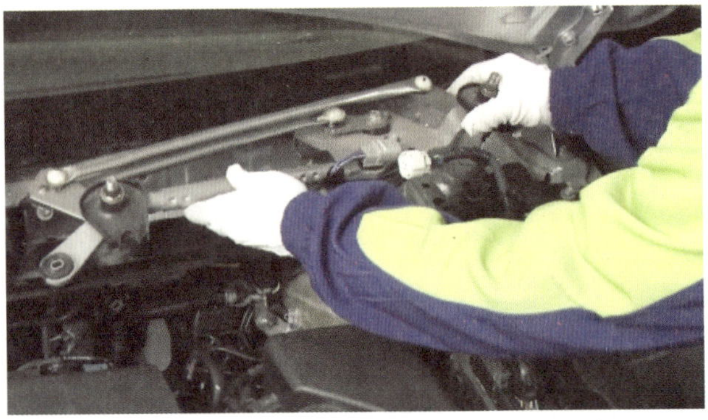

图 2-92　拆卸挡风玻璃刮水器电动机及连杆总成

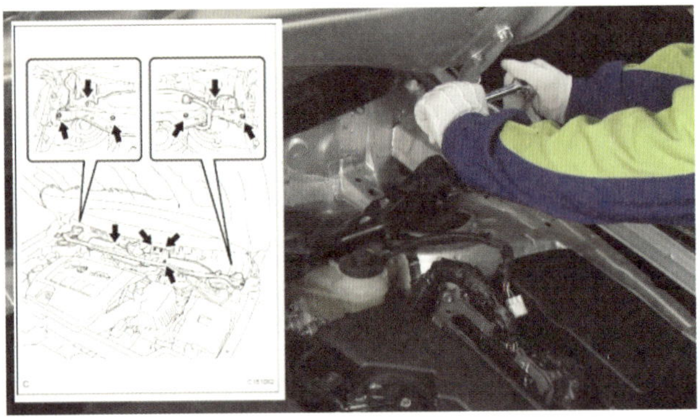

图 2-93　拆卸前围上外板

(8) 拆卸前减震器:

① 如图 2-94 所示,两人配合操作,一人从左前减震器下端扶住左前减震器,另一人选用 14 mm 套筒、接杆、指针式扭力扳手,分别拧松左前减震器上端 3 个固定螺母。

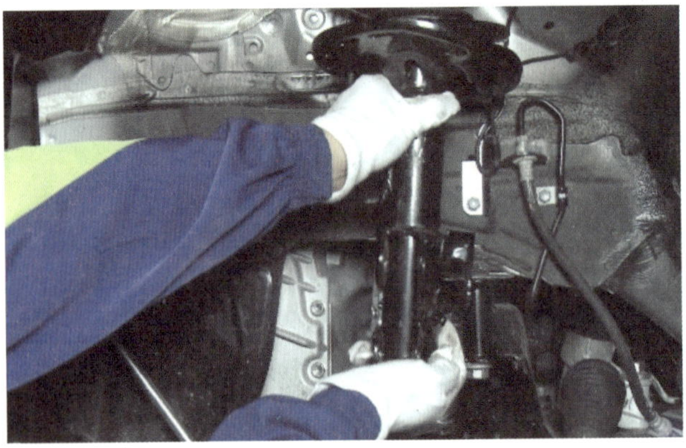

图 2-94　扶住左前减震器

② 如图 2-95 所示,正确选用 14 mm 套筒、接杆、棘轮扳手,旋出左前减震器上端 3 个固定螺母并取下。

③ 将左前减震器上支架从左前减震器上支座取下。

④ 取下左前减震器。

⑤ 用同样的方法，拆卸右前减震器。

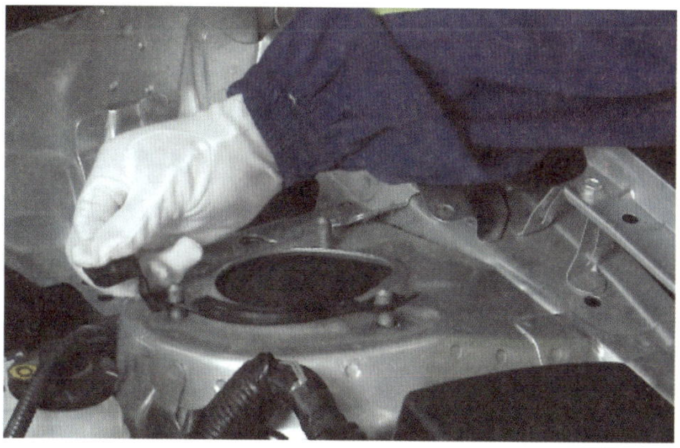

图 2-95　取下前减震器

6. 拆卸前悬架横梁分总成

(1) 拆卸发动机后部底罩

① 如图 2-96 所示，正确选用一字螺丝刀，将发动机后部左侧底罩固定卡子松开并取下。

② 取下发动机后部底罩。

③ 用同样的方法，拆卸发动机后部右侧底罩。

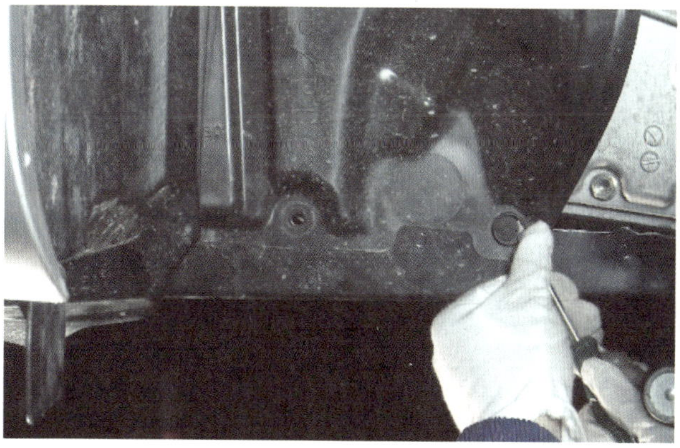

图 2-96　拆卸发动机后部底罩

(2) 拆卸发动机 1 号后底罩

① 如图 2-97 所示，选用 10 mm 套筒、接杆、棘轮扳手，分别松开发动机 1 号后底罩 6 个固定螺栓并取下。

② 如图 2-98 所示，选用一字螺丝刀，松开并取下发动机 1 号后底罩左侧 3 个固定卡子。

③ 用同样的方法，拆卸发动机 1 号后底罩右侧 4 个固定卡子。

④ 取下发动机 1 号后底罩。

(3) 拆卸发动机 2 号底罩

① 如图 2-99 所示，选用一字螺丝刀，松开并取下发动机 2 号底罩 5 个固定卡子。

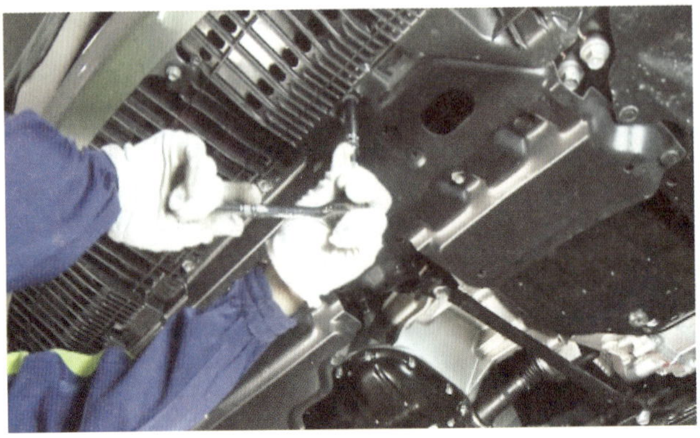

图 2-97 拧松固定螺栓

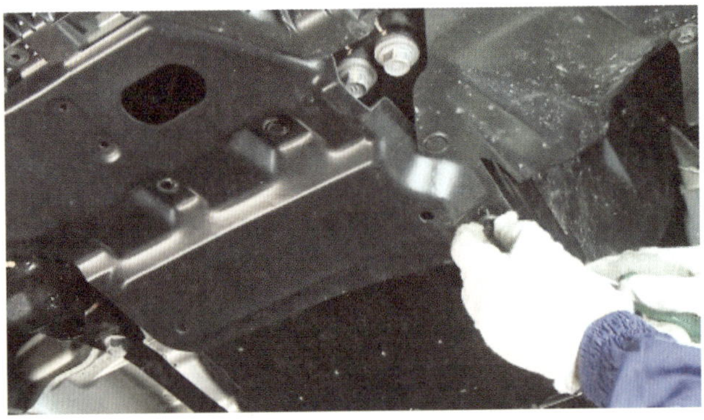

图 2-98 取下固定卡子

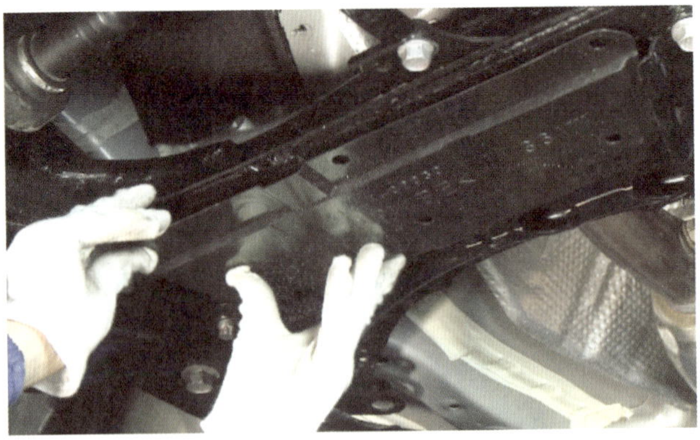

图 2-99 拆卸发动机 2 号罩

② 取下发动机 2 号底罩。

(4) 拆卸发动机前悬置支架下加强件

① 如图 2-100 所示,选用 17 mm 套筒、接杆、指针式扭力扳手,拧松发动机前悬置支架下加强件 2 个固定螺栓。

② 选用 17 mm 套筒、接杆、棘轮扳手,旋出并取下发动机前悬置支架下加强件 2 个固定螺栓。

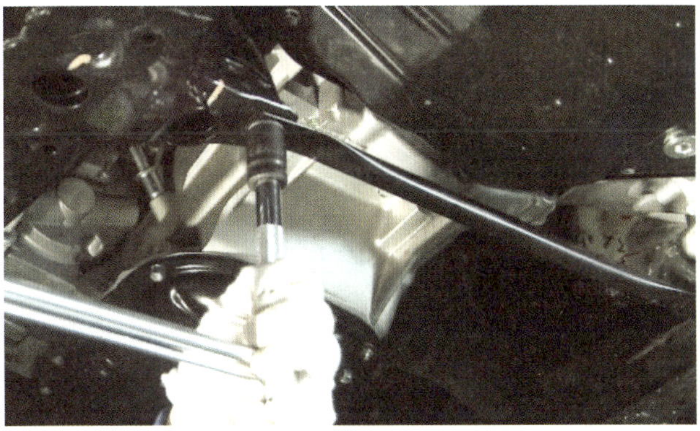

图 2-100　拧松固定螺栓

③ 取下发动机前悬置支架下加强件。

(5) 拆卸左前悬架横梁加强件

① 如图 2-101 所示，选用 17 mm 套筒、接杆、指针式扭力扳手，拧松左前悬架横梁加强件 4 个固定螺栓。

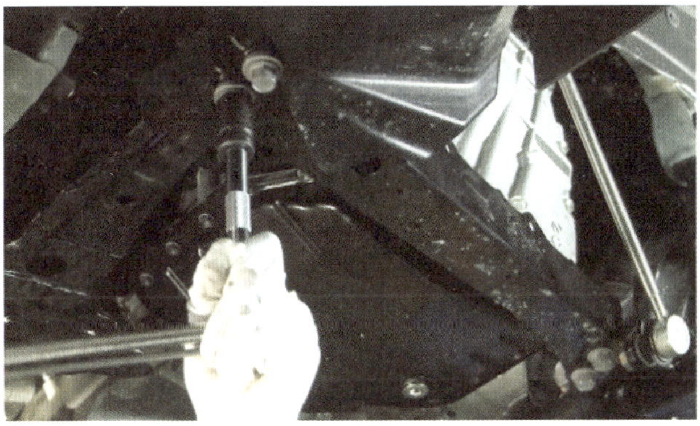

图 2-101　拧松固定螺栓

② 选用 17 mm 套筒、接杆、棘轮扳手，旋出并取下左前悬架横梁加强件 4 个固定螺栓。

③ 取下左前悬架横梁加强件。

(6) 拆卸右前悬架横梁加强件

① 选用 17 mm 套筒、接杆、指针式扭力扳手，分别拧松右前悬架横梁加强件 4 个固定螺栓。

② 选用 17 mm 套筒、接杆、棘轮扳手，旋出并取下右前悬架横梁加强件 4 个固定螺栓。

③ 取下右前悬架横梁加强件。

(7) 拆卸前悬架横梁后支架

① 如图 2-102 所示，选用 19 mm 套筒、接杆、指针式扭力扳手，拧松左前悬架横梁后支架 3 个固定螺栓。

② 如图 2-103 所示，选用 19 mm 套筒、接杆、棘轮扳手，旋出并取下左前悬架横梁后支架 3 个固定螺栓。

③ 取下左前悬架横梁后支架。

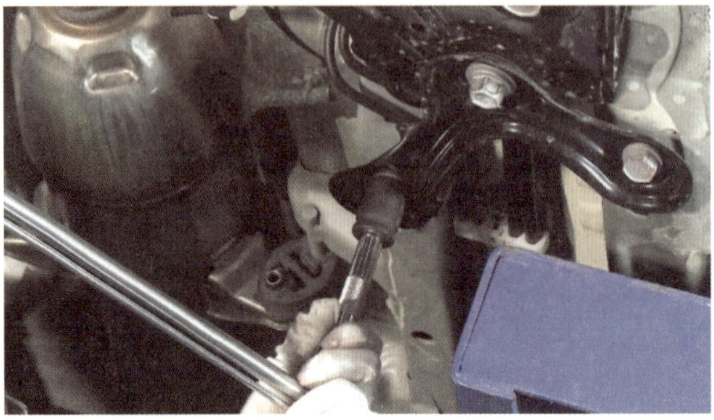

图 2-102　拧松固定螺栓

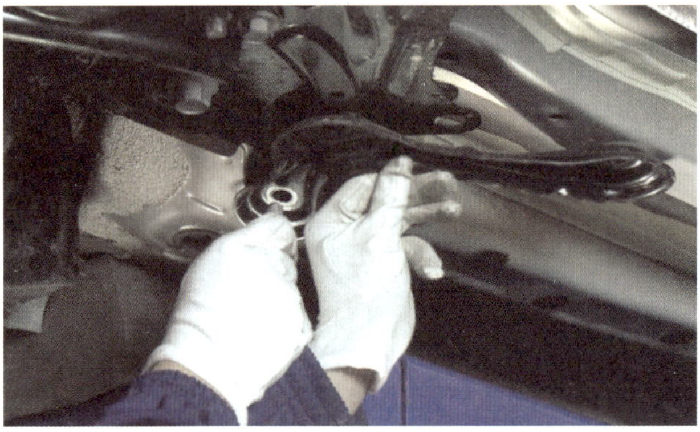

图 2-103　拆卸前悬架横梁后支架

④ 用同样的方法，拆卸右前悬架横梁后支架。

(8) 拆卸前悬架横梁分总成

① 如图 2-104 所示，选用 17 mm 套筒、接杆、棘轮扳手，旋出并取下驻车制动拉锁前端固定支架螺栓。

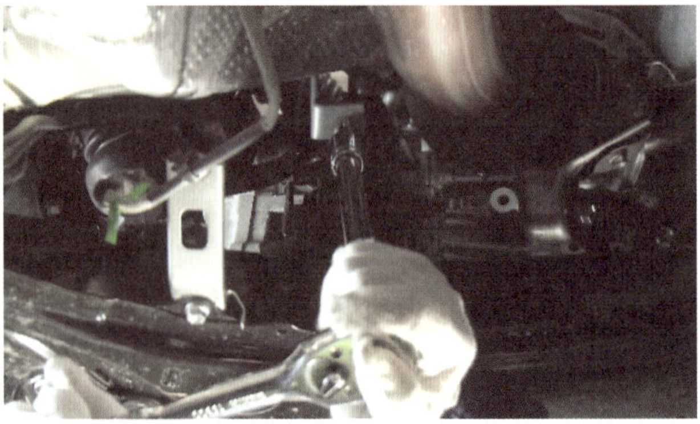

图 2-104　拆卸前悬架横梁分总成

② 如图 2-105 所示，分离驻车制动拉锁支架。

③ 将氧传感器线束固定卡夹和卡爪从前悬架横梁分总成上分离。

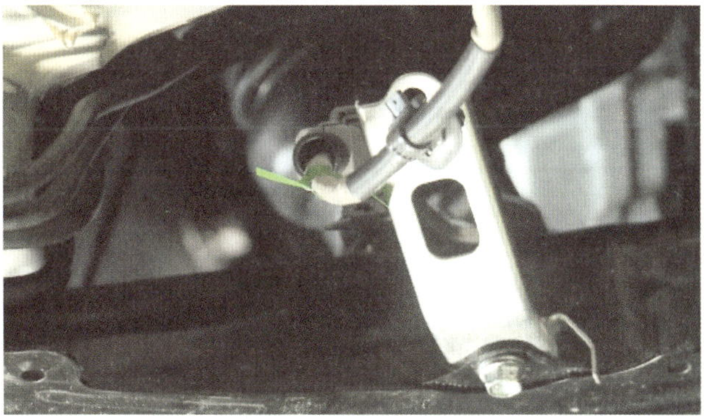

图 2-105　分离驻车制动拉锁支架

④ 如图 2-106 所示，选用 17 mm 套筒、接杆、指针式扭力扳手，分别拧松发动机后悬置隔震垫与前悬架横梁分总成 2 个固定螺栓与 2 个固定螺母。

图 2-106　拧松固定螺栓和螺母

⑤ 如图 2-107 所示，选用 17 mm 套筒、接杆、棘轮扳手，旋出并取下发动机后悬置隔震垫与前悬架横梁分总成 2 个固定螺栓与 2 个固定螺母。

⑥ 缓慢踩变速器千斤顶踏板以举升变速器千斤顶，直到变速器千斤顶上端托住前悬架横梁分总成。

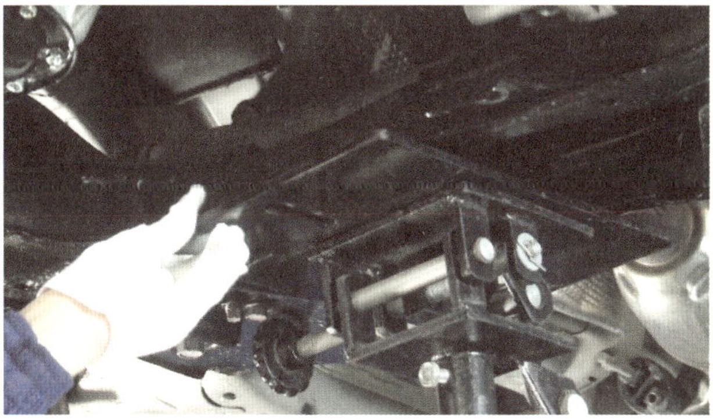

图 2-107　取下固定螺栓和螺母

⑦ 如图 2-108 所示，选用 19 mm 套筒、接杆、指针式扭力扳手，拧松前悬架横梁分总成与车身左侧固定螺栓。

图 2-108　拧松固定螺栓

⑧ 如图 2-109 所示，选用 19 mm 套筒、接杆、棘轮扳手，旋出并取前悬架横梁分总成与车身左侧固定螺栓。

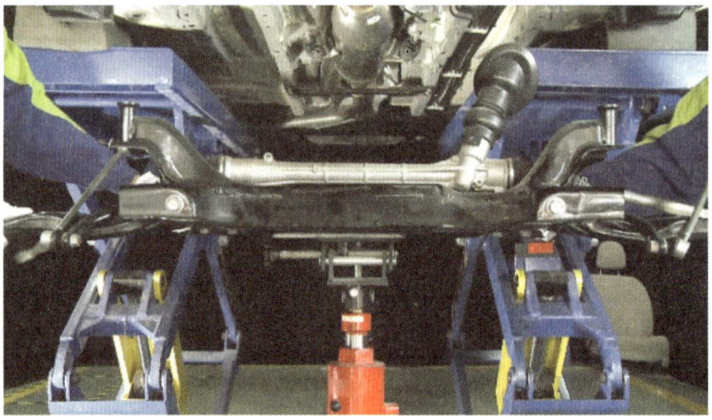

图 2-109　降下车辆

⑨ 用同样的方法，拆卸前悬架横梁分总成与车身右侧固定螺栓。

⑩ 逆时针缓慢旋扭变速器千斤顶压力释放杆，使变速器千斤顶与前悬架横梁分总成一起下降。

注意事项

> 在变速器千斤顶下降过程中检查是否有其他零部件卡住或连接至前悬架横梁分总成，若有，则排除障碍后再下降变速器千斤顶。

7. 拆卸前下悬架臂

(1) 如图 2-110 所示，选用 22 mm 套筒、接杆、指针式扭力扳手，拧松左前下悬架臂前侧固定螺栓。

(2) 如图 2-111 所示，选用 22 mm 套筒、接杆、棘轮扳手，旋松并取下左前下悬架臂前侧固定螺栓。

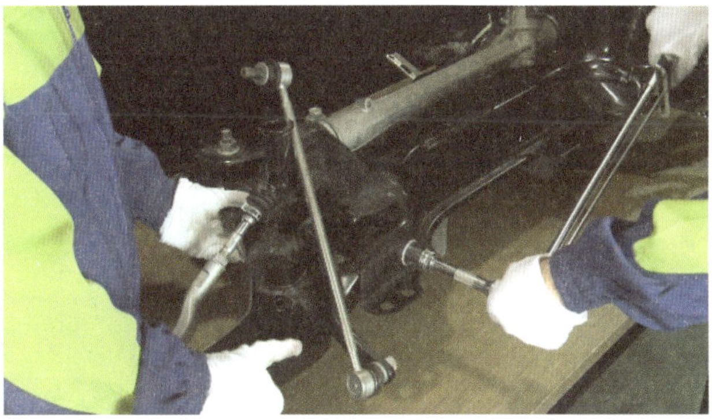

图 2-110　拧松固定螺栓

图 2-111　旋松固定螺栓

(3) 选用 22 mm 梅花扳手固定左前下悬架臂后侧下端固定螺母，然后选择 22 mm 套筒、接杆、指针式扭力扳手，拧松左前下悬架臂后侧上端固定螺母。

(4) 如图 2-112 所示，选用 22 mm 套筒、接杆、棘轮扳手，将左前下悬架臂后侧上端固定螺母旋出并取下。

(5) 取左前下悬架臂后侧固定螺栓。

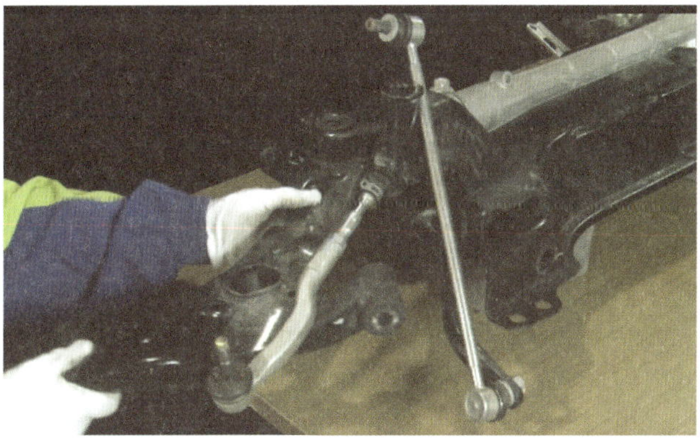

图 2-112　拆卸前下悬架臂

(6) 将左前下悬架臂轻轻上下摇动并从前悬架横梁分总成上分离。

(7) 用同样方法拆卸右前下悬架臂。

8. 拆卸前稳定杆总成

(1) 选用17套筒、接杆、指针式扭力扳手,拧松前悬架横梁左前支架4个固定螺栓。

(2) 选用17套筒、接杆、棘轮扳手,旋出并取下前悬架横梁左前支架4固定螺栓。

(3) 如图2-113所示,从前悬架横梁左侧取下前悬架横梁左前支架。

图2-113 拆卸前悬架横梁前支架

(4) 用同样的方法,拆卸前悬架横梁右前支架。

(5) 如图2-114所示,从前悬架横梁上取下前稳定杆总成。

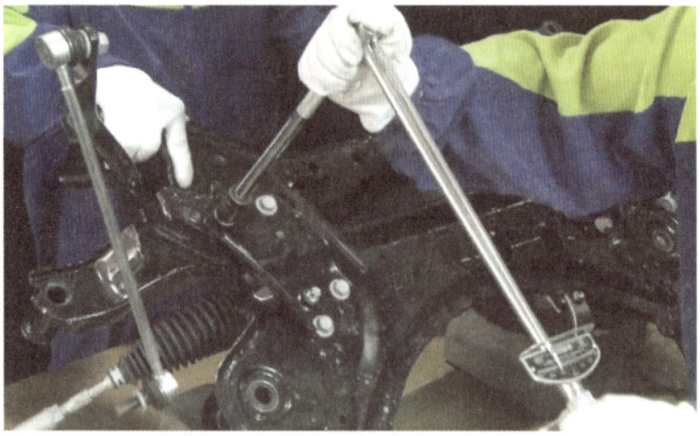

图2-114 取下前稳定杆总成

步骤二:检查独立悬架

1. 分解前减震器

(1) 如图2-115所示,固定带螺旋弹簧的前减震器,使用弹簧压缩器压缩前螺旋弹簧。

(2) 拆卸前支架至前减震器螺母:

① 如图2-116所示,将螺栓和螺母安装至减震器下支架,并用台钳固定带螺旋弹簧的前减震器。

② 检查并确保前螺旋弹簧被完全压缩。

③ 拆下前支架至前减震器螺母。

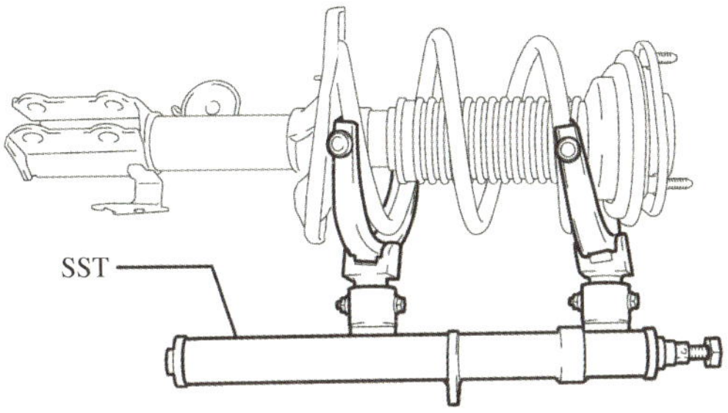

图 2-115 压缩前螺旋弹簧

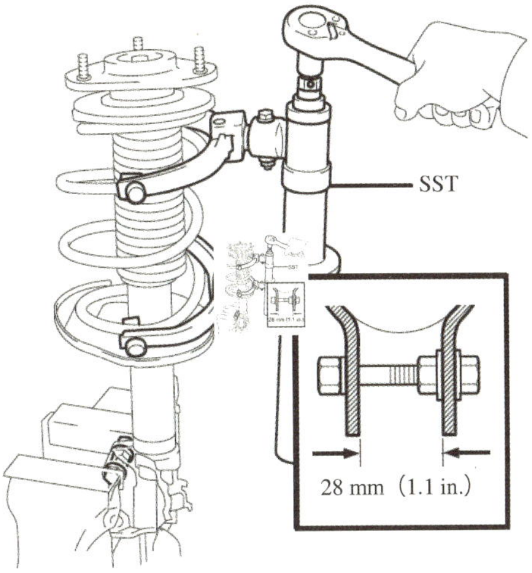

图 2-116 拆卸前支架至前减震器螺母

注意事项

不要使用冲击扳手，这会损坏 SST。

(3) 拆卸前悬架支座分总成。

(4) 拆卸前悬架支座防尘密封圈。

(5) 如图 2-117 所示，拆卸前螺旋弹簧上座。

(6) 拆卸前螺旋弹簧上隔震垫。

(7) 拆卸前螺旋弹簧。

(8) 拆卸前弹簧缓冲块。

(9) 拆卸前螺旋弹簧下隔震垫。

2. 检查前减震器

如图 2-118 所示，压缩并伸长减震器杆 4 次或更多次。检测标准是：无异常阻力或声音且操作阻力正常。

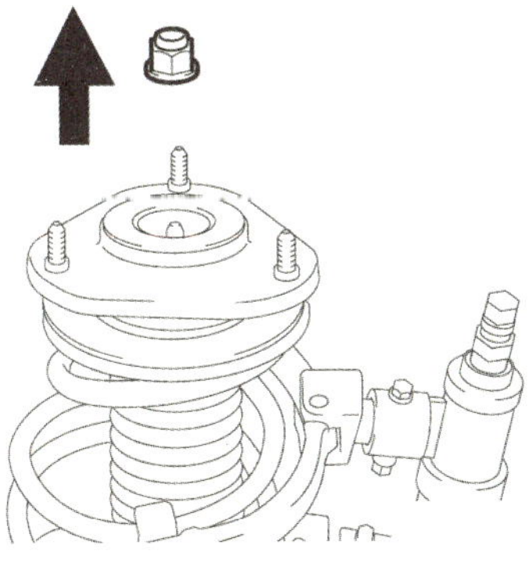

图 2-117 拆卸前螺旋弹簧上座

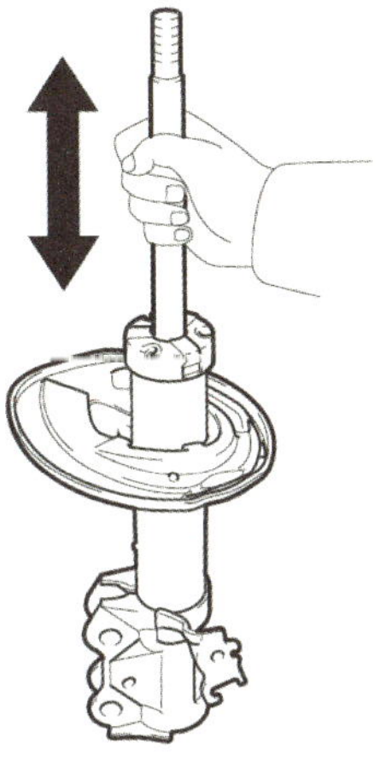

图 2-118 检查前减震器

3. 组装前减震器

（1）如图 2-119 所示，将螺栓和螺母安装至前减震器，并用台钳固定前减震器。

（2）如图 2-120 所示，安装前螺旋弹簧下隔震垫。

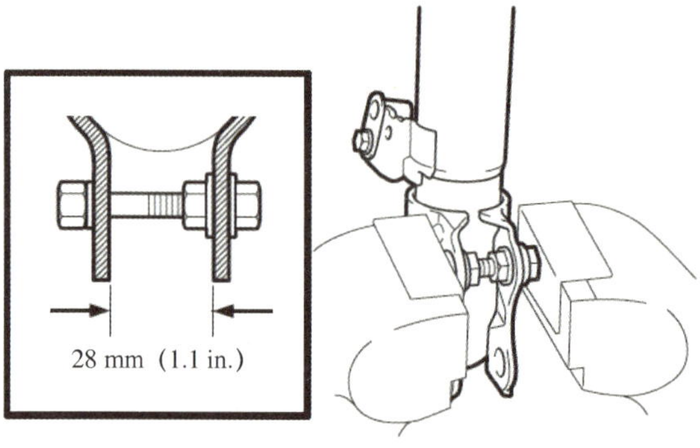

图 2-119 固定前减震器

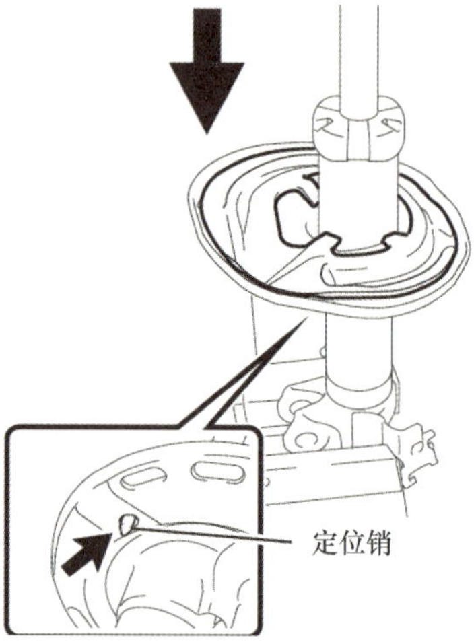

图 2-120 安装隔震垫

注意事项

确保前螺旋弹簧下隔震垫的定位销插入前减震器的孔中。

（3）安装前弹簧缓冲块。

（4）安装前螺旋弹簧：

① 如图 2-121 所示，用弹簧压缩器压缩前螺旋弹簧。

② 如图 2-122 所示，安装前螺旋弹簧。

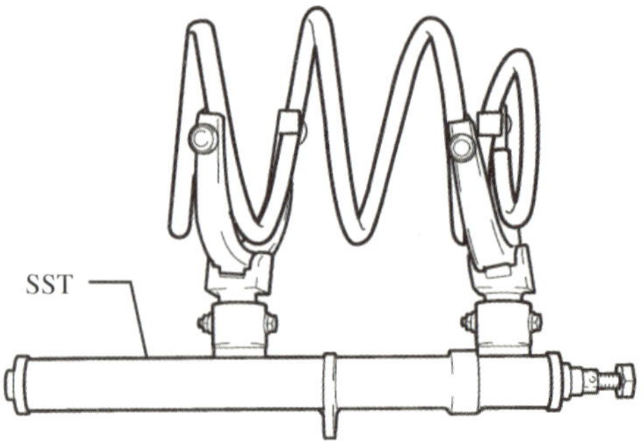

图 2-121 压缩前螺旋弹簧

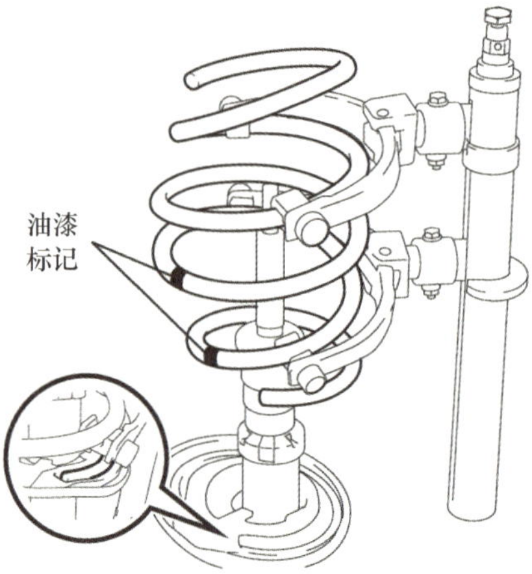

图 2-122 安装前螺旋弹簧

注意事项

◇ 确保前螺旋弹簧的底端定位于弹簧下座的压缩下。
◇ 确保油漆标记面朝下安装螺旋弹簧。

（5）安装前螺旋弹簧上隔震垫。
（6）如图 2-123 所示，安装前螺旋弹簧上座。
（7）安装前悬架支座防尘密封圈。
（8）安装前悬架支座分总成。
（9）暂时拧紧前支座至前减震器螺母。

注意事项

如果转矩不在规定范围内，换上新的前下球节。

（10）检查防尘罩。检查并确认防尘罩无裂纹且其上没有润滑脂。

4. 检查前稳定杆连杆总成

检查前稳定杆连杆总成，如果转矩不在规定范围内，换上一个新的前稳定杆连杆总成。

步骤三：安装独立悬架

1. 安装前稳定杆总成

（1）如图 2-124 所示，将前稳定杆总成安装至前悬架横梁分总成。

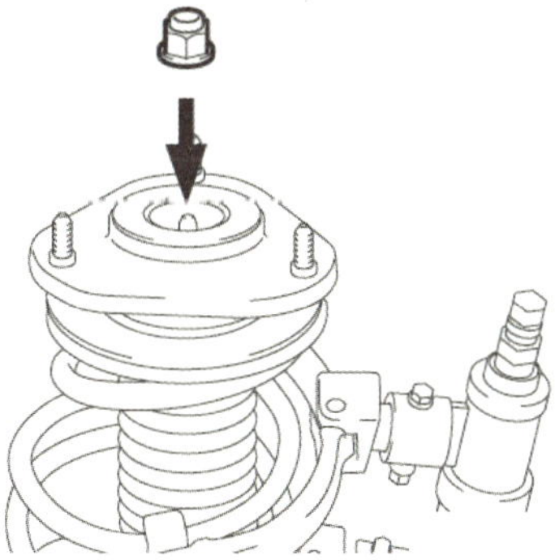

图 2-123　安装前螺旋弹簧上座

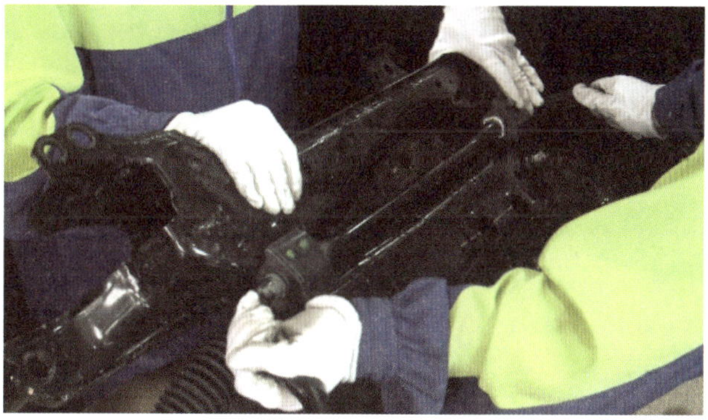

图 2-124　安装前稳定杆总成

（2）如图 2-125 所示，将前悬架横梁左前支架安装至前悬架横梁分总成，并旋进前悬架横梁左前支架 4 个固定螺栓。用同样的方法安装前悬架横梁右侧支架。

（3）如图 2-126 所示，选用 17 mm 套筒、接杆、棘轮扳手，拧紧前悬架横梁左前支架 4 固定螺栓。用同样的方法安装前悬架横梁右侧支架。

（4）选用 17 mm 套筒、接杆、扭力扳手，以维修手册规定的 87 N·m 对角紧固前悬架横梁左前支架 4 固定螺栓。用同样的方法安装前悬架横梁右侧支架。

注意事项

安装好前悬架横梁前支架后，确保前稳定杆 1 号衬套的凸出部分露出来。

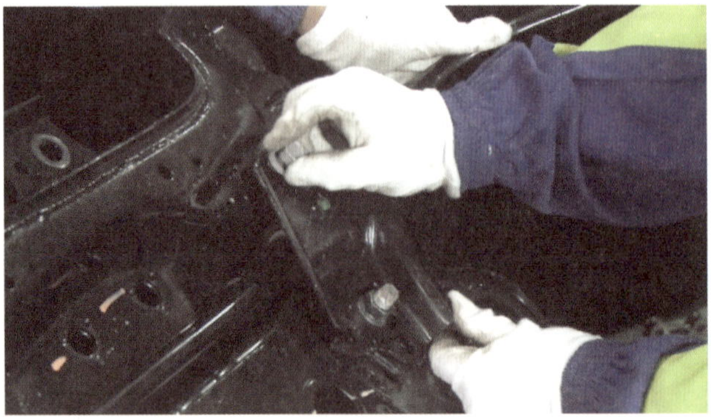

图 2-125　安装前悬架横梁支架

图 2-126　拧紧固定螺栓

2. 安装前下悬架臂

(1) 如图 2-127 所示，将右前下悬架臂安装至前悬架横梁分总成右侧。

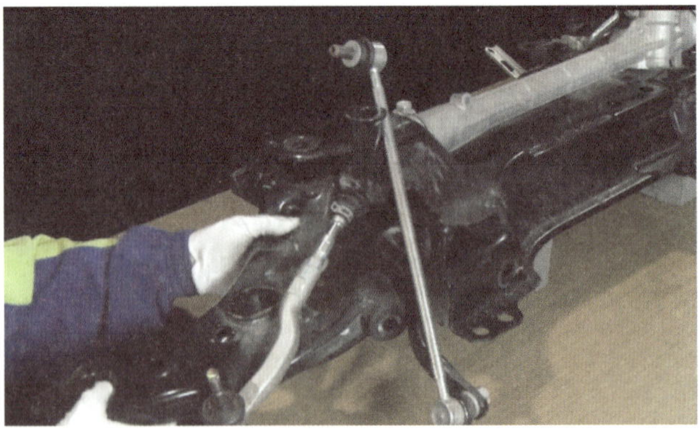

图 2-127　安装前下悬架臂

(2) 如图 2-128 所示，将右前下悬架臂后侧固定螺栓从前悬架横梁左下端装入，并旋上固定螺母。

(3) 选用 22 mm 梅花扳手固定右前下悬架臂后侧下端固定螺母，然后选用 22 mm 套筒、接杆、棘轮扳手，拧紧右前下悬架臂后侧上端固定螺母。

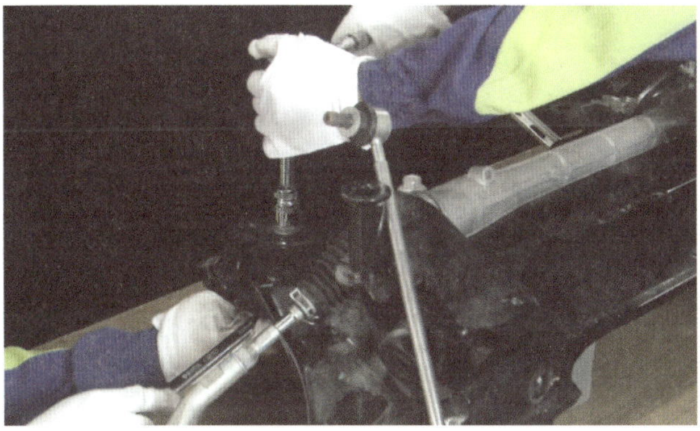

图 2-128　拧紧固定螺母

(4) 选用 22 mm 套筒、接杆、扭力扳手，以维修手册规定的 233 N・m 紧固右前下悬架臂后侧上端固定螺母。

(5) 安装右前下悬架臂前侧固定螺栓。

(6) 选用 19 mm 套筒、接杆、棘轮扳手，拧紧右前下悬架臂前侧固定螺栓，如图 2-129 所示。

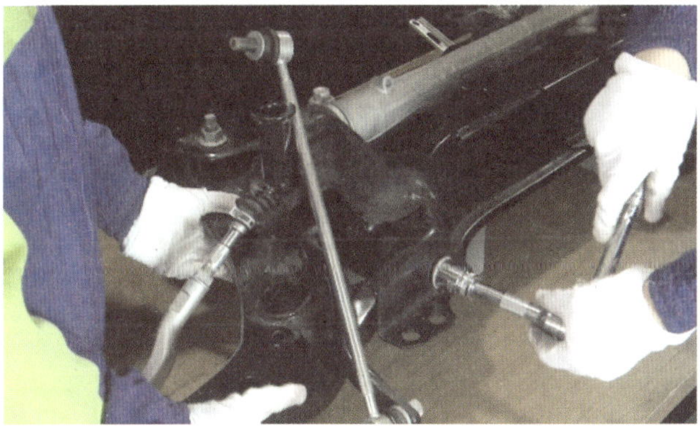

图 2-129　拧紧固定螺栓

(7) 选用 22 mm 套筒、接杆、扭力扳手，以维修手册规定的 233 N・m 紧固右前下悬架臂前侧固定螺栓。

(8) 用同样的方法，安装左前下悬架臂。

3. 安装前悬架横梁分总成

(1) 安装前悬架横梁分总成：

① 如图 2-130 所示，将前悬架横梁分总成用变速器千斤顶支撑。

② 拧紧前悬架横梁分总成与车身左侧固定螺栓。

③ 如图 2-131 所示，紧固前悬架横梁分总成与车身固定螺栓。紧固扭矩：145 N・m。

④ 如图 2-132 所示，安装发动机后悬置隔震垫与前悬架横梁分总成固定螺栓与固定螺母。

⑤ 紧固发动机后悬置隔震垫与前悬架横梁分总成固定螺栓与固定螺母。

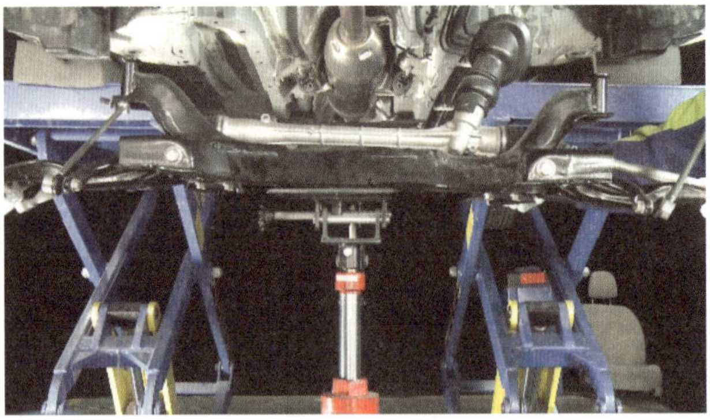

图 2-130　支撑前悬架横梁分总成

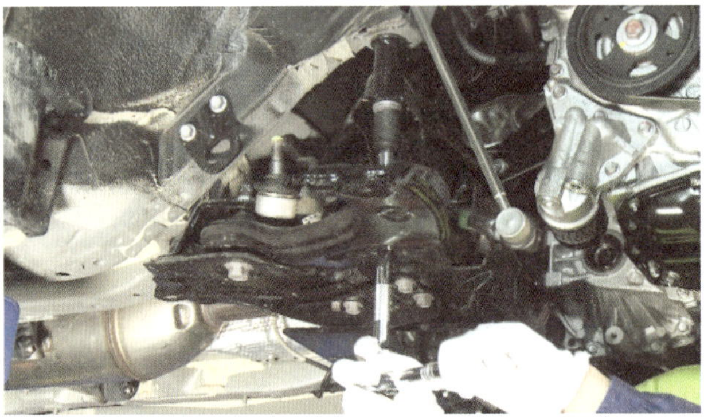

图 2-131　紧固车身固定螺栓

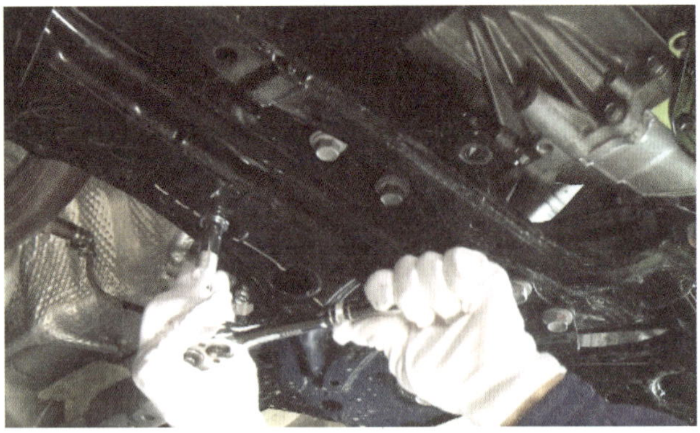

图 2-132　安装固定螺栓与螺母

⑥ 如图 2-133 所示，将氧传感器线束固定卡夹和卡爪安装至前悬架横梁分总成上。

⑦ 将驻车制动拉索前端固定支架螺栓安装孔与前悬架横梁分总成的螺栓孔对准，并旋进驻车制动拉索前端固定支架螺栓。

⑧ 如图 2-134 所示，拧紧驻车制动拉索前端固定支架螺栓。

（2）如图 2-135 所示，安装前悬架横梁后支架。

（3）如图 2-136 所示，安装左前悬架横梁加强件。

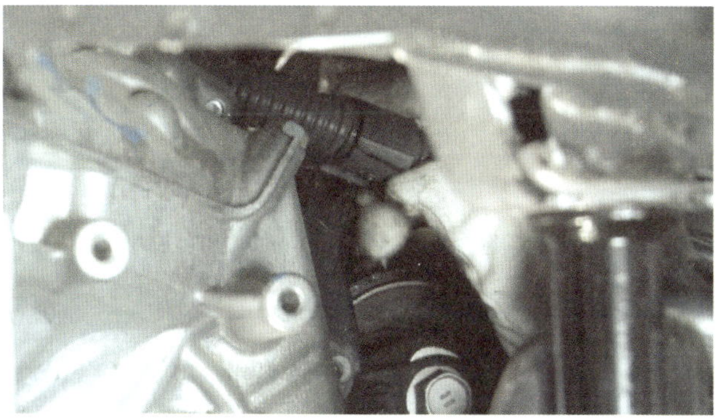

图 2-133　安装固定卡夹和卡爪

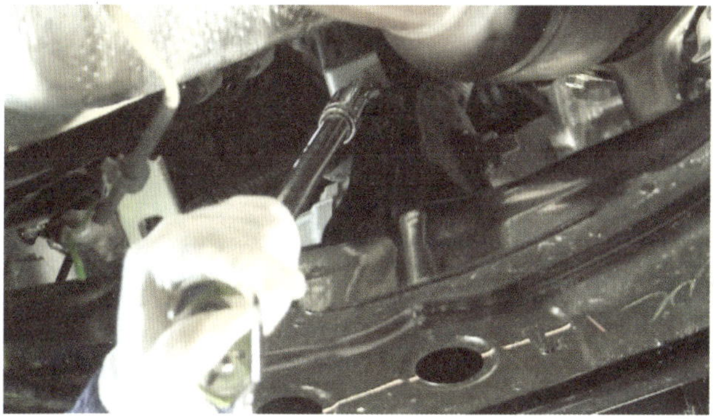

图 2-134　拧紧固定支架螺栓

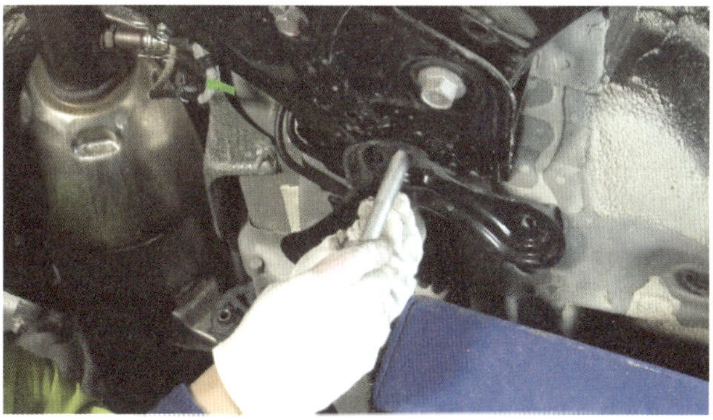

图 2-135　安装前悬架横梁后支架

(4) 安装发动机前悬置支架下加强件：

① 如图 2-137 所示，将发动机前悬置支架下加强件安装到前悬架横梁分总成与前悬架横梁上，并旋进前悬架横梁加强件 2 个固定螺栓。

② 拧紧前悬架横梁加强件 2 个固定螺栓，紧固扭矩 96 N·m。

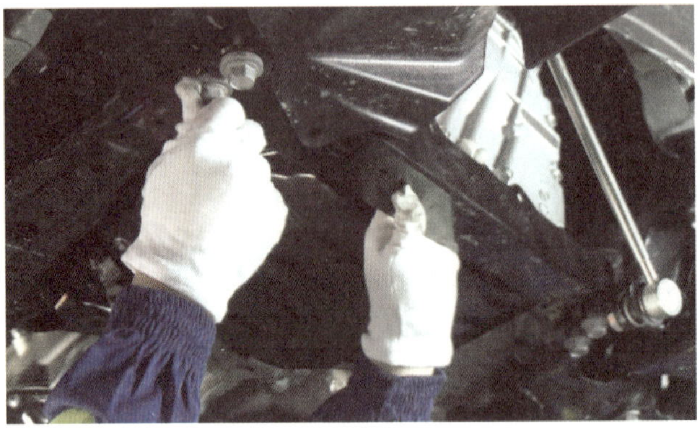

图 2-136　安装左前悬架横梁加强件

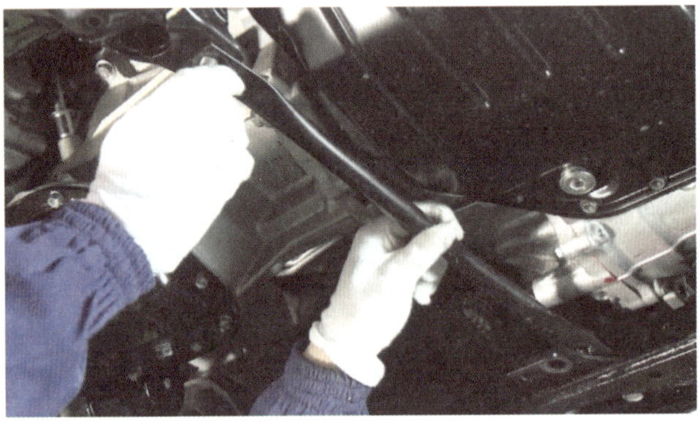

图 2-137　安装前悬置支架下加强件

(5) 如图 2-138 所示，安装发动机底罩。

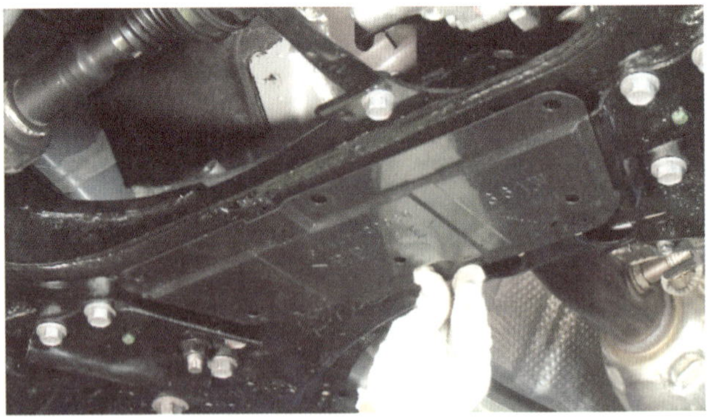

图 2-138　安装发动机底罩

4. 安装前减震器

(1) 安装前减震器：

① 如图 2-139 所示，将前减震器从车辆前下侧上安装到车身上。

② 将前减震器上支架安装至前减震器上支座，并安装前减震器上端 3 个固定螺母。

③ 选用 14 mm 套筒、接杆、棘轮扳手，拧紧前减震器上端 3 个固定螺母。

④ 选用 14 mm 套筒、接杆、扭力扳手，以维修手册规定的 50 N·m 紧固左前减震器上端 3 个固定螺母。

图 2-139　安装前减震器

(2) 安装前围上外板。

(3) 安装挡风玻璃刮水器电动机及连杆总成。

(4) 如图 2-140 所示，安装挡风玻璃刮水器电动机线束连接器。

(5) 安装左前、右前围板上通风栅板。

(6) 安装发动机盖至前围上侧密封。

(7) 安装右前、左前挡风玻璃刮水器臂和刮水片。

(8) 安装发动机盖罩。

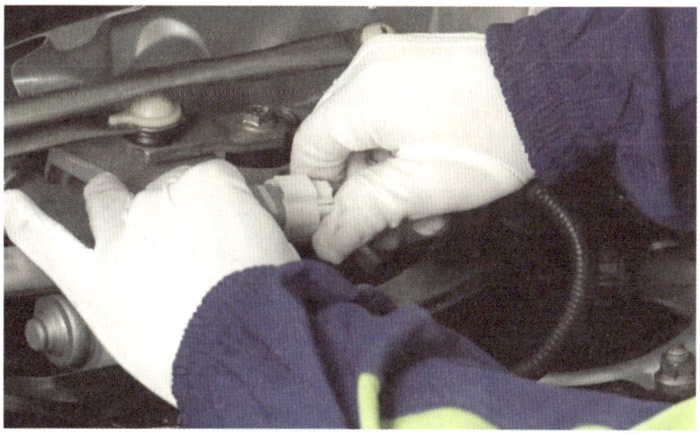

图 2-140　安装线束连接器

5. 安装前半轴总成

(1) 安装前桥左半轴总成：

① 检查左前半轴外观是否有损坏以及防尘套是否有老化或裂痕现象。

② 如图 2-141 所示，干净的布块清洁左前半轴内侧万向节轴花键，并涂抹自动传动桥油。

③ 如图 2-142 所示，整理左前半轴内侧万向节轴卡环位置，确保左前半轴安装时卡环开口侧朝下。

④ 用干净的布块清洁左前半轴与传动桥的安装孔。

图 2-141　清洁左前半轴内侧

图 2-142　整理万向节轴卡环位置

⑤ 如图 2-143 所示，将左前半轴安装到传动桥上，确保左前半轴花键与传动桥接合。

⑥ 选用铜棒、锤子，将左前半轴敲进传动桥内，并确保安装到位。

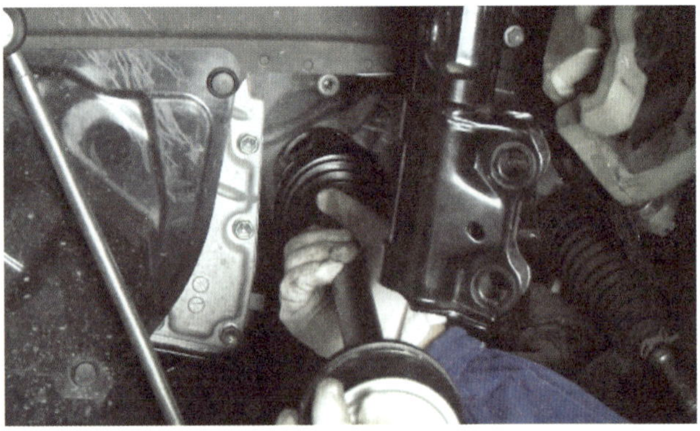

图 2-143　安装左半轴总成

(2) 安装前桥总成：

① 如图 2-144 所示，将左前半轴安装至前桥轮毂分总成，并确保左前半轴和左前桥轮毂分总成的装配标记对齐。

② 如图 2-145 所示，一只手扶住左前桥总成，另一只手将减震器与前桥总成接合。

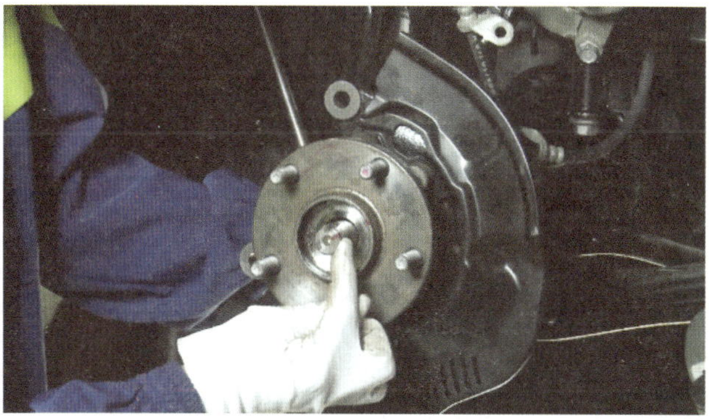

图 2-144　对齐装配标记

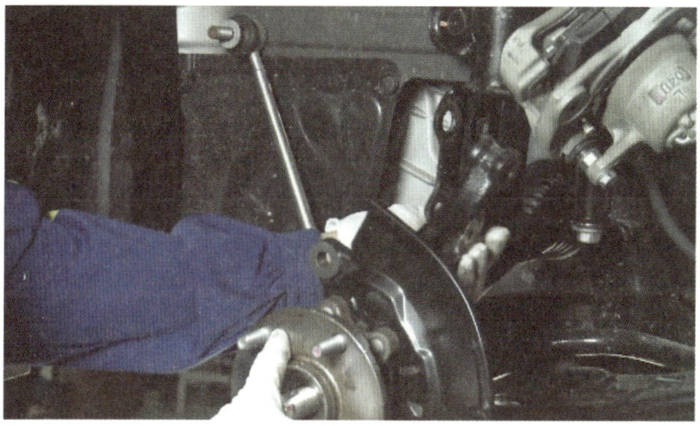

图 2-145　结合减震器与前桥总成

③ 如图 2-146 所示，将左前减震器下端 2 个固定螺栓从左前减震器右侧处安装。

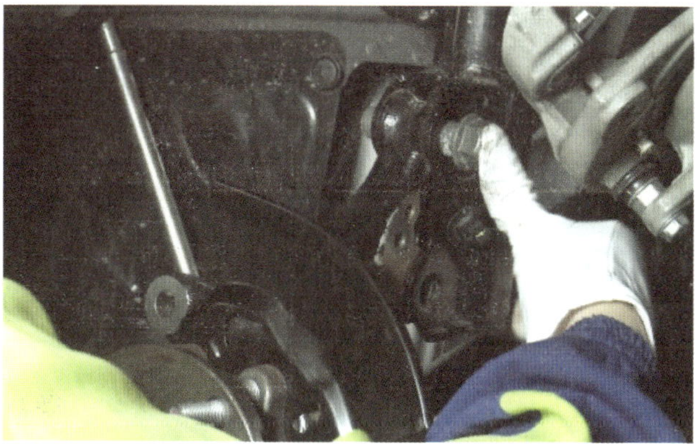

图 2-146　安装固定螺栓

④ 将左前减震器下端 2 个固定螺母分别旋到螺栓上。

⑤ 选用 22 mm 套筒、接杆、棘轮扳手，拧紧左前减震器下端 2 个固定螺母。

⑥ 选用 22 mm 套筒、接杆、扭力扳手，以维修手册规定的 240 N·m 紧固左前减震器下端 2 个固定螺母。

(3) 安装前悬架下臂：

① 如图 2-147 所示，将前悬架下臂 2 个固定螺母与 1 个固定螺栓旋上，并暂时固定前下球节。

② 选用 17 mm 套筒、棘轮扳手，拧紧前悬架下臂 2 个固定螺母与 1 个固定螺栓。

③ 选用 17 mm 套筒、扭力扳手，以维修手册规定的 89 N·m 紧固前悬架下臂 2 个固定螺母与 1 个固定螺栓。

图 2-147　拧紧固定螺母和螺栓

(4) 连接左侧转向拉杆接头：

① 如图 2-148 所示，将转向横拉杆球头拉入转向臂内，用手将转向拉杆球头紧固螺母旋入。

② 选用 19 mm 套筒、接杆、扭力扳手，紧固外转向横拉杆球头紧固螺母。

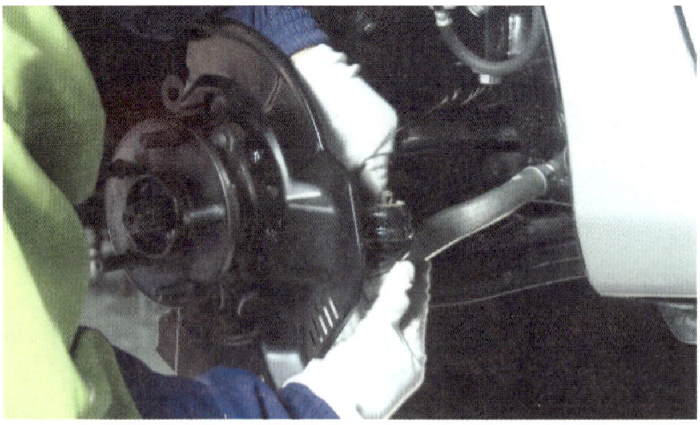

图 2-148　旋入紧固螺母

(5) 安装制动盘，如图 2-149 所示。

(6) 安装制动钳总成，如图 2-150 所示。

(7) 安装挠性软管。

(8) 安装前轮转速传感器。

(9) 安装稳定杆连杆总成：

① 如图 2-151 所示，将前稳定杆连杆总成连接到减震器上，并旋进前稳定杆连杆总成固定螺栓。

图 2-149　安装制动盘

图 2 150　安装制动钳总成

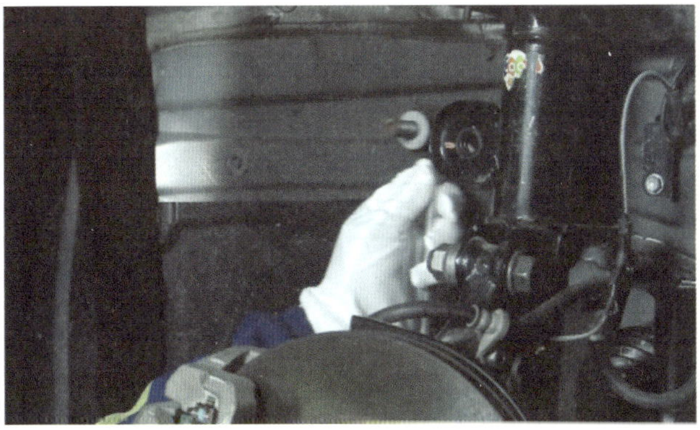

图 2-151　旋进固定螺栓

② 选用 17 mm 套筒、接杆、棘轮扳手，拧紧前稳定杆连杆总成固定螺母。

③ 选用 17 mm 套筒、接杆、扭力扳手，以维修手册规定的 74 N·m 紧固前稳定杆连杆总成固定螺母。

(10) 安装前桥轮毂螺母：

① 如图 2-152 所示，将新的前桥轮毂螺母旋进前半轴上。

图 2-152　将螺母旋进前半轴

② 如图 2-153 所示，使用一字螺丝刀，从制动钳总成上插入制动盘边缘内将左前制动盘固定，防止紧固前桥轮毂螺母时转动。

图 2-153　插入一字螺丝刀

③ 如图 2-154 所示，选用 30 mm 套筒、棘轮扳手拧紧左前桥轮毂螺母。

图 2-154　锁紧轮毂螺母

④ 选用 30 mm 套筒、指针式扭力扳手，以维修手册规定的 216 N · m 紧固前桥轮毂螺母。

⑤ 选用冲子、锤子，将前桥轮毂螺母锁紧。

6. 安装前轮

7. 连接 2 号转向中间轴总成

四、活动小结

1. 悬架的作用和分类

悬架的作用是把路面作用于车轮上的各种力及其产生的力矩传递到车架（或承载式车身）上，吸收和缓和行驶中因路面不平引起的车轮跳动而传给车架的冲击和震动。根据汽车两侧车轮运动是否相互关联，汽车悬架分为非独立悬架和独立悬架两大类。独立悬架中多采用螺旋弹簧和扭杆弹簧作为弹性元件。典型独立悬架是麦弗逊式悬架。

2. 麦弗逊式悬架

(1) 麦弗逊式悬架突出的优点是增大了两侧前轮内侧的空间，便于发动机和其他部件的布置。

(2) 麦弗逊式悬架的减震器和螺旋弹簧组成弹性支柱，上端通过悬架座与车身挠性连接，下端通过螺栓与转向节刚性相连。当车轮上下跳动时，转向节沿减震器活塞杆轴线（主销轴线）上下移动，还可随横摆臂摆动。

3. 独立悬架拆装的注意事项

独立悬架拆装作业主要拆卸前半轴总成、带螺旋弹簧的前减震器、前悬架横梁分总成、前下球节、前稳定杆总成。

在独立悬架拆装作业中，需注意以下几点：

(1) 拆装前悬架横梁前支架时，须按照规定顺序拆卸或紧固螺栓。

(2) 拆卸转向节时，需在转向节与半轴上做好装配标记；取下时，切勿用力过大。

(3) 安装横向稳定杆时，需使识别标记位于车辆右侧。

(4) 安装前螺旋弹簧时，不要使用冲击扳手。

五、活动评价

(一) 课堂练习

1. 判断题

(1) 所有汽车的悬架组成都包含有弹性元件。　(　　)

(2) 一般客运汽车未专门设置导向机构。　(　　)

(3) 常见的轿车后悬架的弹簧元件不是采用螺旋弹簧。　(　　)

(4) 减震器在汽车行驶中出现发热是正常的。　(　　)

(5) 采用独立悬架的车桥通常为断开式。　(　　)

(6) 采用非独立悬架的车桥一定是整体式。　(　　)

2. 单选题

(1) 科鲁兹轿车的前、后弹性元件采用的形式是(　　)。

A. 螺旋弹簧、钢板弹簧　　B. 钢板弹簧、钢板弹簧

C. 螺旋弹簧、螺旋弹簧　　D. 钢板弹簧、螺旋弹簧

(2) 汽车减震器广泛采用的是(　　)减震器。

A. 单向作用筒式　　B. 双向作用筒式

C. 摆臂式　　D. 阻力可调式

(二) 技能评价

表 2-4　独立(前)悬架拆装之技能评价

序号	内　容	分值	得分
1	稳定杆的更换	10	
2	稳定杆连接杆的更换	10	
3	稳定杆隔震垫的更换	10	
4	前轮轴承和轮毂的更换	10	
5	转向节的更换	5	
6	下控制臂的更换	5	
7	前下控制臂衬套的更换	10	
8	滑柱总成的更换	10	
9	滑柱、滑柱部件或弹簧的更换	10	
10	按照规范流程进行拆装作业	10	
11	完成 5S 作业	10	
总　分		100	

(注:操作正确即得分,操作错误或未进行操作得 0 分)

学习任务 4　非独立(后)悬架拆装

一、 活动目标

通过本活动学习,学习者应能:

(1) 用自己的语言描述非独立悬架的结构特点。

(2) 说出螺旋弹簧非独立悬架的组成。

(3) 在 30 分钟内完成对非独立(后)悬架的拆装。

二、 知识准备

1. 悬架组成与功用

如图 2-155 所示,悬架主要由弹性元件、减震器、横向稳定杆等部分组成。

弹性元件的作用是承受并传递垂直载荷,缓和不平路面引起的冲击,使车架(或车身)与车桥(或车轮)之间保持弹性连接。

减震器的作用是使弹性系统因受冲击而产生的震动迅速衰减。

导向机构则用来传递除垂直力以外的各种力和力矩,并确定车轮相对于车架(或车身)的运动轨迹。

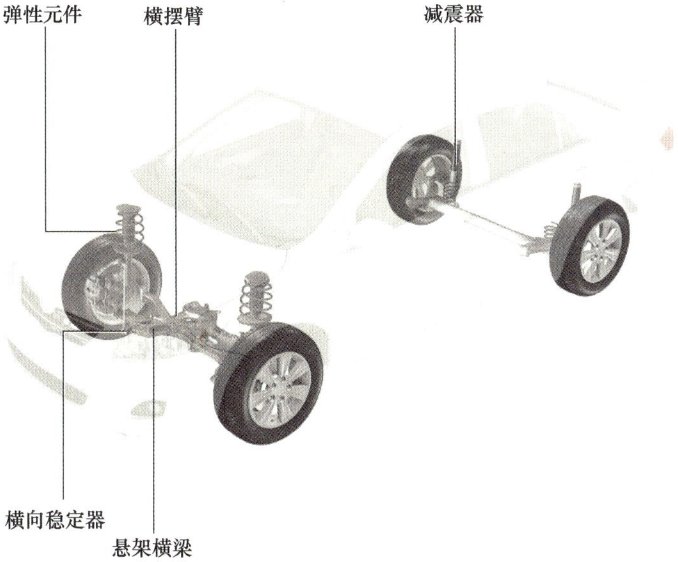

图 2-155 悬架的组成

悬架的功用是把路面作用于车轮上的垂直反力(支承力)、纵向反力(驱动力和制动力)和侧向反力以及这些反力所造成的力矩传递到车架(或承载式车身)上,以保证汽车的正常行驶。归纳起来,悬架的作用主要有三点:①缓冲减震:弹性连接车架(或车身)与车桥,使震动迅速衰减;②导向:使车轮按一定轨迹相对车身跳动;③传力:将车轮所受的垂直反力、纵向反力和侧向力以及这些反力所造成的力矩传递到车架上,保证车辆正常行驶。

2. 悬架类型

如图 2-156 所示,汽车悬架可分为两大类:非独立悬架和独立悬架。

(a) 非独立悬架　　(b) 独立悬架

图 2-156 悬架的类型

非独立悬架的结构特点是两侧车轮安装在一根整体式车桥上,车轮连同车桥一起通过弹性元件悬挂在车架(或车身)下面。当一侧车轮因路面不平等原因相对车架(或车身)的位置发生变化时(如一侧车轮因道路不平而发生跳动),另一侧车轮的位置也随之发生变化。

独立悬架的结构特点是其车桥都是断开式的，每一侧的车轮可以单独地通过弹性悬架与车架（或车身）连接。当一侧车轮相对于车架（或车身）的位置发生变化时，对另一侧车轮几乎不产生影响。

3. 麦弗逊式独立悬架组成和特点

独立悬架的车桥是断开式的，每一侧的车轮可以单独地通过弹性悬架与车架（或车身）连接。常见的独立悬架有横臂式独立悬架、纵臂式独立悬架、车轮沿主销移动的悬架和单斜臂式独立悬架。

麦弗逊式悬架是近年来中级以下轿车使用很广泛的一种悬架，是车轮沿主销移动悬架的一种。麦弗逊式悬架也称滑柱连杆式悬架，它主要由螺旋弹簧、减震器、横摆臂、横向稳定杆等组成，如图 2-157 所示。

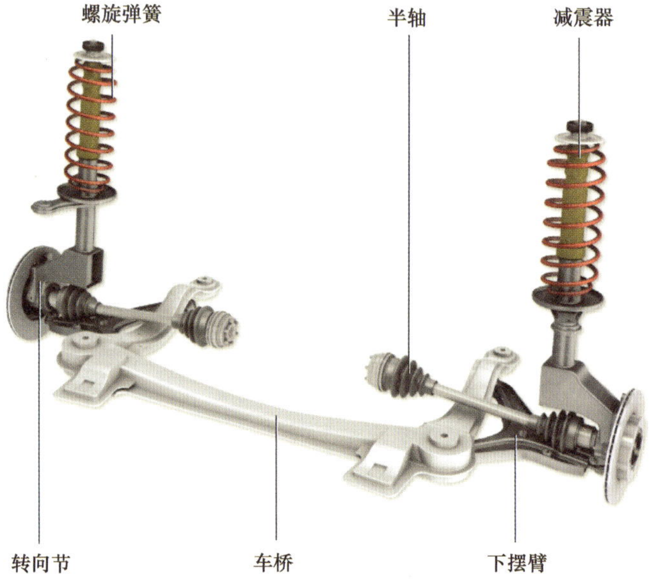

图 2-157　麦弗逊式独立悬架的组成

减震器与套在其外面的螺旋弹簧合为一体，构成悬架的弹性支柱。支柱的上端与车身挠性连接，支柱的下端与转向节刚性连接。车轮所受的侧向力通过转向节大部分由横摆臂承受，其余部分由减震器活塞和活塞杆承受。

麦弗逊式悬架突出的优点是增大了两前轮内侧的空间，便于发动机和其部件的布置；缺点是悬架结构复杂，制造成本高，保养维修不便，一般情况下，车轮跳动时由于车轮外倾角与轮距变化较大，滑动立柱摩擦和磨损较大。

4. 麦弗逊式独立悬架工作原理

减震器上端支座中心与横摆臂外端下球节中心的连线称为主销轴线。如图 2-158 所示，麦弗逊式悬架没有传统的主销实体，当车辆在行驶中受到冲击，车轮上下跳动时，减震器的下支点随横摆臂摆动，主销轴线发生变化，车轮沿着摆动的主销轴线而运动。因此，当这种悬架变形时，车轮、主销的倾角和轮距都会有些变化，但合理的杆系布置和调整可以将这些变化控制在很小的范围内。

当车轮上下跳动时，减震器的下支点随横摆臂摆动，主销轴线的角度是变化的。

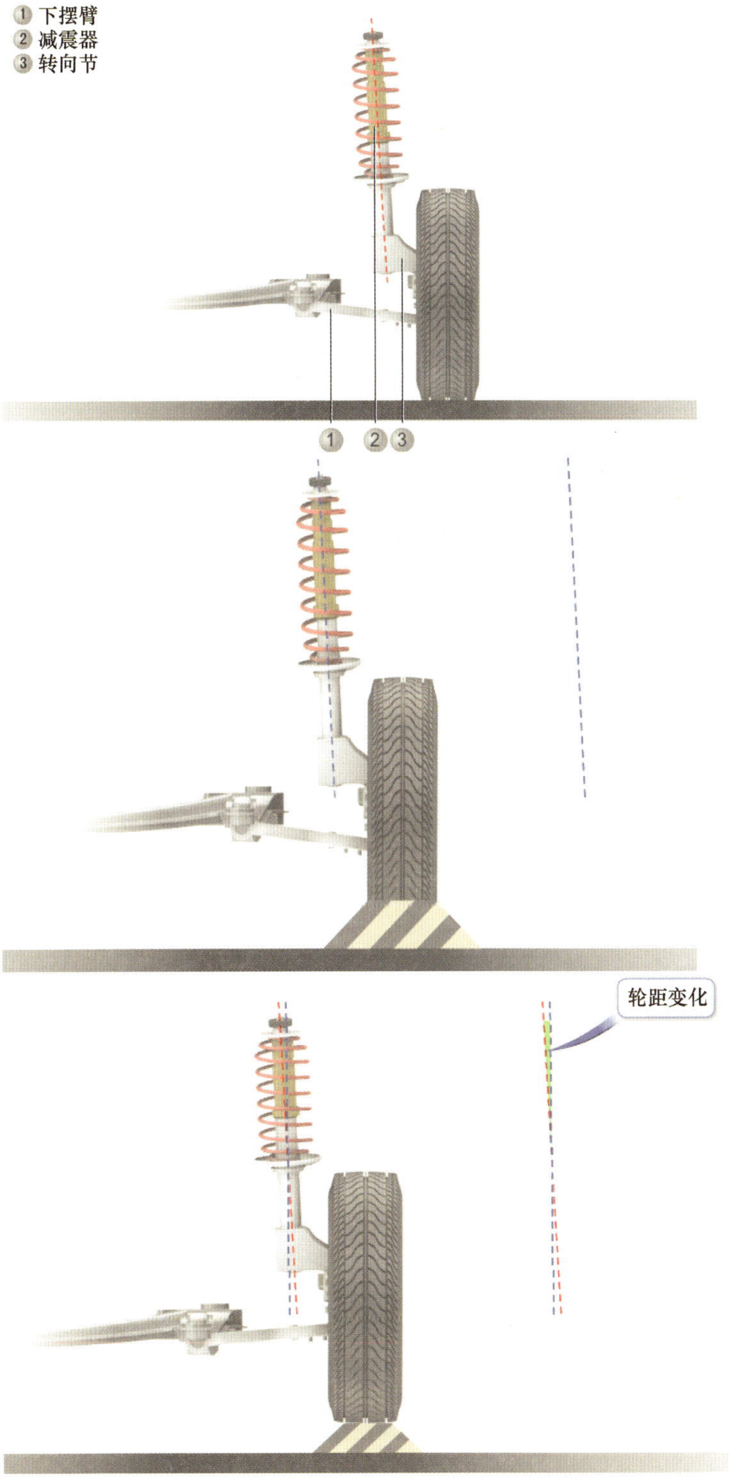

图 2-158　麦弗逊式独立悬架工作原理

5. 螺旋弹簧非独立悬架组成

如图 2-159 所示，螺旋弹簧非独立悬架主要由螺旋弹簧、减震器、纵向推力杆和横向推力杆组成，一般只用于汽车的后悬架。

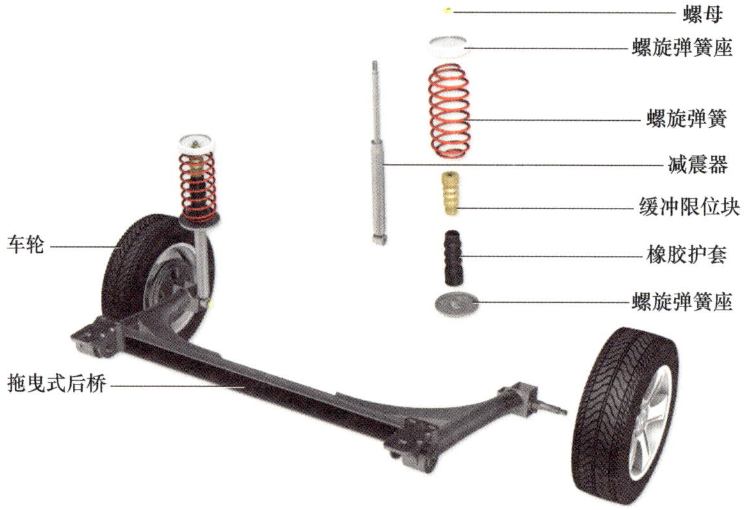

图 2-159　螺旋弹簧非独立悬架组成

6. 螺旋弹簧非独立悬架工作原理

如图 2-160 所示，当一侧车轮因道路不平发生跳动时，必然引起另一侧车轮在汽车横向平面内发生摆动。车轮跳动时，整个后轴在汽车纵向平面内绕左、右橡胶铰链中心连线摆动。与此同时，左、右车轮还绕横向推力杆与车身的铰链点在汽车的横向平面内摆动。

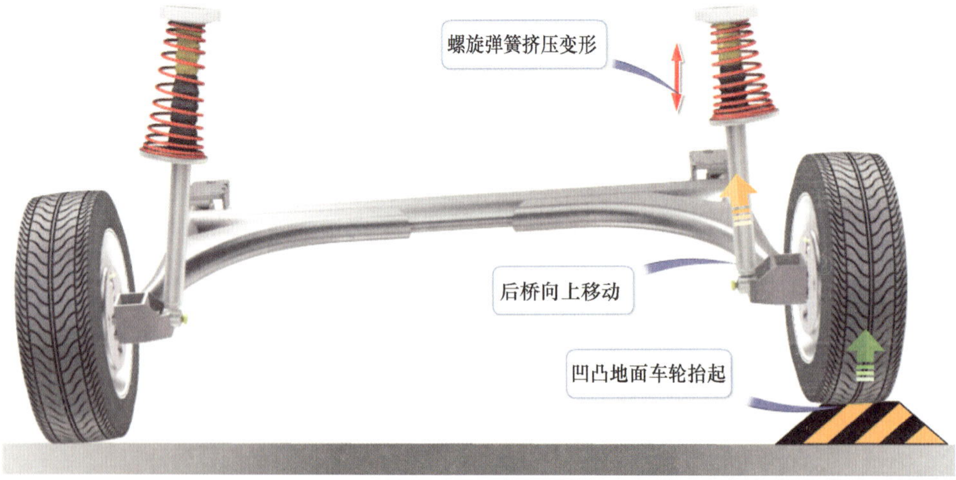

图 2-160　螺旋弹簧非独立悬架工作原理

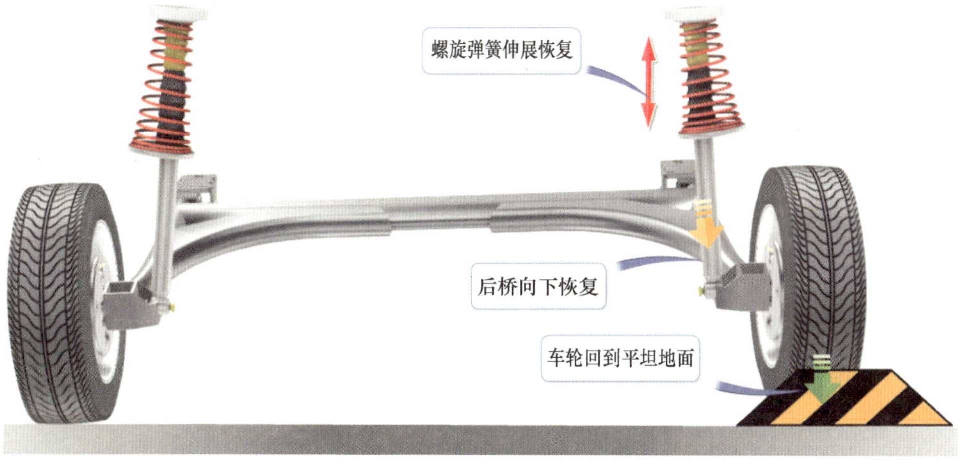

图 2-160　螺旋弹簧非独立悬架工作原理(续图)

三、活动实施

(一) 实施方案

1. 质量要求

参照 2013 款 1.6 L 自动挡科鲁兹轿车厂家的质量标准要求。

2. 组织方式

每四位同学一组,能够规范使用非独立悬架拆装工具,按照企业岗位操作规范对非独立(后)悬架进行拆装作业。每组作业时间为 30 分钟。

3. 作业准备

(1) 技术要求与标准:如表 2-5 所示。

表 2-5　技术要求与标准

检测内容	规定状态	检测内容	规定状态
车轮轴承/轮毂总成安装螺栓	50 N·m+40°	减震器上螺栓	100 N·m
平衡梁连杆螺栓	160 N·m	减震器下螺栓	150 N·m + 60°
平衡梁支撑螺栓	100 N·m	前排气管至排气消音器法兰螺栓	17 N·m
平衡梁连杆螺栓和螺母	40 N·m+45°	轮速传感器安装螺栓	6 N·m
平衡梁中心连杆螺栓和螺母	40 N·m+45°～60°	平衡梁支撑螺栓	100 N·m
后悬架纵梁螺母	70 N·m+120°	平衡梁连杆螺栓和螺母	40 N·m + 45°

(2) 设备器材:如图 2-161 所示。

(3) 场地设施:消防设施的场地。

(4) 设备设施:2013 款 1.6 L 自动挡科鲁兹轿车一辆、科鲁兹轿车相关专用工具、工具车、零件车、标保工具车、垃圾桶等。

(5) 耗材:干净抹布、清洁剂等。

(a) 常用工具一套　　(b) 台虎钳　　(c) 维修车间

图 2-161　非独立(后)悬架拆装设备器材

(二) 操作步骤

1. 拆卸非独立悬架

(1) 拆卸后螺旋弹簧

① 断开蓄电池负极电缆。

② 如图 2-162 所示,拆卸后轮。

③ 排放制动液。

④ 拆卸后地板纵梁支架分总成、防滑控制传感器线束。

⑤ 拆卸后制动管。

⑥ 拆卸后桥轮毂和轴承、防尘罩分总成。

⑦ 松开后桥横梁总成。

⑧ 分离减震器:

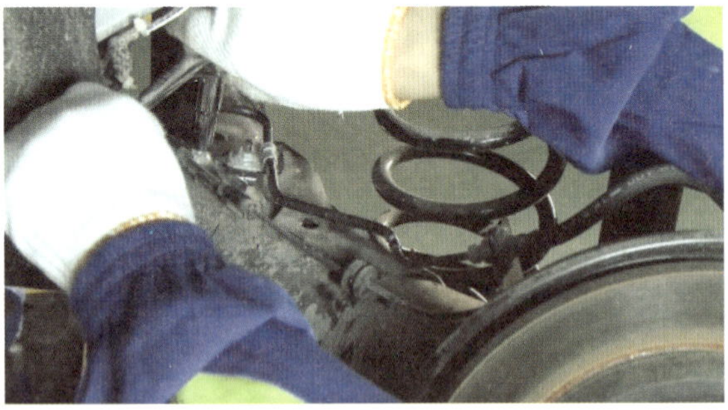

图 2-162　拧松车轮固定螺栓

a. 如图 2-163 所示,使用千斤顶支撑后桥横梁。

注意事项

1 使用千斤顶时要确认泄压阀处于锁止位置。

2 不要过度顶起后桥横梁总成。

b. 使用指针式扭力扳手拧松左后减震器总成固定螺母。

c. 将左后减震器总成与左后桥横梁总成分离。

图 2-163　使用千斤顶支撑后桥横梁

⑨ 拆卸后螺旋弹簧及上下隔震垫：

a. 使用千斤顶手柄缓慢逆时针旋扭以降下千斤顶。

b. 如图 2-164 所示，当左后螺旋弹簧将与车身左后部的接触面分离时，扶住左后螺旋弹簧以防止左后螺旋弹簧脱落到地面上而造成损坏。

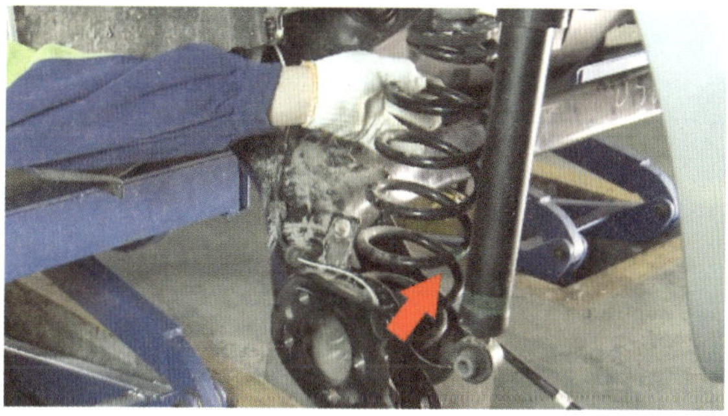

图 2-164　拆卸后螺旋弹簧

c. 如图 2-165 所示，将左后螺旋弹簧上隔震垫从左后螺旋弹簧上端取下，随后取下左后螺旋弹簧。

d. 用干净的布块清洁左后桥横梁总成的弹簧座表面，并用记号笔在左后螺旋弹簧下隔震垫与左后桥横梁总成的弹簧座上做装配标记。

将左后螺旋弹簧下隔震垫从左后桥横梁总成的弹簧座上取下。

(2) 拆卸后桥横梁总成(如图 2-166 所示)

① 将变速器千斤顶放置到后桥横梁总成中间位置，缓慢向下踩变速器千斤顶踏板以举升变速器千斤顶，直到变速器千斤顶上端托住后桥横梁总成。

② 使用棘轮扳手，旋出后桥横梁总成左支架与车身连接固定螺栓并取下。

③ 依次将后桥横梁总成左支架、右支架与车身分离。

④ 逆时针缓慢旋扭变速器千斤顶压力释放杆，使变速器千斤顶与后桥横梁总成一并下降。

(3) 拆卸后减震器

① 拆卸行李箱内饰板。

② 如图 2-167 所示，拆卸后减震器。

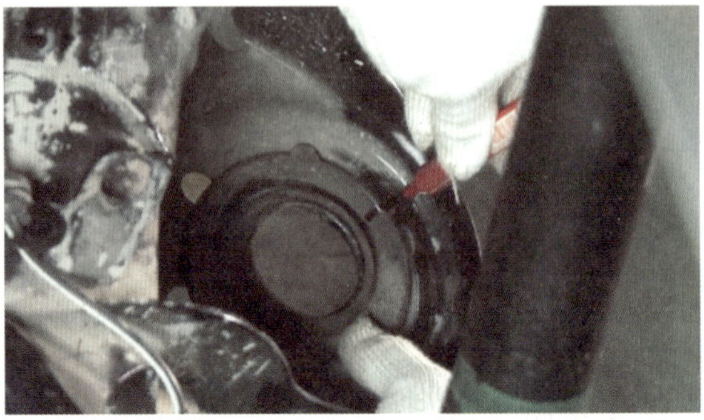

图 2-165 取下左后螺旋弹簧

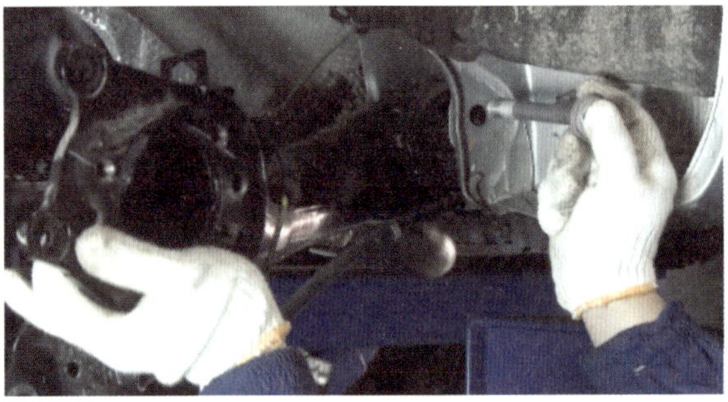

图 2-166 拆卸后桥横梁总成

a. 拆下左后减震器上端固定螺母。

b. 依次取下左后减震器上端固定螺母、左后减震器缓冲垫挡片、左后减震器后悬架支座以及左后减震器。

2. 检查非独立悬架

如图 2-168 所示，压缩和伸长减震器杆，检查并确认操作过程中没有异常阻力或异常声音。如果有任何异常，则换上新的减震器。

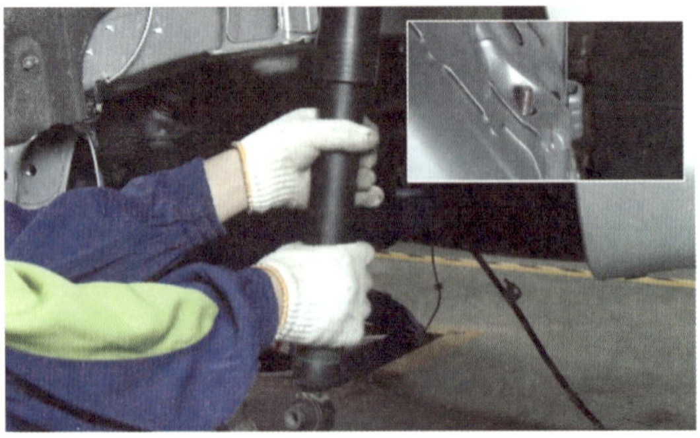

图 2-167 拆卸后减震器

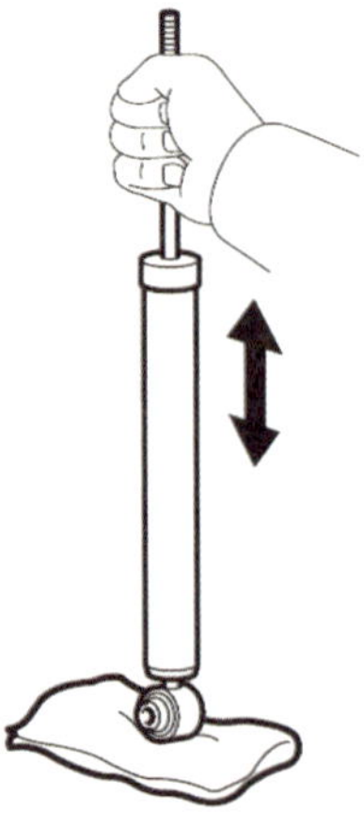

图 2-168 压缩和伸长减震器杆

3. 安装非独立悬架

(1) 安装后减震器

① 安装后减震器(如图 2-169 所示)

a. 将左后减震器总成从车辆左后部装入与车身连接的安装孔内。

b. 将左后减震器后悬架支座安装到左后减震器支座上，将左后减震器缓冲垫挡片安装到左后减震器后悬架支座上，将左后减震器上端固定螺母旋进左后减震器上端。

c. 拧紧后减震器上端固定螺母。

d. 正确选用 14 mm 套筒、扭力扳手，以维修手册规定的 25 N・m 紧固拧紧左后减震器上端固定螺母。

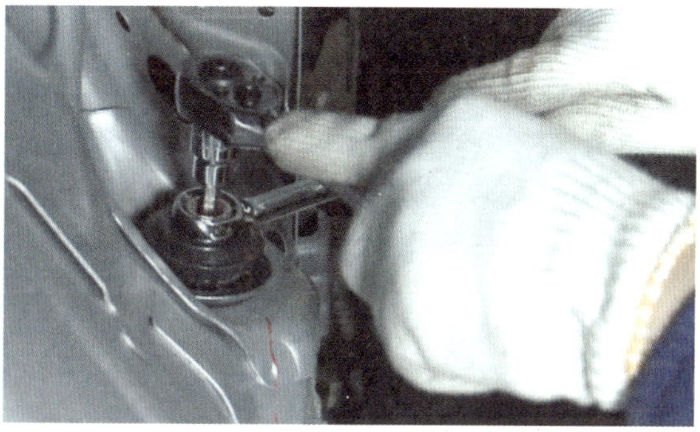

图 2-169　安装后减震器

② 安装行李箱内饰板。

(2) 安装后桥横梁总成

① 将后桥横梁总成用变速器千斤顶从车辆后底部举升起来直到将与车身接触，如图 2-170 所示。

图 2-170　举起后桥横梁总成

② 将后桥横梁总成左支架安装到车身左后侧，将后桥横梁总成右支架安装到车身右后侧，如图 2-171 所示。

③ 如图 2-172 所示，将后桥横梁总成左支架固定螺栓从车身与后桥横梁总成左支架衬套的安装孔内旋进去。用同样的方法，将后桥横梁总成右支架固定螺栓从车身与后桥横梁总成右支架衬套的安装孔内旋进去。

④ 正确选用 19 mm 套筒、棘轮扳手，依次拧紧后桥横梁总成左、右支架固定螺栓。

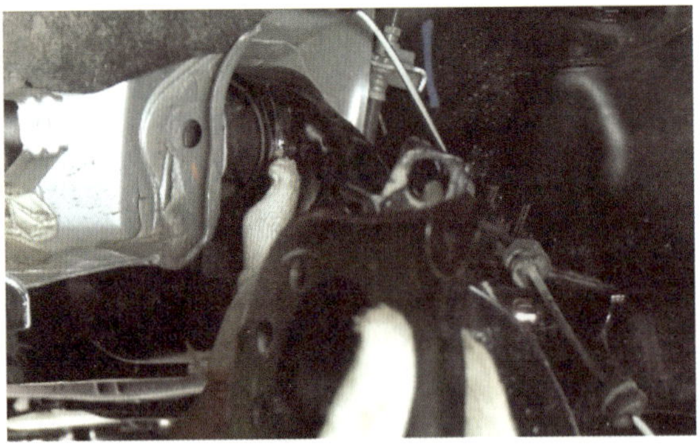

图 2-171　安装后桥横梁总成

图 2-172　安装后桥横梁总成固定螺栓

⑤ 降下变速器千斤顶并移出。

(3) 安装后螺旋弹簧

① 如图 2-173 所示，安装后螺旋弹簧隔震垫。

图 2-173　安装后螺旋弹簧隔震垫

② 安装减震器(如图 2-174 所示)

a. 将左后减震器总成从车辆左后部装入与车身连接的安装孔内。

b. 拧紧左后减震器总成固定螺母。

c. 将千斤顶手柄缓地逆时针旋扭以降下千斤顶。

d. 紧固后减震器总成固定螺母，紧固扭矩 90 N·m。

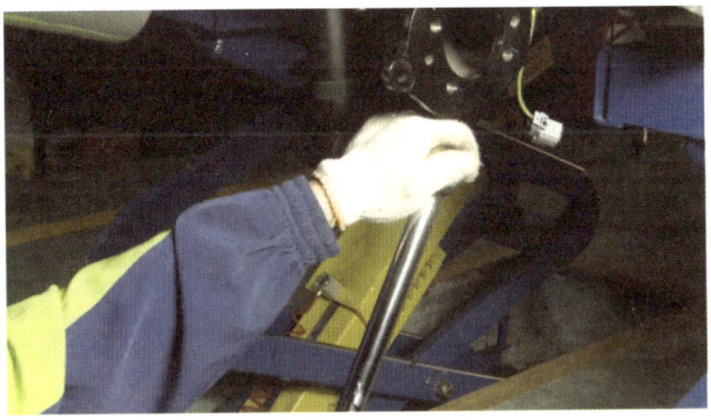

图 2-174　安装减震器

③ 紧固后桥横梁总成。

(4) 安装后桥轮毂和轴承、防尘罩分总成(如图 2-175 所示)

① 安装后桥轮毂和轴承、防尘罩分总成。

② 安装后制动盘。

③ 安装制动缸固定架。

④ 安装后盘式制动器衬块。

⑤ 安装制动缸总成。

⑥ 安装驻车制动器拉索总成。

图 2-175　安装后桥轮毂和轴承、防尘罩分总成

(5) 安装后制动管(如图 2-176 所示)

① 安装后制动管。

② 安装后挠性软管。

③ 连接后轮制动器挠性软管。

(6) 安装后地板纵梁支架分总成、防滑控制传感器线束

① 如图 2-177 所示,连接防滑控制传感器线束。

② 安装后地板纵梁支架分总成。

③ 连接蓄电池负极电缆。

④ 安装后轮。

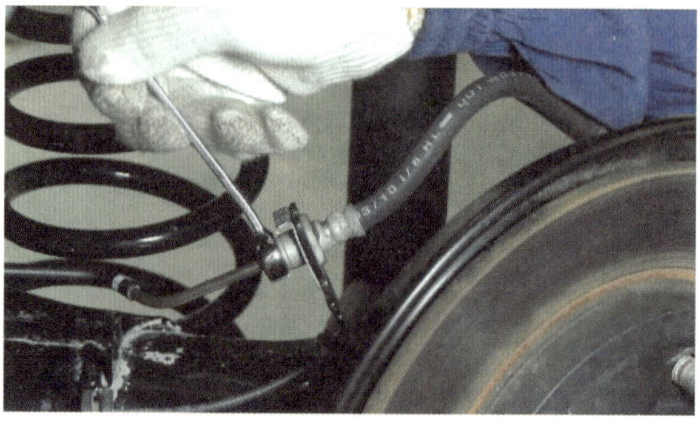

图 2-176　安装后制动管

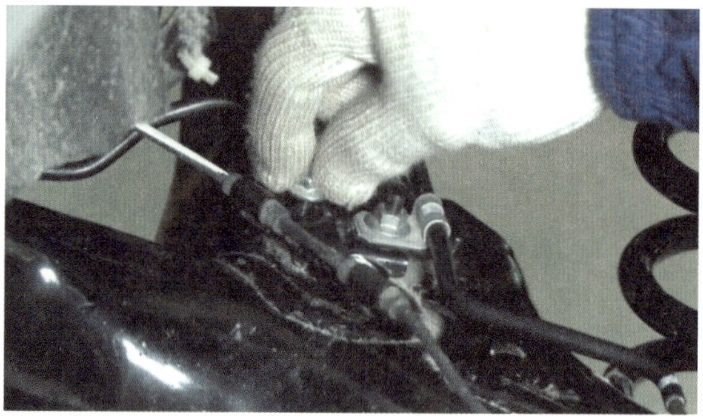

图 2-177　安装防滑控制传感器线束

（7）加注制动液

① 如图 2-178 所示，检查新的制动液的牌号是否正确，正确的牌号为 SAE J1703 或 FMVSS NO. 116 DOT 3。

② 安装过滤网。

图 2-178　检查新的制动液的牌号、安装过滤网

③ 如图 2-179 所示，将制动液加入储液罐中，直到制动液位到 MAX 高度，然后盖上储液罐加注口盖。

四、 活动小结

（1）非独立悬架的结构特点是两侧车轮安装在一根整体式车桥上，车轮连同车桥一起

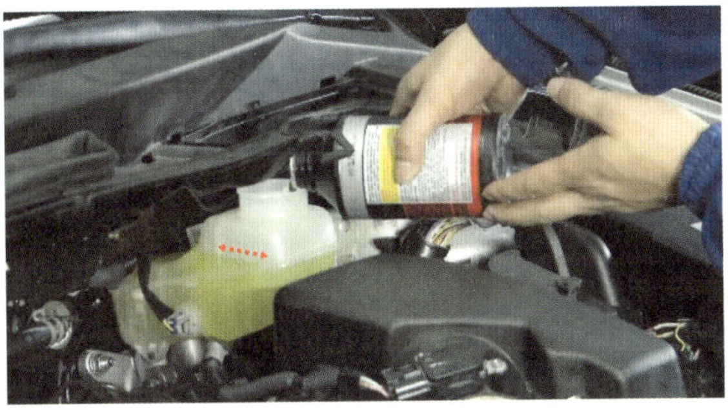

图 2-179　加制动液

通过弹性元件与车架(或车身)相连,车身的相对稳定性较差。

(2) 非独立悬架因其结构简单、工作可靠,被广泛应用于载重汽车的前、后桥上。而在轿车和小客车中,非独立悬架通常仅用于后桥上。

(3) 非独立悬架的结构,特别是导向机构的结构,随所采用的弹性元件不同而有较大差异。轿车和小客车中,非独立悬架通常采用螺旋弹簧,所以必须要安装横向和纵向拉杆。而大型车采用的钢板弹簧本身兼备导向机构的作用,因此可以不安装导向拉杆。

五、活动评价

(一) 课堂练习

1. 判断题

(1) 车架主要承受拉、压应力。　(　　)

(2) 轿车一般采用承载式车身。　(　　)

(3) 科鲁兹轿车的前桥是转向驱动桥,后桥是支撑桥。　(　　)

(4) 汽车在使用中,一般只调整前轮定位中的前束。　(　　)

(5) 越野汽车的前、后车桥通常都是驱动桥。　(　　)

2. 单选题

(1) 汽车的装配体是(　　)。

A. 车架　B. 发动机　C. 车身　D. 车轮

(2) 科鲁兹汽车的后悬架属于(　　)。

A. 独立悬架　B. 非独立悬架

C. 复合式悬架　D. 支承式悬架

(3) 科鲁兹汽车的前桥属于(　　)。

A. 转向桥　B. 驱动桥

C. 转向驱动桥　D. 支承桥

(4) 卡罗拉汽车的后悬架的弹性元件采用的是(　　)。

A. 钢板弹性　B. 气压弹簧　C. 油压弹簧　D. 螺旋弹簧

(5) 前轮定位中,转向操纵轻便主要是靠(　　)。

A. 主销后倾　B. 主销内倾　C. 前轮外倾　D. 前轮前束

(二)技能评价

表 2-6 非独立(后)悬架拆装之技能评价

序号	内 容	分值	得分
1	后轮轴承和轮毂的更换	10	
2	平衡梁连杆的更换	10	
3	平衡梁中间连杆的更换	10	
4	平衡梁支架的更换	10	
5	减震器的更换	5	
6	后弹簧隔震垫与后弹簧的更换	5	
7	拆装后排气管安装法兰及法兰衬垫	10	
8	后桥衬套的更换	10	
9	后桥的更换	10	
10	按照规范流程进行拆装作业	10	
11	完成 5S 作业	10	
总 分		100	

(注:操作正确即得分,操作错误或未进行操作得 0 分)

学习拓展

1. 车架

汽车车架俗称“大梁”,用于安装汽车的发动机、变速器、传动轴、前桥、后桥和车身等总成和部件,使各总成保持正确的相对位置,并承受汽车内外的各种载荷。

因此,要求车架具有足够的强度和合适的刚度,要求它具有结构简单、质量小等特点,同时还应尽可能降低汽车质心和获得较大的前轮转向角,以保证汽车行驶的稳定性和转向灵活性。

现代汽车大多数都装有独立的车架。目前,汽车车架的结构有四种:边梁式、中梁式、综合式和铰接式。此外,现代轿车和部分客车为了减小质量,取消了车架,制成了能够承受各种载荷的承载式车身,即无梁式车身,以车身兼代车架,如图 2-180 所示。

2. 车桥

车桥通过悬架与车架(或承载式车身)相连,车桥两端安装车轮。车桥传递车架和车轮之间的各个方向的作用力,并承受这些力所形成的弯矩和扭矩。

按悬架的结构,车桥可分为断开式和整体式两种,如图 2-181 所示。通常断开式车桥配用独立悬架,整体式车桥配用非独立悬架。

按车桥上车轮的作用,车桥又可分为转向桥、驱动桥、转向驱动桥和支持桥四种类型,如图 2-182 所示。

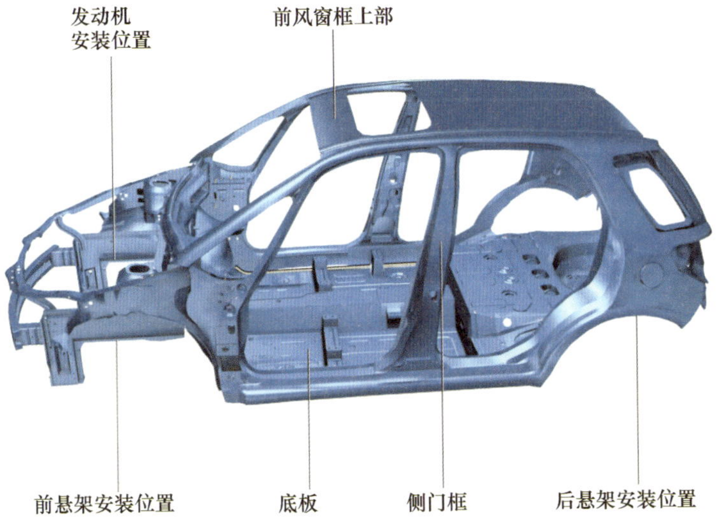

图 2-180　承载式车身

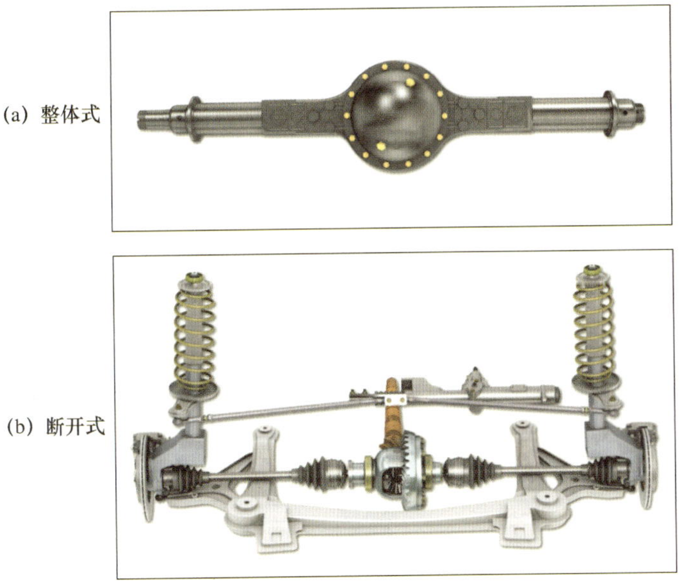

图 2-181　车桥按悬架结构分类

3. 车轮定位

为了保持汽车直线行驶的稳定性、转向的轻便性和减少轮胎与机件的磨损，转向车轮、转向节和前轴三者与车架安装时保持一定的相对位置或要求，这种具有一定相对位置的安装称为转向轮定位，也称前轮定位。

前轮定位的内容包括：主销后倾、主销内倾、车轮外倾和车轮前束。

（1）主销后倾

主销后倾的作用是保持汽车直线行驶的稳定性，并力图使转弯后的前轮自动回正，如图 2-183 所示。

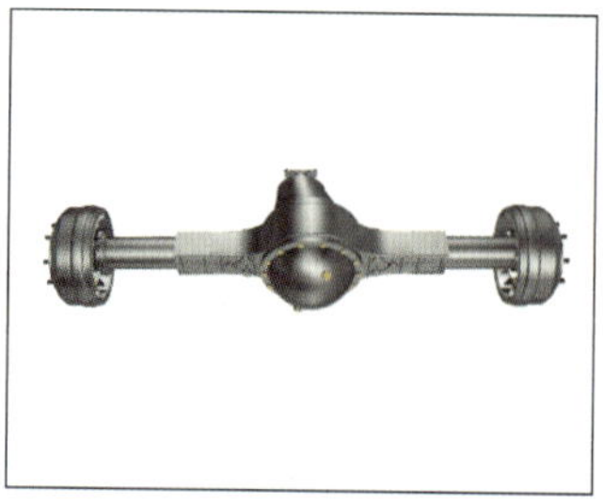
(a) 驱动桥

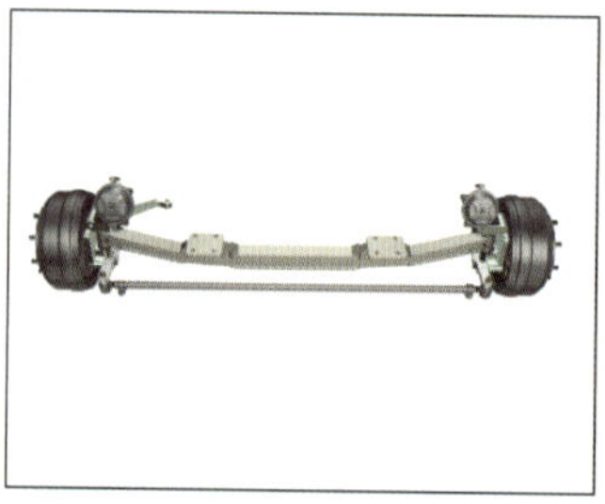
(b) 转向桥

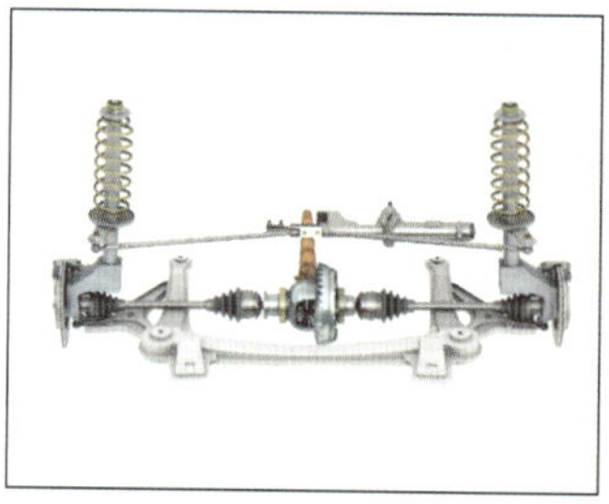
(c) 转向驱动桥

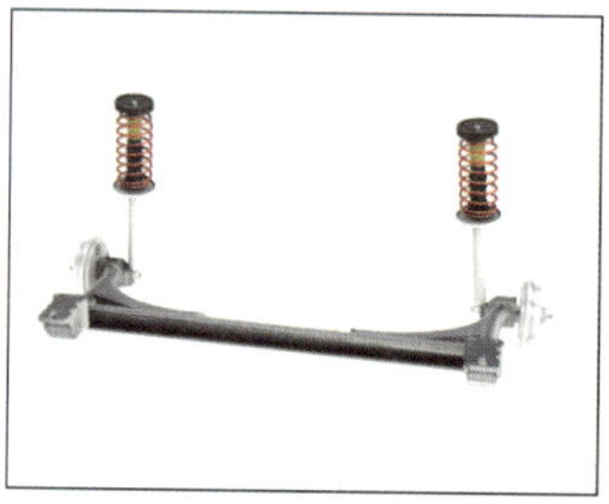
(d) 支持桥

图 2-182　车桥按车桥上车轮的作用分类

(2) 主销内倾

主销内倾的作用是使前轮自动回正,转向轻便,并减小汽车行驶时路面通过车轮传给转向机构的冲击力,如图 2-184 所示。

图 2-183　主销后倾

图 2-184　主销内倾

(3) 车轮外倾

车轮外倾的作用在于提高了前轮工作的安全性和转向操纵轻便性。前轮设置外倾角后,地面对前轮的反作用力沿前轮旋转轴线的分力将前轮压向转向节内侧,可防止汽车行驶中前轮向外脱出,同时地面反力的作用线更接近于转向节轴的根部,可以减小转向力,使转向操纵轻便灵活。车轮外倾如图 2-185 所示。

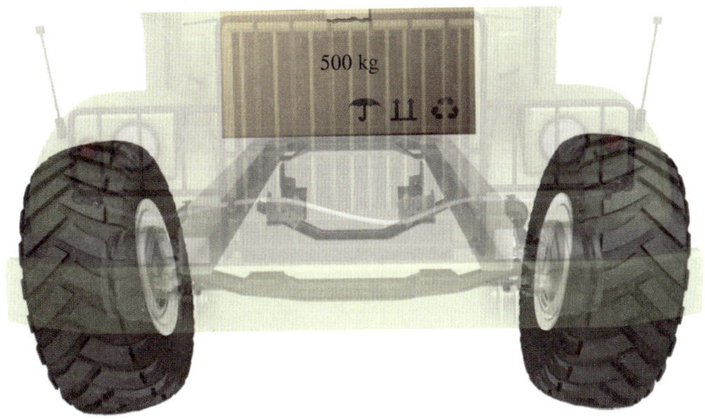

图 2-185　车轮外倾

(4) 车轮前束

车轮前束的作用消除或减小汽车行驶过程中因车轮外倾而使两车轮前端向外张开的不利影响，如图 2-186 所示。

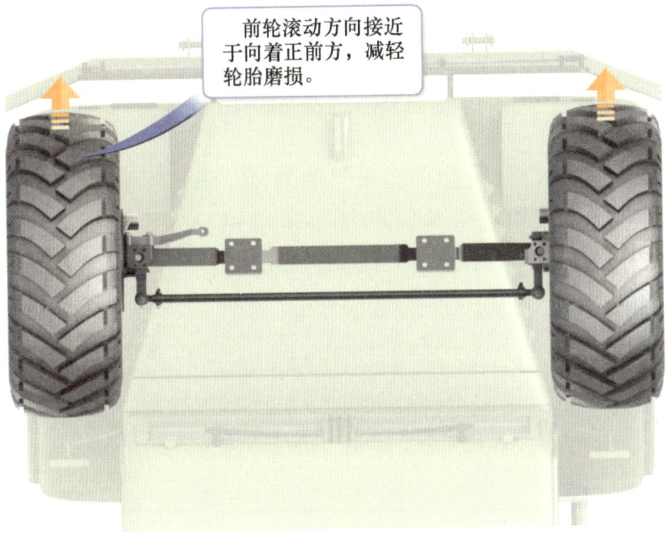

图 2-186　车轮前束

4. 轮胎规格表示方法

轮胎规格的表示方法有公制和英制两类，目前大多数国家，包括我国均采用公制和英制混合使用，欧洲国家则常用公制。充气轮胎的尺寸标注如图 2-187 所示。

轮胎规格的表示方法：

(1) 高压胎($D\times B$)。D 为轮胎名义直径(轮胎外径)，B 为轮胎断面宽度，单位均为英寸。“×”表示高压胎。

(2) 低压胎($B-d$)。B 为轮胎断面宽度，d 为轮辋直径，单位为英寸。“—”表示低压胎。超低压胎表示方法与低压胎相同。

我国国家标准规定：在外胎两侧标有轮胎规格、制造商标、层级(PR)、最大负荷和相应

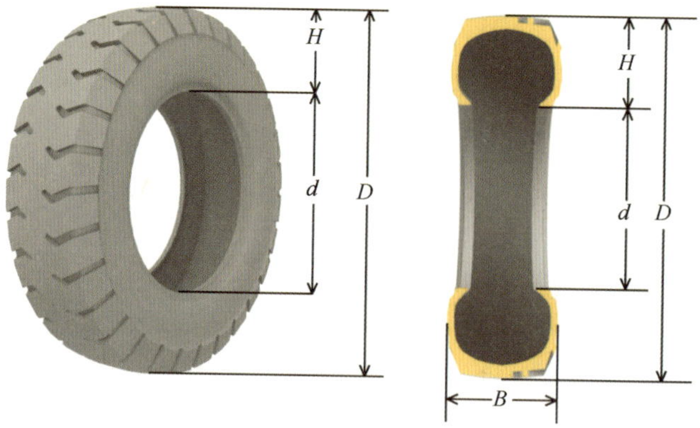

$$宽高比=\frac{轮胎断面高度H}{轮胎断面宽度B}\times100\%$$

D 轮胎外径
d 轮胎内径
H 轮胎断面高度
B 轮胎断面宽度

图 2-187　轮胎尺寸标注

气压、编号和平衡标志、帘线材料，如 M(棉花帘线)、R(人造丝帘线)、N(尼龙帘线)、G(钢丝帘线)等。这些字母均写在轮胎尺寸标记的后面，如 9.00—20N。

轮胎规格表示有些已按国际上通常采用的轮胎代码表示方法，就是以高宽比(H/B)作为轮胎分类基础，称为扁平率。

子午线轮胎规格的表示方法是把标志子午胎的“R”置于断面宽于轮辋直径之间。

例如，上海桑塔纳轿车轮胎规格 185/60R13，其含义从左到右为：轮胎宽度 185 mm，扁平率为 60%，子午线轮胎，轮辋直径为 13 in(330 mm)。

项目三

转向系统构造与拆装

项目描述

汽车上用来改变行驶方向的机构称为转向系统，如图 3-1 所示。转向系统不仅使其按驾驶员规定的方向行驶，而且还可以克服由于路面侧向干扰力使车轮产生的转向作用，恢复汽车的行驶方向。

图 3-1　转向系统

本任务主要通过对转向系统主要机件的拆装作业，认识以及理解主要机件的结构、相互连接关系以及其工作原理。

学习目标

通过本次任务的学习，应能够：

(1) 描述转向系统的结构组成和相互之间的安装关系。

(2) 简要概述转向系统主要总成的结构特点和工作过程。

(3) 根据工艺标准对转向系统主要总成和零部件进行拆卸和安装。

学习任务

学习任务 1　转向系统的认识

一、任务目标

通过本活动学习，学习者应能：

(1) 简要概括转向系统的作用。

(2) 说出机械转向系统和动力转向系统的组成。

(3) 在 20 分钟内，顺利从实车上识别出转向系统的各组成部分及安装位置。

二、知识准备

1. 转向系统的作用和类型

汽车转向系统的作用是根据车辆行驶需要，按照驾驶员的意图适时改变汽车的行驶方向。其功用如图 3-2 所示。

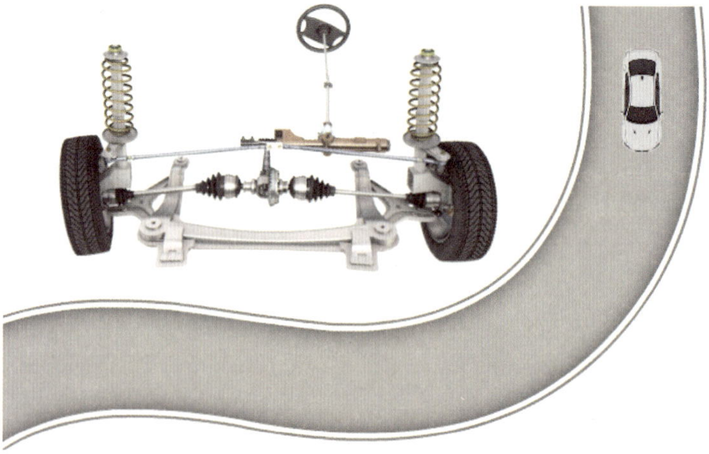

图 3-2　转向系统功用

转向系统根据转向能源的不同，可分为机械转向系统和动力转向系统两大类型，如图 3-3 所示。机械转向系统是将驾驶员作用在转向盘上的力，通过机械传给转向轮，使转向轮发生偏转，实现汽车的转向。动力转向系统是通过具有一定压力的液流或气流，帮助驾驶员克服转向阻力矩，使转向轻便。

(a) 机械转向系统

(b) 动力转向系统

图 3-3　转向系统分类

(1) 机械转向系统

机械转向系由转向器总成和转向传动机构组成，如图 3-4 所示。转向器总成由转向盘、转向轴、转向传动轴、万向节、转向器等组成。转向传动机构由转向横拉杆、转向节臂、左右转向节等组成。

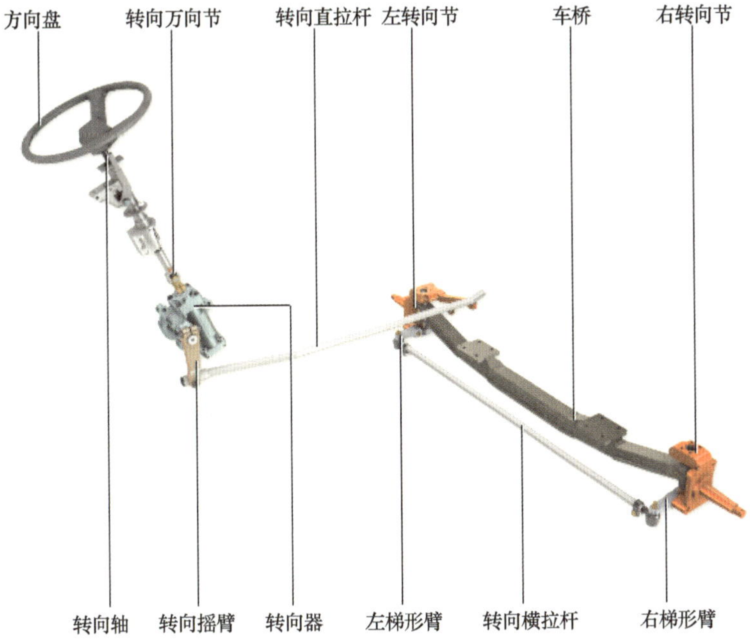

图 3-4　汽车机械转向系示意

汽车转向行驶时，驾驶员根据汽车所需改变的行驶方向转动转向盘，通过转向轴转动转向器的主动件(小齿轮等)转动并带动从动件(齿条等)移动，使与其固定的摇臂轴转一个角度，带动摇臂摆动一个相应的角度，通过纵拉杆和转向节臂带动近转向器侧转向节偏转，经梯形臂和横拉杆带动另一侧转向节同方向偏转。因转向轮用轴承安装在转向节上，故转向节偏转时带动转向轮偏转，实现汽车转向。

（2）动力转向系统

动力转向系统是一套兼用驾驶员体力和发动机动力为转向能源的转向系统。在正常情况下，汽车转向所需的能量只有一小部分由驾驶员提供，而大部分能量由发动机通过转向加力装置提供。如图 3-5 所示为液压动力转向系统的组成。

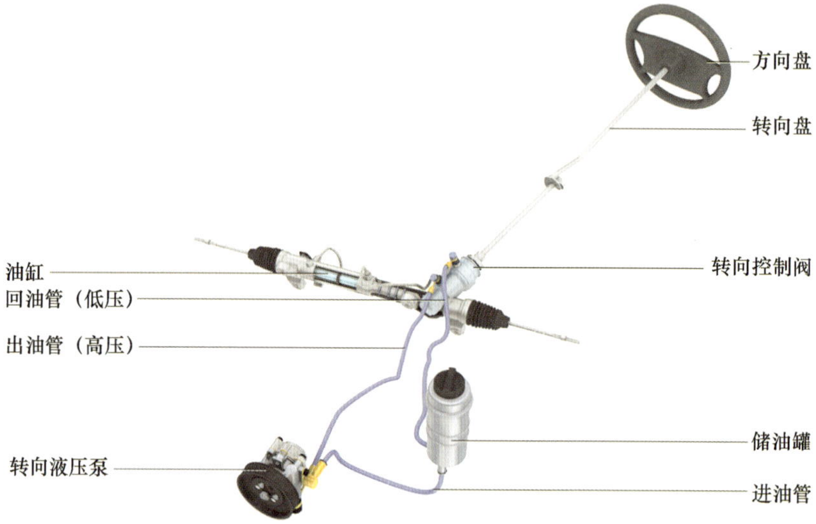

图 3-5 液压动力转向系统的组成

2. 转向轮的运动规律

汽车转向时，要求所有车轮都以同一个中心转向，此点被称为转向中心，如图 3-6 所示。

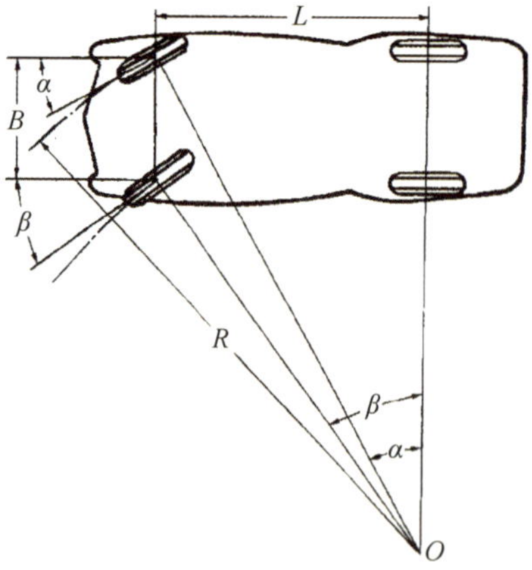

图 3-6 汽车转向示意图

为了保证各车轮在转向过程中都是纯滚动，转向内轮的转角必须大于转向外轮的转角，两者的关系为

$$\cot \alpha = \cot \beta + B/L$$

其中，B 为左、右转向轴主销轴线间的距离；L 为前后桥的距离。

汽车转向时，内轮转角大于外轮转角是由转向梯形机构来保证的。

转向半径为转向中心到转向外轮胎面中线之间的距离。转向半径的大小随转向轮的转角大小而定，转向轮转角越大，则转向半径越小。

最小转向半径 R_{min} 与 α_{max} 的关系为

$$R_{min} = L/\sin \alpha_{max}$$

转向半径越小，汽车的机动性能越好。汽车的轴距上也是影响转向半径的一个因素，轴距越小，转向半径也越小。

转向传动比为转向盘转角与转向轮偏角之比，包括转向器传动比（即转向盘转角与转向摇臂的摆角之比）和转向传动机构的传动比（即转向摇臂的摆角与转向车轮的偏角之比），如图 3-7 和图 3-8 所示。

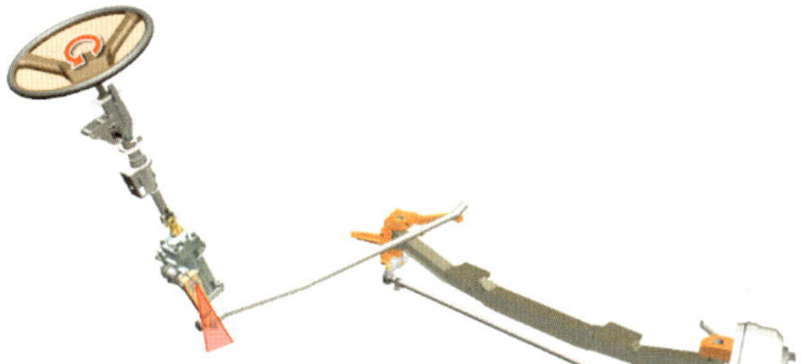

$$\text{转向器角传动比}\ i_{\omega 1}=\frac{\text{转向盘转角增量}}{\text{转向摇臂转角增量}}$$

图 3-7　转向器角传动比

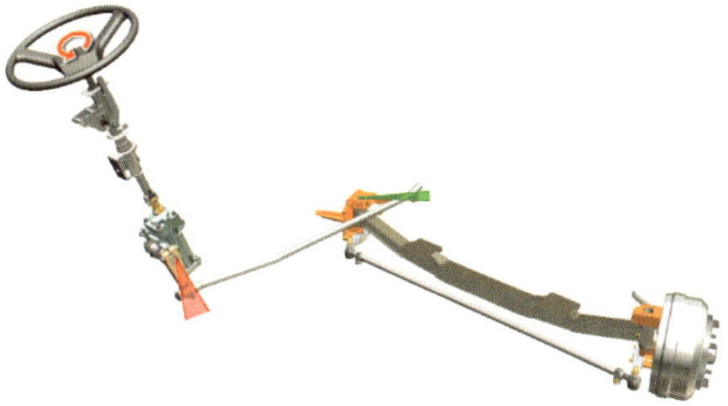

$$\text{转向传动机构角传动比}\ i_{\omega 2}=\frac{\text{转向摇臂转角增量}}{\text{同侧转向节相应转角增量}}$$

图 3-8　转向传动机构角传动比

转向传动比越大，扳动转向盘越省力，但转向的灵敏性越差；转向传动比越小，转向时的灵敏性越好，但扳动转向盘越费力。因此，转向传动比应根据不同车型而定。

三、活动实施

（一）实施方案

1. 质量要求

参照 2013 款 1.6 L 自动挡科鲁兹轿车厂家的质量标准要求。

2. 组织方式

每四位同学一组，查看 2013 款 1.6 L 自动挡科鲁兹轿车上的转向系统，每组作业时间为__20__分钟。

3. 作业准备

（1）技术要求与标准：

① 习惯性使用“三件套”、发动机舱防护罩等汽车防护物品，养成良好职业习惯。

② 养成“采取安全防护措施维修作业”的习惯。

③ 养成工具、零部件、油液“三不落地”的职业习惯，工具及拆下的零部件等都应整齐地放置在工具车及零件盘中。

（2）设备器材：如图 3-9 所示。

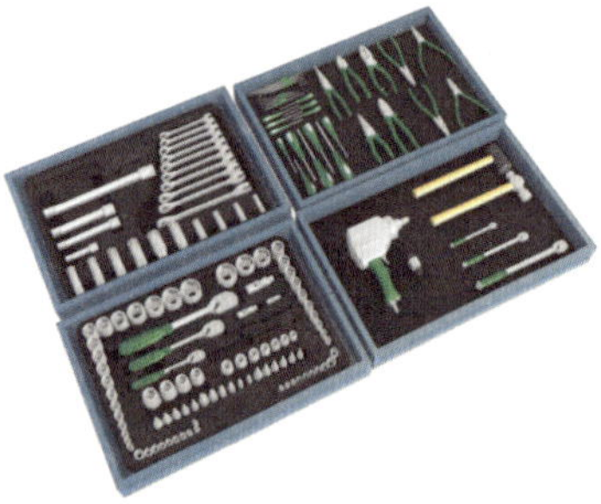

(a) 常用工具（一套）

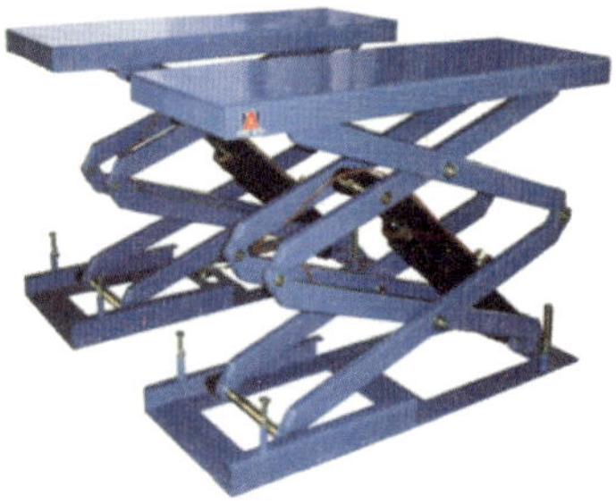

(b) 举升机

图 3-9　转向系统的认识的设备器材

（3）场地设施：消防设施的场地。

（4）设备设施：2013 款 1.6 L 自动挡科鲁兹轿车一辆、举升机、工具车、零件车、标保工具车、垃圾桶等。

（5）耗材：干净抹布、清洁剂等。

（二）操作步骤

识别底盘转向系统的组成部件操作步骤如下：

（1）打开车门，罩好“三件套”，拉动发动机舱盖手柄，如图 3-10 所示。

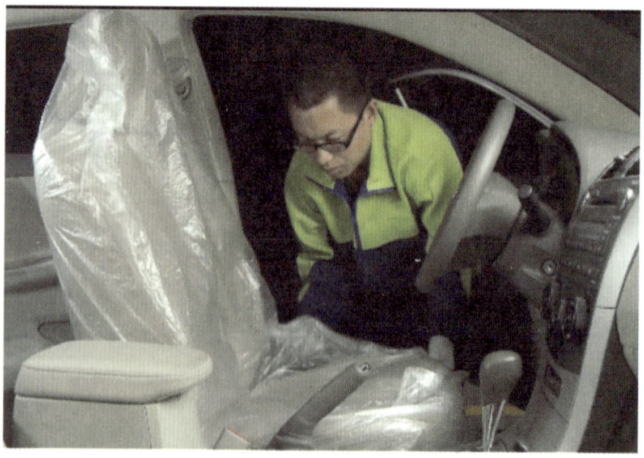

图 3-10　罩好“三件套”

（2）打开发动机舱盖，罩好发动机舱防护罩，拆下发动机护板，如图 3-11 所示。

（3）找出方向盘，观察其所在的位置，如图 3-12 所示。

图 3-11　罩好发动机舱防护罩，拆下护板

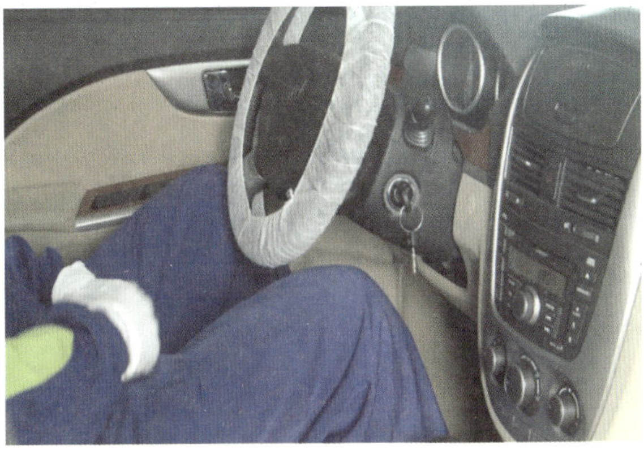

图 3-12　观察方向盘所在位置

(4) 按照举升机的操作要求采取相应的安全防护措施，用举升机举起汽车，如图 3-13 所示。

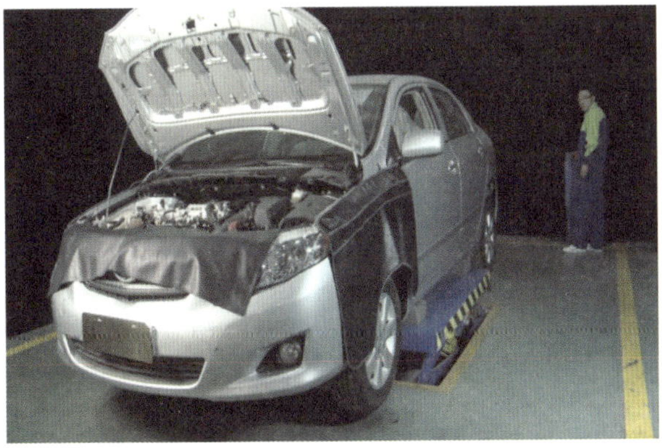

图 3-13　举升车辆

(5) 从汽车底部找出转向器，观察其安装位置，如图 3-14 所示。

(6) 将汽车及举升机复位，并检查复位状况是否良好，如图 3-15 所示。

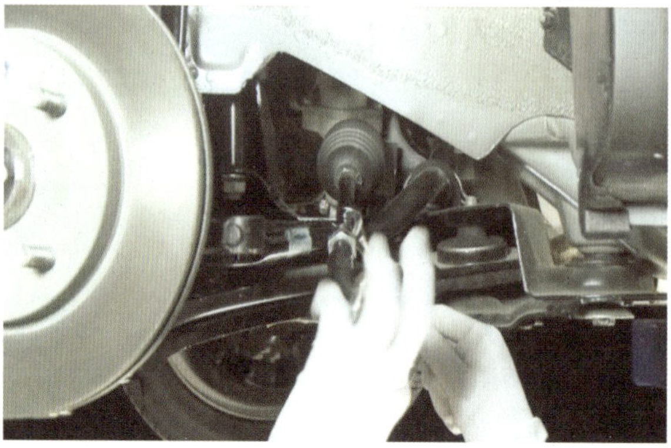

图 3-14　观察转向器的安装位置

图 3-15　检查汽车及举升机复位是否良好

四、活动小结

1. 转向系统的作用

汽车转向系统的作用是根据车辆行驶需要，按照驾驶员的意图适时改变汽车的行驶方向。

2. 转向系统分类

转向系根据转向能源的不同，可分为机械转向系统和动力转向系统两大类型。机械转向系统是将驾驶员作用在转向盘上的力，通过机械传给转向轮，使转向轮发生偏转，实现汽车的转向。动力转向系是通过具有一定压力的液流或气流，帮助驾驶员克服转向阻力矩，使转向轻便。

3. 转向半径和转向传动比

转向半径为转向中心到转向外轮胎面中线之间的距离。转向半径的大小随转向轮的转角大小而定，转向轮转角越大，则转向半径越小。转向传动比为转向盘转角与转向轮偏角之比，包括转向器传动比和转向传动机构的传动比。

五、活动评价

(一) 课堂练习

1. 判断题

(1) 汽车转向系统是根据车辆行驶需要,按照驾驶员的意图改变汽车的行驶方向。 (   )

(2) 汽车转向半径越小,汽车的机动性能越差。 (   )

(3) 汽车转向传动比越大,扳动转向盘越省力,但转向的灵敏性越差。 (   )

2. 单选题

(1) 为了保证各车轮在转向过程中都是纯滚动,转向内轮的转角必须(   )转向外轮的转角。

A. 大于　　B. 等于　　C. 大于或等于　　D. 小于

(2) 转向传动比越大,扳动转向盘越省力,转向的灵敏性(   )。

A. 越好　　B. 不变

C. 越差　　D. 两者之间没有关系

(二) 技能评价

表 3-1 转向系统的认识技能评价

序号	内　容	分值	得分
1	铺好“三件套”,拉动发动机舱盖手柄	10	
2	打开发动机舱盖,罩好发动机舱防护罩,拆下发动机护板	15	
3	找出转向盘	20	
4	按照操作要求举起汽车	20	
5	找出转向器和转向柱	20	
6	将汽车及举升机复位	15	
总　分		100	

(注:操作正确即得分,操作错误或未进行操作得 0 分)

学习任务 2　动力转向器拆装

一、任务目标

通过本活动学习,学习者应能:

(1) 用自己的语言简述转向器的作用和种类。

(2) 概括螺杆螺母循环球式转向器的结构和工作原理。

(3) 简要概括转向传动机构的结构和种类。

(4) 在 20 分钟内顺利完成对动力转向器的拆装。

二、知识准备

转向器作用是将驾驶员作用于转向盘上的力放大并改变传动方向后，传给转向传动机构。

转向器的种类很多，一般根据啮合传动副的结构分类。目前应用较广泛的有循环球式和齿轮齿条式等。其分类如图 3-16 所示。

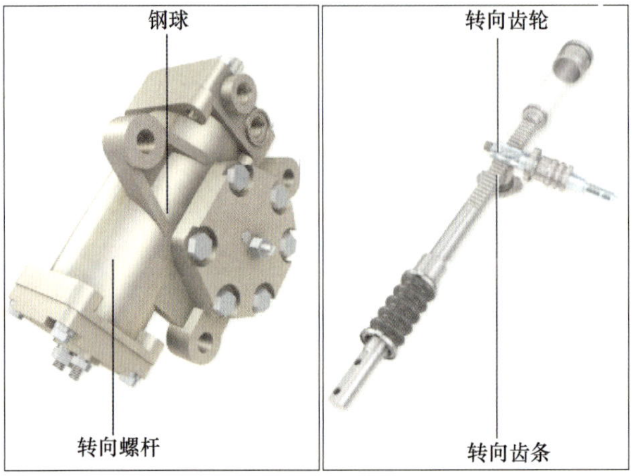

(a) 循环球式　　(b) 齿轮齿条式

图 3-16　循环球式转向器和齿轮齿条式转向器

1. 螺杆螺母循环球式转向器

螺杆螺母循环球式转向器又叫循环球齿条齿扇式转向器，由两对啮合副组合而成，如图 3-17 所示。

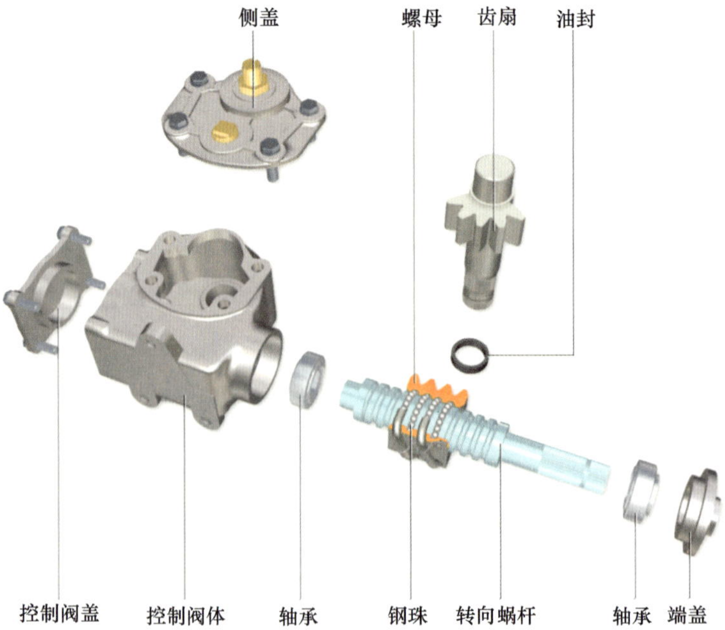

图 3-17　循环球式转向器结构

第一啮合副由螺杆和与之配合的四方形螺母组成。在螺母与螺杆的啮合槽内充满钢球,在螺母外有两条钢球流动导轨,内部也充满钢球,转动转向盘时,钢球在螺杆和螺母的啮合槽内通过导轨形成钢球流,使啮合副的摩擦形态变成滚动摩擦,使磨损减小,提高了传动效率,且使操作轻便。

另一对啮合副是由螺母上一面制成的齿条和安装在摇臂轴上的齿扇组成。装配后齿扇的牙齿与螺母上的齿条相啮合。啮合间隙可通过侧盖上的调整螺钉进行调整,螺钉拧入,间隙减小。

转动转向盘,通过转向轴带动螺杆转动,与螺杆相啮合的螺母则沿螺杆轴线移动,螺母通过齿条带动齿扇绕摇臂轴转动,从而带动摇臂摆动。

该转向器的优点是传动效率高达 90%～95%,操作轻便,使用寿命长。同时逆效率也高,易将路面对车轮冲击力传到转向盘,造成转向盘“打手”。

2. 齿轮齿条式转向器

齿轮齿条式转向器结构较简单紧凑,操纵轻便灵敏。转向齿轮与转向轴固定并用轴承安装在转向器壳内。齿条与齿轮垂直啮合,安装在齿条壳内。两端与横拉杆连接,如图 3-18 所示。

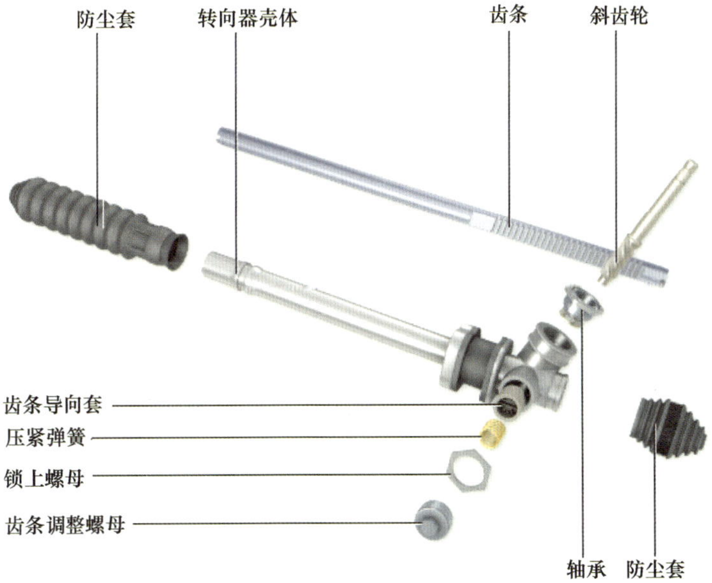

图 3-18　齿轮齿条式转向器结构

转向时,转动转向盘使转向齿轮转动,带动齿条横向移动,通过横拉杆、球头销和转向节使车轮偏转,从而实现汽车的转向。

转向器齿条各齿间的节距不相等,中部位置节距大,向两端逐渐减小。齿轮和齿条的啮合深度也不同,中间位置啮合较浅,向两端逐渐加深。上述结构使得转向器具有可变传动比,转向盘转角越大,传动比也越大。因此,转向盘转角加大,操纵转向盘的力就不需增加。

齿轮和齿条的啮合间隙通过转动调整螺塞、加大压缩弹簧张力进行调节,以保证齿轮齿条的无间隙啮合。

3. 转向传动机构

转向传动机构是连接转向器与转向节之间的联动机件，包括转向摇臂、纵拉杆、转向节臂、横拉杆和梯形臂等，如图 3-19、图 3-20 所示。

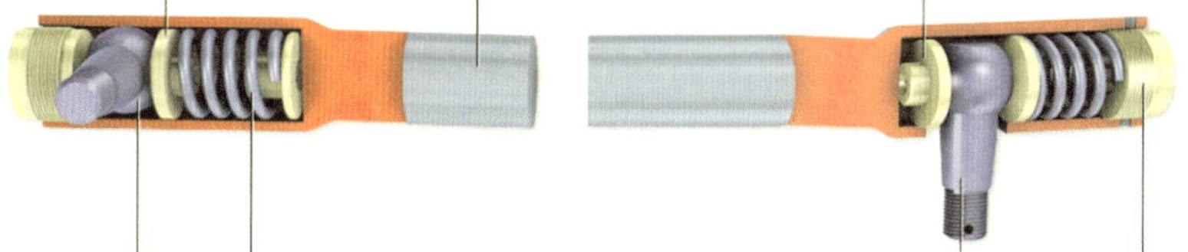

图 3-19　转向直拉杆

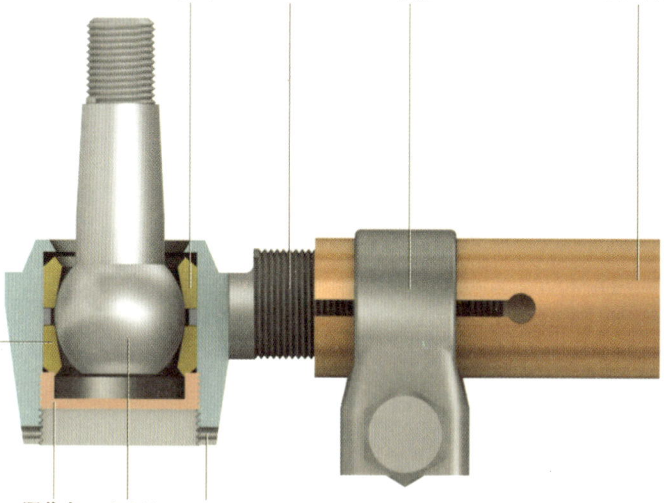

图 3-20　转向横拉杆

(1) 非独立悬架的转向传动机构

非独立悬架的转向传动机构结构如图 3-21 所示。

转向摇臂是连接转向器与转向联动机件的零件，上端连接摇臂轴，下端连接纵拉杆。其大端一般具有三角形细花纹键槽孔，与转向摇臂轴端的花键轴配合连接，而小端具有锥形孔与球头销颈部相连，用螺母固定。球头销的球头与纵拉杆作铰链连接。

转向纵拉杆是连接转向摇臂和转向节臂的一组合件。它由两端扩孔的钢管制成。两端

图 3-21　非独立悬架转向传动机构

孔腔内分别装入球头销，球销的球部两侧装有两块带内圆弧的球头销座，与球头靠紧，球销内侧装有弹簧和弹簧座，球销外侧的杆端装有螺塞，转动螺塞可调整弹簧的预张力。在拉杆两端还分别装有黄油嘴进行润滑。弹簧在纵拉杆工作过程中起缓冲作用，在球头与球头销座磨损后，自动调节相互间的配合间隙。

转向横拉杆是连接左、右梯形臂的组合件，由实心的钢杆和两端接头组合而成，在转向过程中除联动左、右转向节外，还可调整前轮前束。

拉杆体左、右两端制有反向螺纹，两端接头也是反向螺纹，转动拉杆可调整横拉杆长度。接头由球头销、上球座、下球座、弹簧、弹簧座和螺塞组成。弹簧的作用是自动调节球头与座的间隙和缓冲。螺塞用来调整弹簧的预紧力。

(2) 独立悬架的转向传动机构

独立悬架的转向桥是断开式的，转向梯形机构和横拉杆也分为两段或三段，如图 3-22 所示。

桑塔纳轿车机械转向系统由转向盘、转向轴、左横拉杆、右横拉杆、转向器、转向减震器、左转向节臂、右转向节臂等组成。转向器齿条一端同左、右横拉杆连接。转动转向盘、转向器齿轮使齿条左右移动，横拉杆带动转向节臂使车轮偏转。

三、活动实施

(一) 实施方案

1. 质量要求

参照 2013 款 1.6 L 自动挡科鲁兹轿车厂家的质量标准要求。

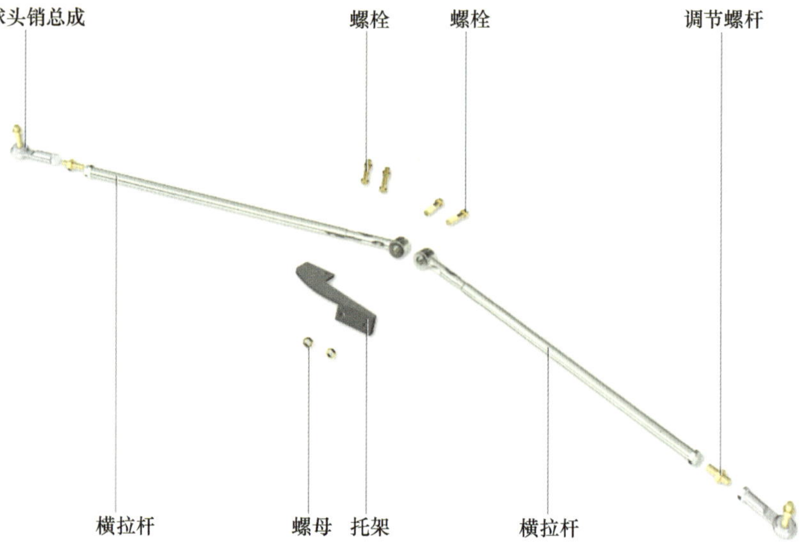

图 3-22　独立悬架的转向传动机构

2. 组织方式

每四位同学一组，能够规范使用动力转向器拆装工具，按照企业岗位操作规范对动力转向器进行拆装作业。每组作业时间为 20 分钟。

3. 作业准备

（1）技术要求与标准：

① 专用工具的准备。

② 断开蓄电池负极。

③ 按技术要求进行拆卸动力转向器。

（2）设备器材：如图 3-23 所示。

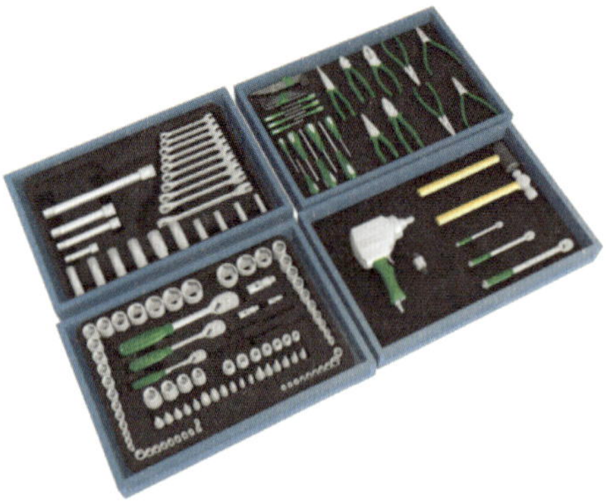

常用工具（一套）

图 3-23　转向系统的认识的设备器材

（3）场地设施：消防设施的场地。

（4）设备设施：2013 款 1.6 L 自动挡科鲁兹轿车一辆、科鲁兹车型底盘相关专用工具、工具车、零件车、标保工具车、垃圾桶等。

（5）耗材：干净抹布、清洁剂等。

(二) 操作步骤

1. 拆卸蓄电池负极

2. 转向传动机构外转向横拉杆的拆卸(如图 3-24 所示)

(1) 使用 CH-161-B 拔出器将转向传动机构外转向横拉杆从转向节上分离。

(2) 检查转向传动机构内转向横拉杆是否弯曲或螺纹损坏。

(3) 清洁转向节的锥形表面。

(4) 检查并调整车轮定位。

(5) 对中方向盘转角传感器。

① 转向传动机构转向横拉杆螺母紧固 35 N·m。

② 转向传动机构内转向横拉杆螺母紧固 6 N·m。

③ 转向传动机构外转向横拉杆。

3. 转向器护套更换

(1) 拆卸程序

① 拆下转向传动机构外转向横拉杆。参见“转向传动机构外转向横拉杆的更换”。

② 如图 3-25 所示,拆下转向传动机构内转向横拉杆螺母①。

③ 如图 3-25 所示,拆下转向机外护套卡箍②。

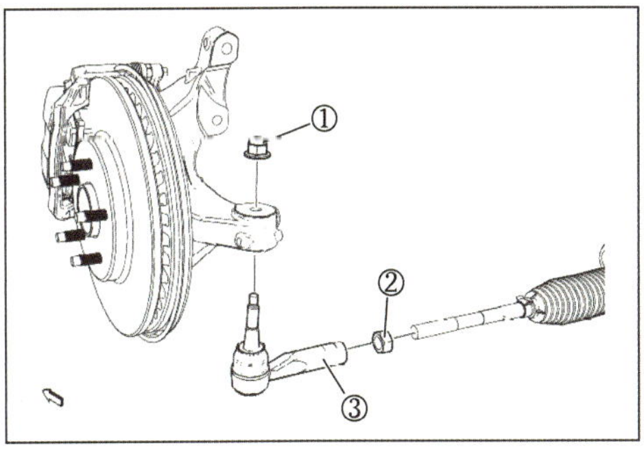

图 3-24　拆卸外转向横拉杆

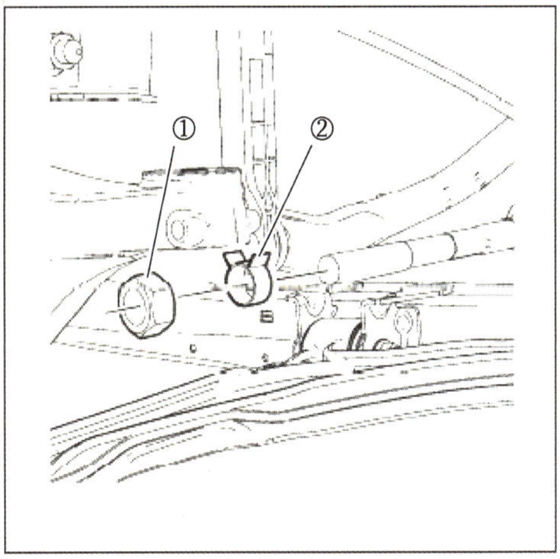

图 3-25　拆下转向机外护套卡箍

④ 如图 3-26 所示,松开转向机内护套卡箍①。在转向机上标记护套卡箍①的安装位置。

⑤ 如图 3-26 所示,拆下转向机护套①。

注意事项

拆下转向机护套后,检查转向传动机构内转向横拉杆是否有明显的腐蚀或者污染,如无则继续修理,如有则更换内转向横拉杆。

⑥ 如图 3-27 所示,拆下转向机内护套卡箍②。

(2) 安装程序

① 如图 3-28 所示,将一个新的卡箍②松松地安装在转向机护套的内侧。

② 将维修组件内的润滑脂涂到标识位置。

注意事项

转向机护套必须位于转向机上正确的凹槽内。

③ 如图 3-28 所示，将转向机护套①穿过转向传动机构内转向横拉杆安装在转向机上。

④ 如图 3-29 所示，将护套卡箍①调节至转向机上标记的位置，以确保正确的安装位置。

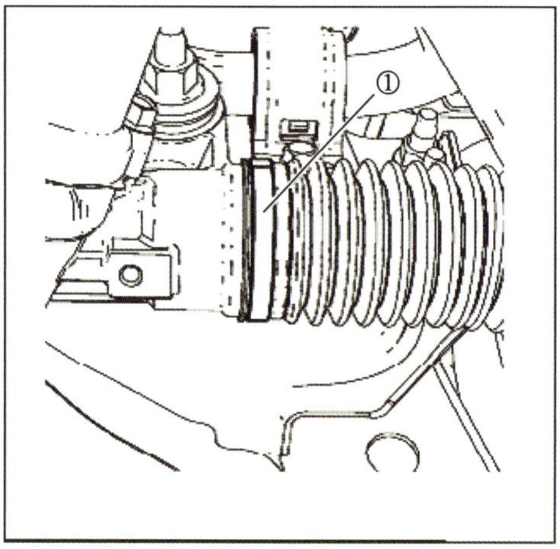

图 3-26　拆下转向机护套

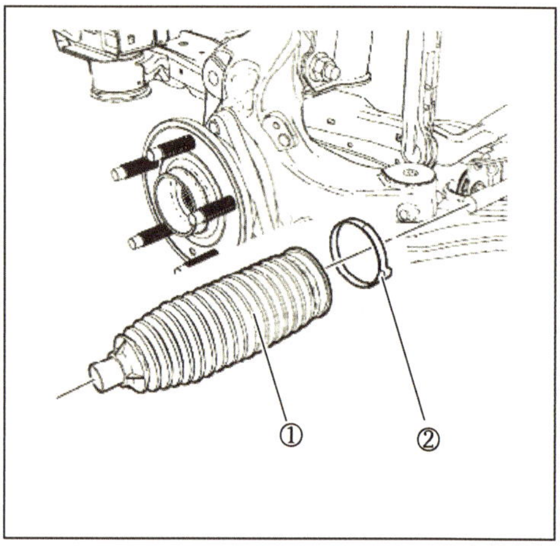

图 3-27　拆下转向机内护套卡箍

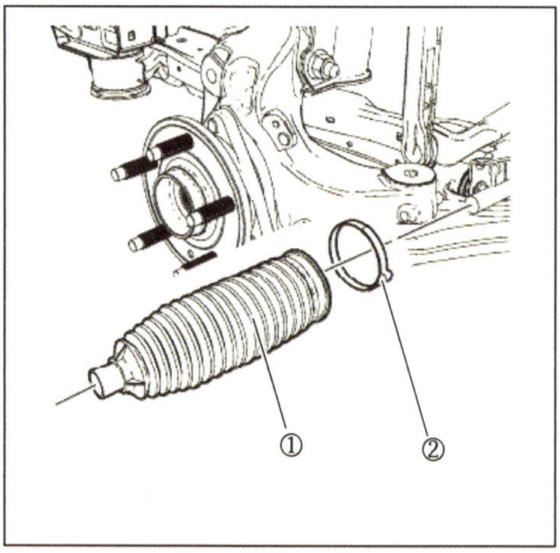

图 3-28　安装转向机护套

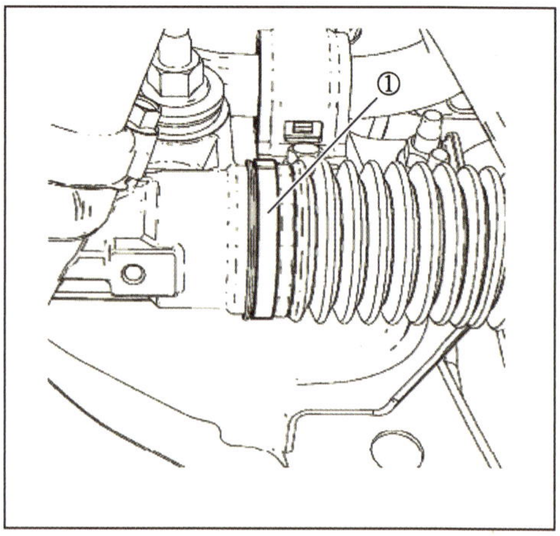

图 3-29　调节护套卡箍的位置

⑤ 如图 3-29 所示，使用 CH-804 钳子压接转向机内护套卡箍①。

⑥ 如图 3-30 所示，安装转向机外护套卡箍②。

⑦ 安装转向传动机构内转向横拉杆。

⑧ 安装转向传动机构外转向横拉杆。参见“转向传动机构外转向横拉杆的更换”。

4. 转向机的更换

(1) 拆卸程序

① 转动前轮至正向前位置,并固定方向盘防止移动。

② 如图 3-31 所示,拆下并报废中间转向轴螺栓①。

③ 将转向中间轴从转向机上拆下。

④ 举升和顶起车辆。参见“举升和顶起车辆”。

⑤ 拆下轮胎和车轮总成。参见“轮胎和车轮的拆卸与安装”。

图 3-30　安装转向机外护套卡箍

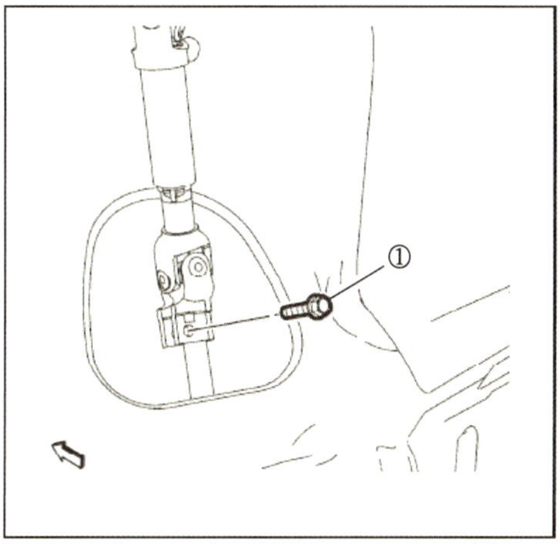

图 3-31　拆下并报废中间转向轴螺栓

⑥ 拆下前舱屏蔽板(若装配)。

⑦ 取下前排气管。参见“前排气管的更换”。

⑧ 拆下转向传动机构内转向横拉杆。参见“转向传动机构内转向横拉杆的更换”。

⑨ 如图 3-32 所示,拆下稳定杆连杆两侧的下侧的螺母②。

⑩ 如图 3-33 所示,拆下稳定杆处的稳定杆连杆①。

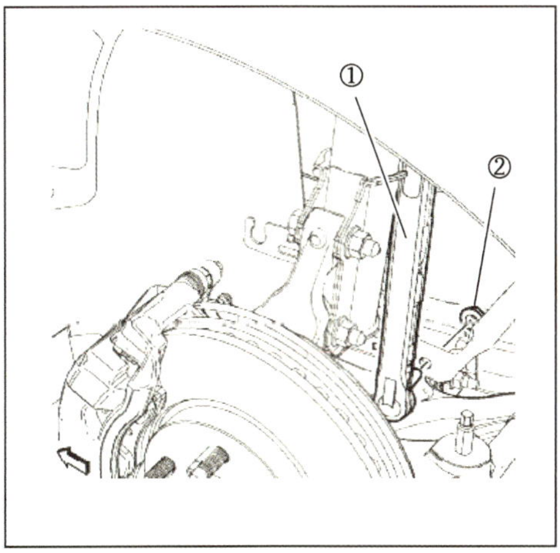

图 3-32　拆下稳定杆连杆两侧的下侧的螺母

图 3-33　拆下稳定杆连杆

⑪ 如图 3-34 所示，拆下发动机两侧侧盖上的 4 个紧固件①。

⑫ 如图 3-34 所示，拆下前发动机舱盖的 4 个紧固件①。

⑬ 如图 3-35 所示，拆下前①和后②变速器支座托架螺栓。

⑭ 如图 3-36 所示，拆下并报废 2 个后车架螺栓②。

⑮ 如图 3-36 所示，拆下后车架加强件①。

⑯ 如图 3-37 所示，将液压连杆与 CH-904 底座和 CH-49289-50 适配器连接②，并安装在副架上①。将前盖弯曲到一侧。

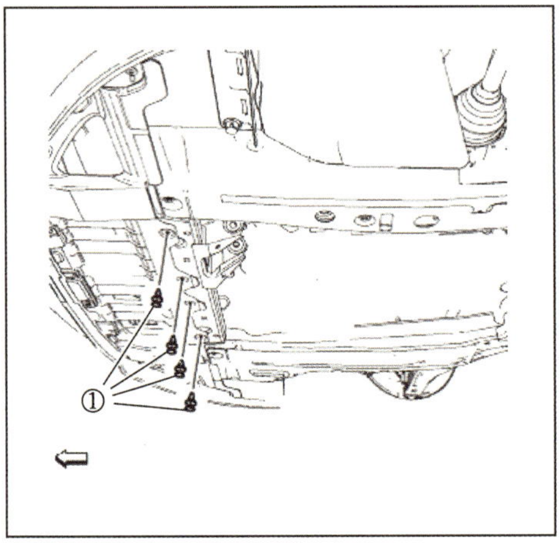

图 3-34　拆紧固件

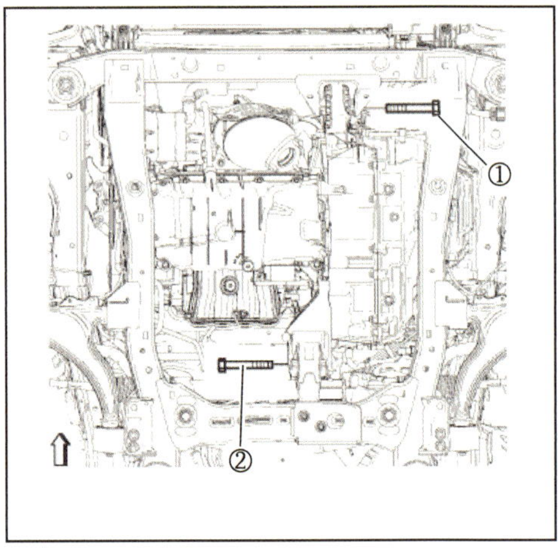

图 3-35　拆变速器支座托架螺栓

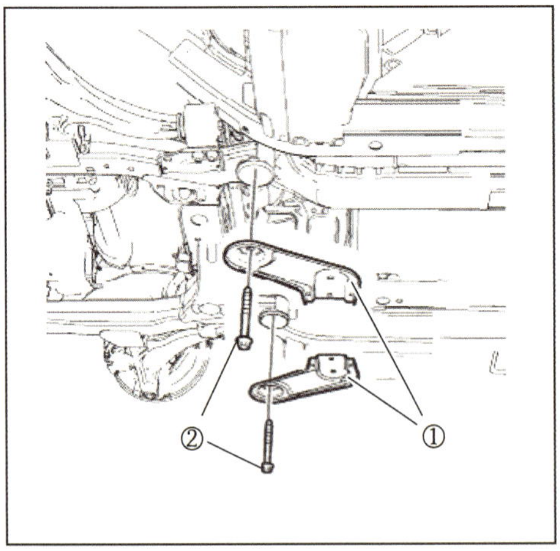

图 3-36　拆下并报废 2 个后车架螺栓

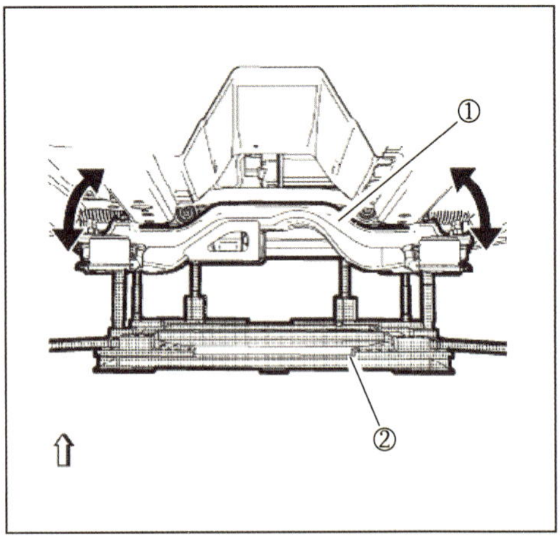

图 3-37　拆下副车架

⑰ 降下副车架，最多 55 mm。

⑱ 如图 3-38 所示，将 2 个线束插头③从转向机上断开。

⑲ 如图 3-38 所示，拆下 2 个线束托架螺栓④。

⑳ 如图 3-38 所示，从车上卸下托架②。

㉑ 如图 3-38 所示，将线束护圈①从转向机上卸下。

㉒ 如图 3-39 所示，拆下右稳定杆①上的②个隔震垫夹紧螺栓②。

㉓ 如图 3-39 所示，将稳定杆①悬挂至车身。

㉔ 从前副车架上拆下 2 个转向机螺栓④和螺母①、③。

㉕ 将转向机②从右侧拆下。

㉖ 必要时更换这些零件：

a. 更换外转向横拉杆。参见“转向传动机构外转向横拉杆的更换”。

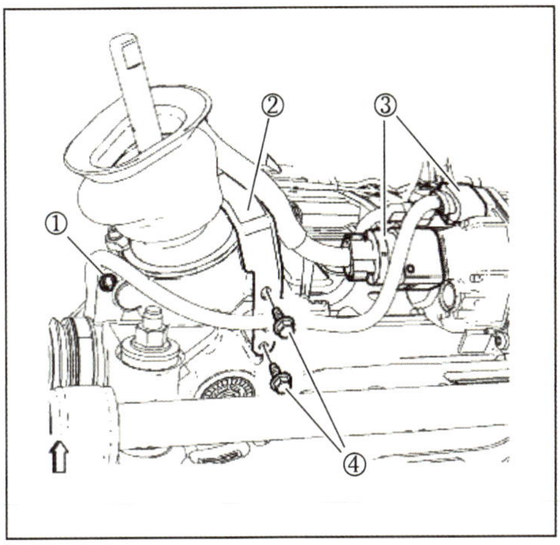

图 3-38　拆下托架

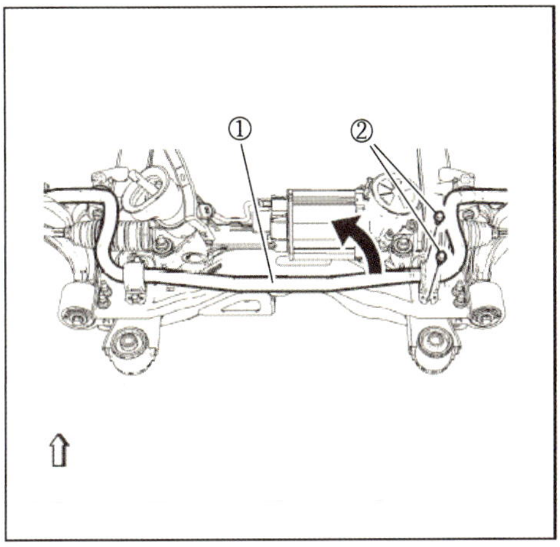

图 3-39　拆下隔震垫夹紧螺栓

b. 更换内转向横拉杆。参见“转向传动机构内转向横拉杆的更换”。

c. 更换转向机护套。参见“转向机护套的更换”。

(2) 安装程序

注意事项

检查线束布线是否正确，以确保正确安装。

① 如图 3-41 所示，转向机②插入右侧，并将其置于安装位置。

② 如图 3-41 所示，安装新的转向机螺栓④和螺母①、③，首先用 110 N·m 的扭矩紧固。

③ 如图 3-41 所示，后将新的转向机螺栓和螺母再转 150°～165°拧紧。使用 EN-45059 仪表测定。

④ 如图 3-42 所示，安装 2 个发动机线束托架螺栓④，并紧固至 9 N·m。

⑤ 如图 3-42 所示，将线束护圈①紧固至转向机上。

⑥ 如图 3-42 所示，连接 2 个线束插头③。

⑦ 如图 3-43 所示，将稳定杆①和托架置于副车架上。

⑧ 安装新的右稳定杆隔震垫夹紧螺栓②，并紧固至 22 N·m。

⑨ 最后将右稳定杆隔震垫夹紧螺栓再转 30°拧紧。使用 EN-45059 仪表测定。

⑩ 如图 3-44 所示，移出 CH-49289 适配器上的定位销①。

⑪ 如图 3-45 所示，小心地举升车架①，此操作可使用 CH-49289 适配器②。

⑫ 安装如图 3-45 所示车架①。

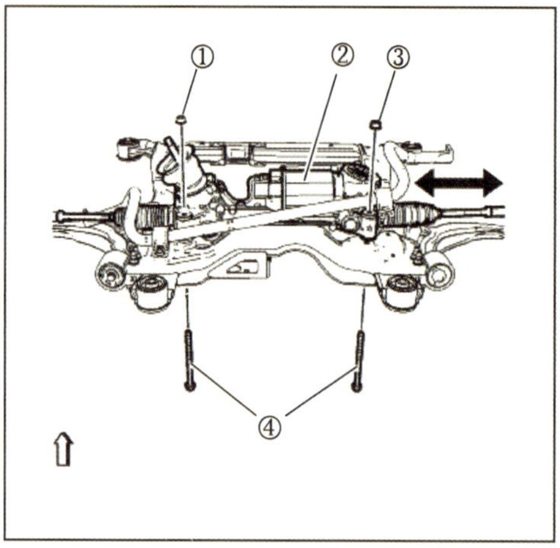

图 3-40　拆下转向机螺栓

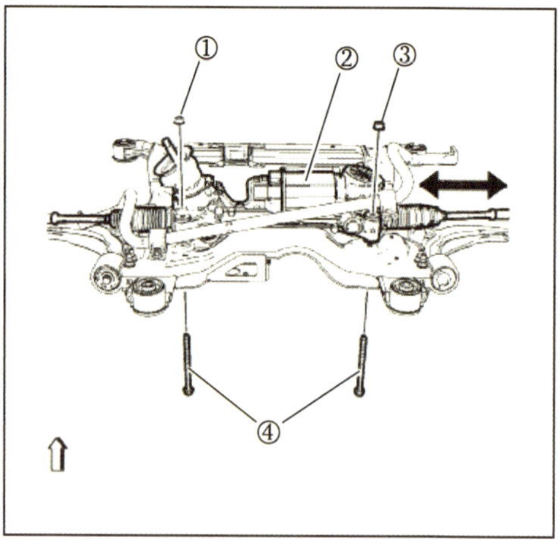

图 3-41　安装新的转向机螺栓

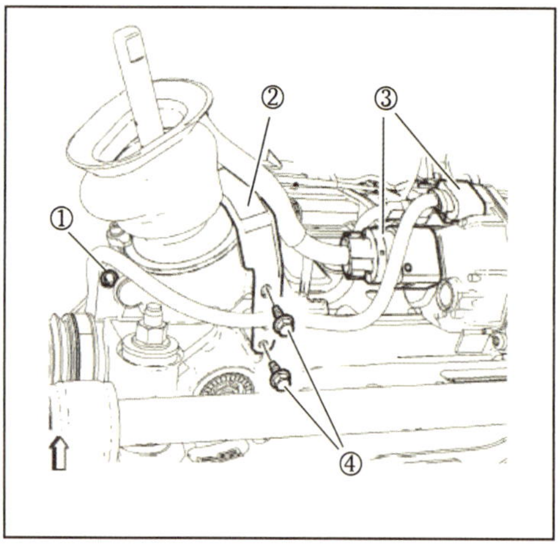

图 3-42　安装 2 个发动机线束托架螺栓

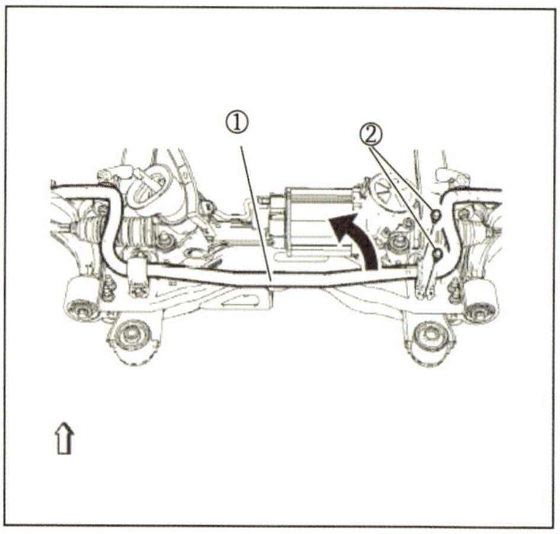

图 3-43　安装稳定杆

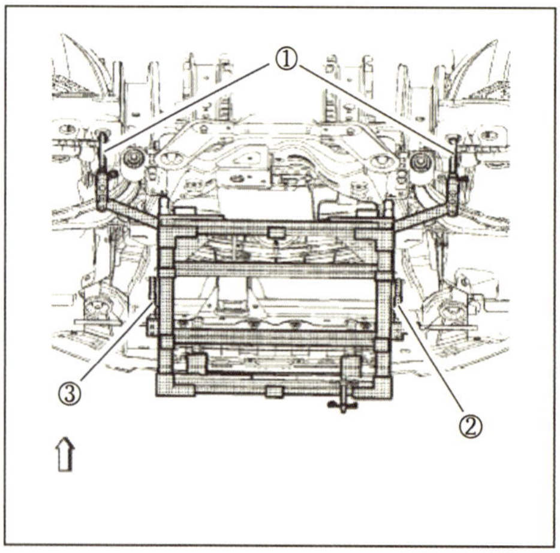

图 3-44　移出 CH-49289 适配器上的定位销

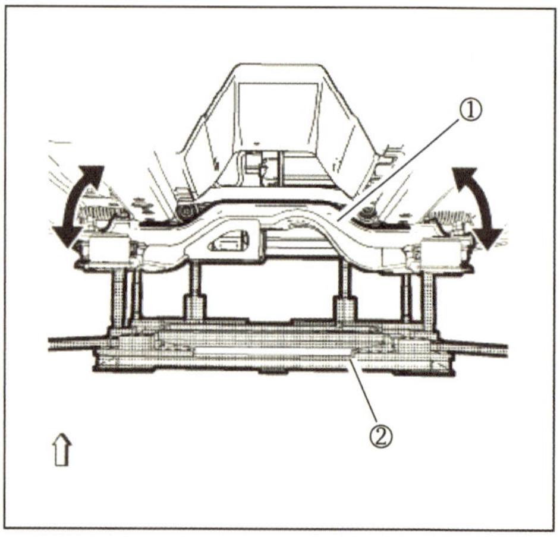

图 3-45　小心地举升车架

⑬ 如图 3-46 和图 3-47 所示，安装新的车架后部螺栓②，并紧固至 160 N·m。

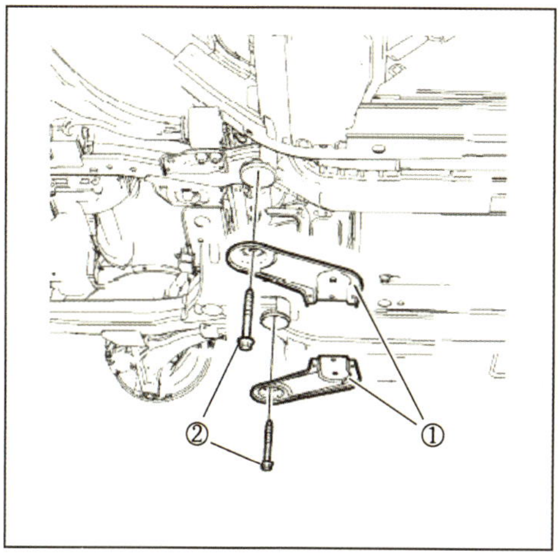

图 3-46　安装新的车架后部螺栓之一

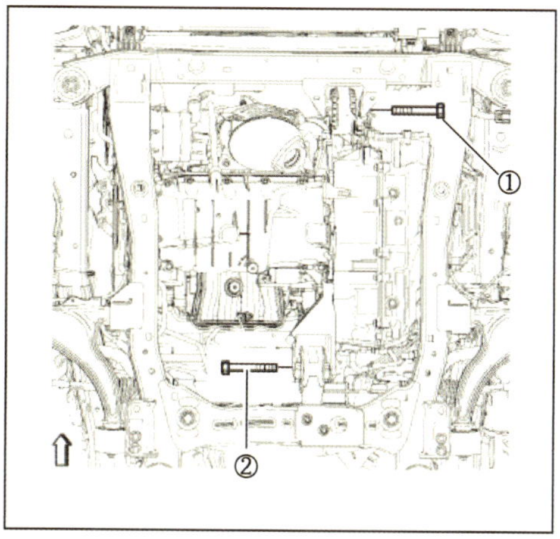

图 3-47　安装新的车架后部螺栓之二

⑭ 如图 3-48 所示，安装并紧固发动机两侧侧盖上的 4 个紧固件①。

⑮ 安装并紧固前发动机舱盖的 4 个紧固件①。

⑯ 安装前舱屏蔽板(若装配)。

⑰ 安装前排气管。

⑱ 安装转向传动机构内转向横拉杆。

⑲ 如图 3-49 所示，安装稳定杆连杆两侧的下螺母②，并紧固至 35 N·m。

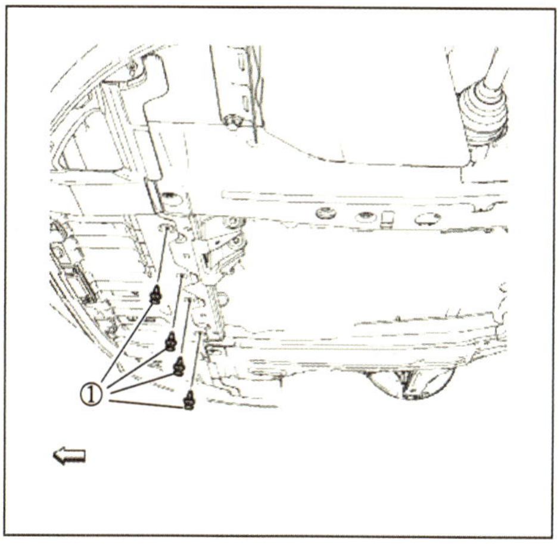

图 3-48　安装紧固件

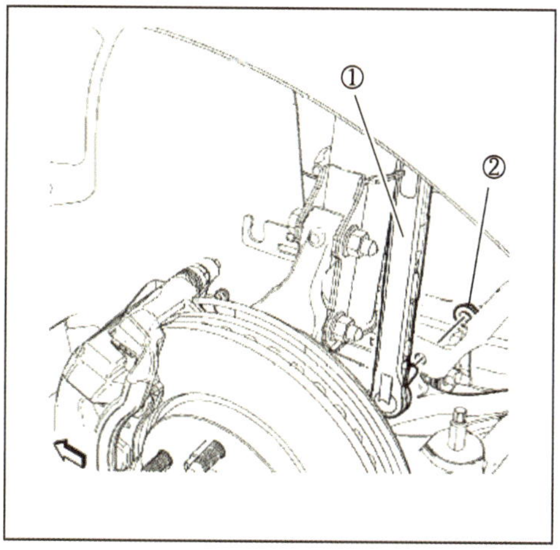

图 3-49　安装稳定杆连杆两侧的下螺母

⑳ 放下车辆。

㉑ 如图 3-50 所示，安装新的下中间转向轴螺栓，并紧固至 34 N·m。

㉒ 对中方向盘转角传感器。

㉓ 安装轮胎和车轮总成。

㉔ 检查并调整车轮定位。

5. 转向传动机构内转向横拉杆的更换

(1) 拆卸程序

① 举升和顶起车辆。

② 拆下轮胎和车轮总成。

③ 拆下转向传动机构外转向横拉杆。

④ 拆下转向机护套。

⑤ 如图 3-51 所示,用 CH-6247 拆卸/安装工具拆下转向传动机构内转向横拉杆①。

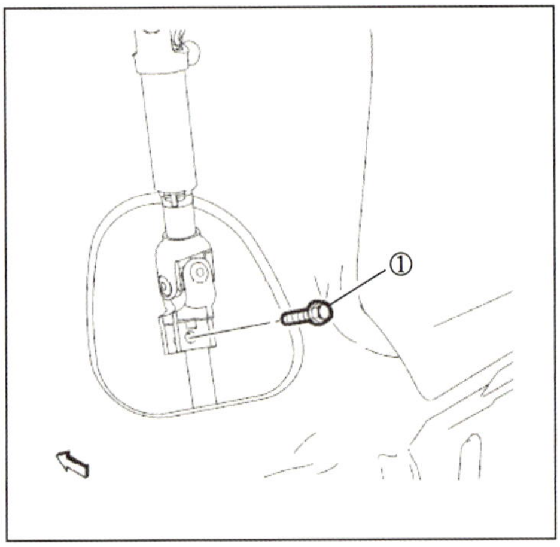

图 3-50 安装新的下中间转向轴螺栓

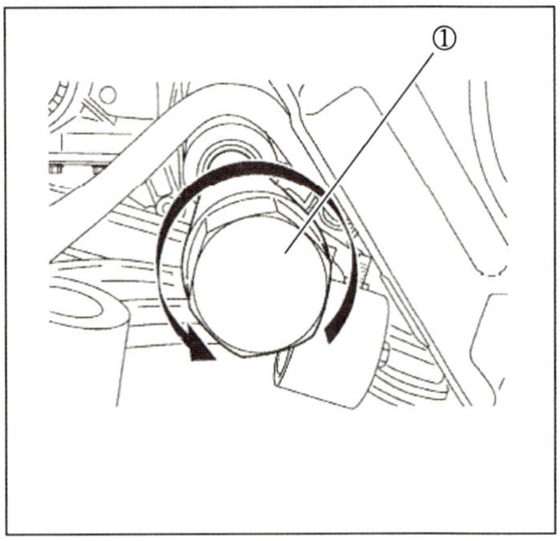

图 3-51 拆下转向横拉杆

(2) 安装程序

① 将螺纹锁止胶涂抹到如图 3-52 所示内转向横拉杆①的螺纹上。

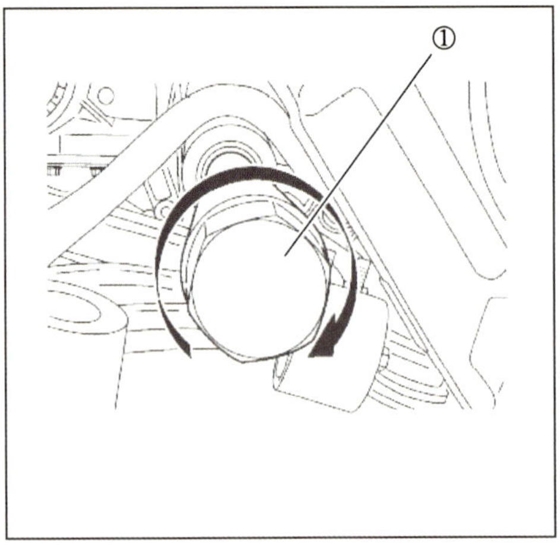

图 3-52 安装转向横拉杆

② 如图 3-52 所示,使用 CH-6247 拆卸工具/安装工具安装转向传动机构内转向横拉杆并紧固至 105 N·m。

③ 安装转向机护套。

④ 安装转向传动机构外转向横拉杆。

⑤ 安装轮胎和车轮总成。
⑥ 测量车轮定位。
⑦ 调整前轮前束。
⑧ 对中方向盘转角传感器。

四、活动小结

1. 转向装置的作用和组成

汽车转向装置的作用是保证汽车按驾驶员的要求进行转向和正常行驶。汽车转向装置有机械转向、动力转向、电控动力转向几种方式。机械式转向装置包括转向盘、转向柱、转向万向节、转向传动轴、转向器、转向摇臂、转向直拉杆、转向节臂、转向节、梯形臂、转向横拉杆等元件。

2. 动力转向系统的组成和分类

动力转向系统在原机械式转向系统基础上增加了储油罐、液压泵、控制阀及动力缸，能够减小汽车转向时驾驶员施加给转向盘的力，提高驾驶舒适性。动力转向装置一般分为液压式和电动式两种类型。

3. 转向器的常见类型

常见的转向器有齿轮齿条式转向器、循环球式和蜗杆曲柄指销式转向器。

4. 动力转向机构拆装的注意事项

(1) 拆装动力转向机构时，重要的螺栓都有规定拧紧力矩，安装时一定要严格按照规定用扭力扳手拧紧。

(2) 拆装动力转向机构时，许多特殊的零件需要用专用工具进行拆装，拆装时必须严格执行相关规定。

(3) 拆装动力转向机构时，一次性使用的零件拆卸后必须报废，安装时更换新件。

(4) 安装动力转向器时，油泵上和转向控制阀上固定泄放螺栓的密封圈只要被拆卸，就应该更换。

(5) 动力转向器安装完毕，加好油后，还需在发动机停止的情况下转动转向盘数次，以便把系统中存在的空气排出，并补充 ATF 油，使之达到“MAX”标记处；启动发动机，完全向左和右转动转向盘，观察油面高度，一直到油面稳定在“MAX”标记处为止。

五、活动评价

(一) 课堂练习

1. 判断题

(1) 转向系统的作用是保证汽车转向。 (　　)

(2) 汽车在转弯时，内转向轮和外转向轮滚过的距离是不相等的。 (　　)

(3) 两转向轮偏转时，外轮转角比内轮转角大。 (　　)

(4) 转向半径 R 越小，汽车在转向时，所需要的场地面积就越小。 (　　)

(5) 为了提高行车的安全性，转向轴可以有少许轴向移动。 (　　)

(6) 可逆式转向器有利于转向轮和转向盘自动回正，但汽车在坏路面上行驶时易发生转向盘“打手”现象。 (　　)

(7) 摇臂轴的端部刻有标记,装配时应与转向垂臂的刻度标记对正。 ( )

(8) 转向纵拉杆两端的弹簧在球头销的同一侧。 ( )

(9) 当转向轮为独立悬架时,转向桥、横拉杆必须是整体式。 ( )

(10) 动力缸和转向器分开布置的称为分置式。 ( )

2. 单选题

(1) 解放 CA1092 左轮向左和右轮向右均为( )。

A. 38° B. 37°30′ C. 34° D. 33°30′

(2) 要实现正确的转向,只能有一个转向中心,并满足( )关系式。

A. $\cot\alpha=\cot\beta-\frac{B}{L}$ B. $\cot\alpha=\cot\beta+\frac{B}{L}$

C. $\cot\beta=\cot\alpha-\frac{B}{L}$ D. $\cot\beta=\cot\alpha+\frac{B}{L}$

(3) 一般中型载货汽车转向器的传动比为( )。

A. $i=14\sim20$ B. $i=28\sim42$

C. $i=20\sim24$ D. $i=24\sim30$

(二) 技能评价

表 3-2 动力转向器拆装技能评价

序号	内容	分值	得分
1	转向传动机构外转向横拉杆拆卸	10	
2	转向机护套拆卸	10	
3	转向机拆卸	15	
4	转向传动机构内转向横拉杆拆卸	15	
5	转向机安装	15	
6	转向传动机构内、外转向横拉杆安装	15	
7	按照规范流程进行拆装作业	10	
8	完成 5S 作业	10	
总分		100	

(注:操作正确即得分,操作错误或未进行操作得 0 分)

学习任务 3 动力转向辅助电机拆装

一、任务目标

通过本活动学习,学习者应能:

(1) 说出动力转向系统的作用和类型。

(2) 用自己的语言概括动力转向系统的组成。

(3) 简要概括动力转向系统的工作原理。

(4) 在 30 分钟内完成动力转向辅助电机的拆装。

二、知识准备

1. 动力转向系统作用与类型

动力转向系统的作用是利用动力介质来帮助驾驶员克服转向过程中的转向阻力矩。

动力转向系的类型如下：

(1) 按动力能源，动力转向系统可分为液压助力转向系统和电动助力转向系统两种，如图 3-53 所示。

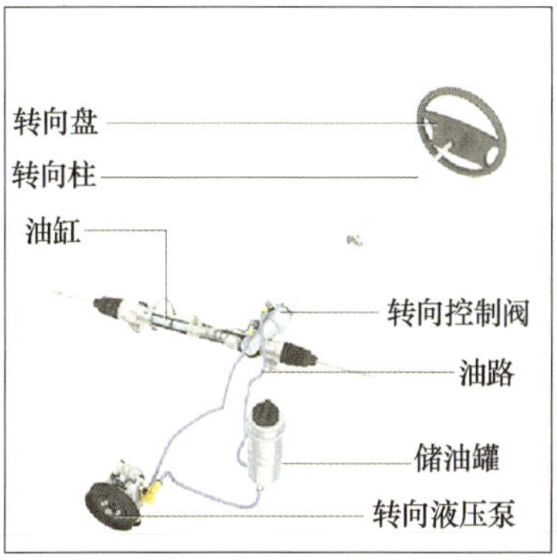

(a) 液压助力转向系统

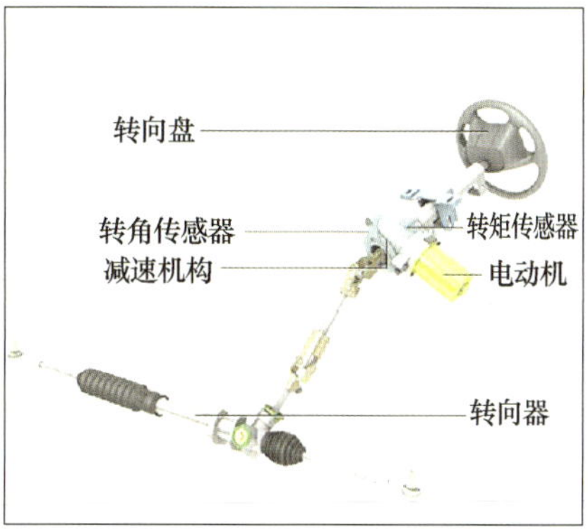

(b) 电动助力转向系统

图 3-53　动力转向系统-按动力能源分

(2) 按液流形式，动力转向系统可分为常流式和常压式两种。常流式是不转向时，液压系统中的工作油为低压；常压式是不转向时，系统中的工作油是高压，常压式需要装用储能器，如图 3-54 所示。

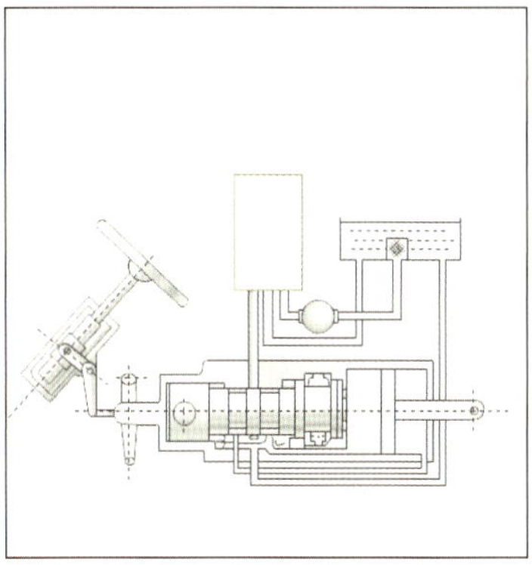

(a) 常压式动力转向系统

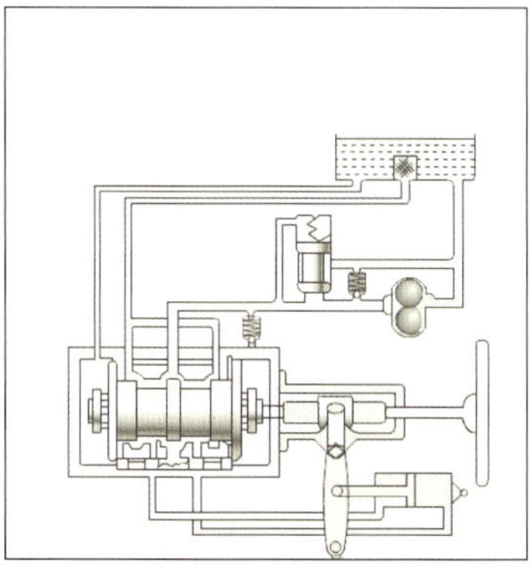

(b) 常流式动力转向系统

图 3-54　动力转向系统-按液流形式分

(3) 按液压动力缸、分配阀和转向器三者的关系的不同，可分为整体式和分置式两种。三者合为一体的叫整体式。三者相互分开布置的叫分置式。

2. 动力转向系统的组成

动力转向系统由动力转向系统控制模块、动力转向电机、动力转向电机旋转传感器、扭矩传感器、转向机(齿条和双齿轮)等部件组成，如图 3-55 所示。

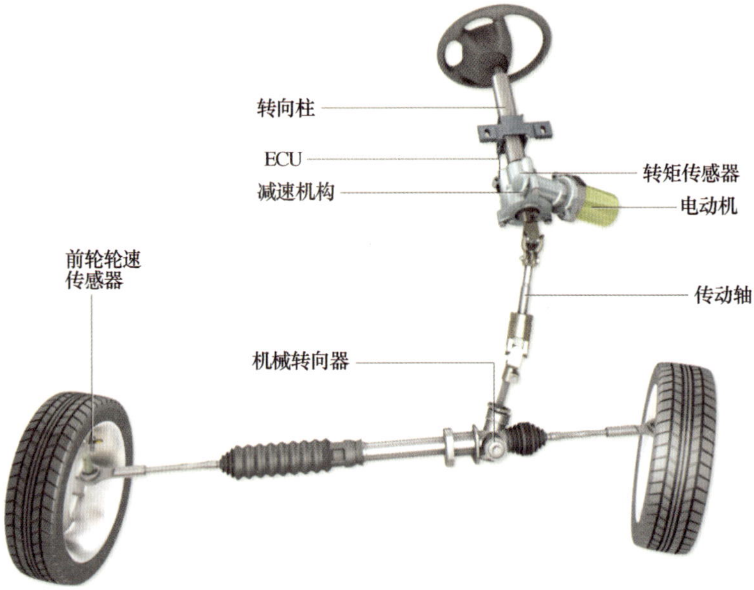

图 3-55　电子控制动力转向系统的组成

3. 动力转向系统工作原理

在使用动力转向系统控制模块控制动力转向电机以便操作转向机时，齿条和双齿轮电子动力转向系统可以减少车辆转向所需力量的大小。

动力转向系统控制模块也使用扭矩传感器、电机转动传感器、蓄电池电压电路和 GM LAN 串行数据电路的组合来执行系统功能。动力转向系统控制模块将通过 GM LAN 串行数据电路监测来自发动机控制模块的车速和发动机转速信息，以确定车辆转向所需辅助的大小。在低速情况下，提供较大的辅助以便在驻车操作中进行转向。在高速情况下，提供较小的辅助以便提高路感和方向稳定性。

动力转向系统控制模块使用扭矩传感器、电机转动传感器、车速和系统温度输入计算值的组合来确定所需辅助的大小。动力转向系统控制模块连续监测数字扭矩传感器的扭矩并定位电流信号。随着方向盘转动和转向轴扭转，通过扭矩信号电路监测转向输入轴和输出轴，然后用动力转向系统控制模块来处理，以计算转动扭矩。由动力转向系统控制模块来处理电机位置传感器的电压信号和数字扭矩传感器的定位电流信号，以检测和计算方向盘角度。

动力转向系统控制模块通过指令动力转向电机的电流，来回应数字扭矩传感器信号以及电机转动传感器电压信号的改变。动力转向系统控制模块控制脉宽调制电机驱动电路，以驱动三相电机。动力转向系统控制模块和电机总成与转向机壳体基座连接并帮助转向机小齿轮根据方向盘的转动进行左右移动。动力转向系统控制模块可以计算内部系统温度，以保护动力转向系统不因高温而损坏。为了降低过高的系统温度，动力转向系统控制模块将减小流向动力转向电机的指令电流，即减小转向辅助的大小。

动力转向系统控制模块可以检测电子动力转向系统中的故障。检测到停用转向辅助的故障会使驾驶员信息中心出现 SERVICE POWER STEERING（维修动力转向系统）的信息。

三、活动实施

（一）实施方案

1. 质量要求

参照 2013 款 1.6 L 自动挡科鲁兹轿车厂家的质量标准要求。

2. 组织方式

每四位同学一组，能够规范使用动力转向辅助电机拆装工具，按照企业岗位操作规范对动力转向辅助电机进行拆装作业。每组作业时间为 30 分钟。

3. 作业准备

（1）技术要求与标准：

① 捕获来自旧的动力转向辅助电机的数据。

② 断开蓄电池。

③ 小心地断开电子动力转向系统的电气连接器。

④ 拆下传动系统和前副车架。

（2）设备器材：如图 3-56 所示。

（3）场地设施：消防设施的场地。

（4）设备设施：2013 款 1.6 L 自动挡科鲁兹轿车一辆、科鲁兹车型底盘相关专用工具、工具车、零件车、标保工具车、垃圾桶等。

（5）耗材：干净抹布、清洁剂等。

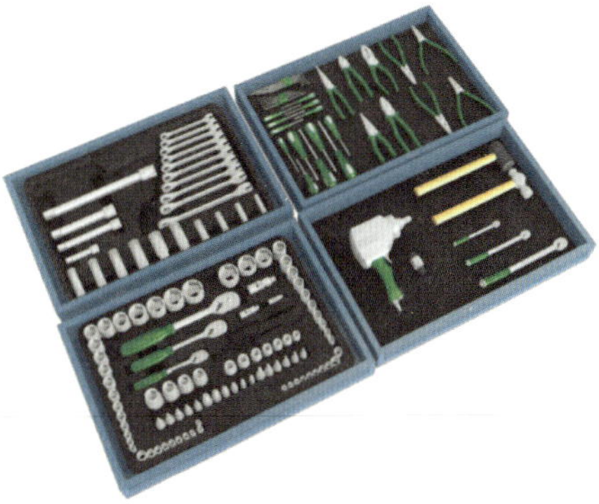

常用工具（一套）

图 3-56　动力转向辅助电机拆装设备器材

（二）操作步骤

1. 拆装动力转向辅助电机螺栓

安装新螺栓，切勿使用旧螺栓。拧紧扭矩 8 N · m。

2. 拆装动力转向辅助电机

（1）将数据从旧的动力转向辅助电机移至新的动力转向辅助电机。

（2）校准方向盘转角传感器，并读取软止点。

（3）易失性存储器编程。

3. 拆装动力转向辅助电机驱动护套

（1）报废旧驱动护套，仅使用新的。

（2）将驱动器护套安装至辅助电机电枢。

（3）将辅助电机电枢上的驱动护套与转向机对准。

4. 拆装动力转向辅助电机壳体“O”形圈

（1）报废旧“O”形圈，仅使用新的。

（2）润滑“O”形圈。

（3）将“O”形圈正确放入电机壳体凹槽内。

四、活动小结

（1）动力转向油泵的类型有齿轮式、叶片式、转子式和柱塞式。

（2）动力转向油泵的压力油通过控制阀作用于转向器实现转向。

（3）动力转向油泵使用发动机的动力来驱动。

（4）动力转向系统由动力转向系统控制模块、动力转向电机、动力转向电机旋转传感器、扭矩传感器、转向机（齿条和双齿轮）等部件组成。

（5）动力转向系统控制模块使用扭矩传感器、电机转动传感器、蓄电池电压电路和GMLAN串行数据电路的组合来执行系统功能。

（6）动力转向系统控制模块将通过GMLAN串行数据电路监测来自发动机控制模块的车速和发动机转速信息，以确定车辆转向所需辅助的大小。在低速情况下，提供较大的辅助以便在驻车操作中进行转向。在高速情况下，提供较小的辅助以便提高路感和方向稳定性。

五、活动评价

（一）课堂练习

1. 判断题

（1）转向桥负荷在3～4 t以上的汽车，大多加装转向助力装置。（　　）

（2）转向助力装置在小型车上使用，主要解决随动性和转向轻便的矛盾。（　　）

2. 单选题

（1）液压式转向助力装置按液流的形式可分为（　　）。

A. 常流式　　B. 常压式　　C. 溢流式　　D. 高压式

（2）转向助力装置的安全阀是（　　）。

A. 限制转向油泵的最大压力

B. 保护油泵及装置中其他机构不致过载而损坏

C. 确定转向油泵的工作的压力

D. 避免油泵及装置中其他机构流量过大而损坏

（二）技能评价

表3-3　动力转向辅助电机拆装之技能评价

序号	内　容	分值	得分
1	断开蓄电池，小心地断开电子动力转向系统的电气连接器	10	
2	拆卸传动系统和前副车架	10	
3	拆卸动力转向辅助电机	10	
4	拆卸动力转向辅助电机驱动护套，更换电机“O”形圈	10	
5	安装动力转向辅助电机驱动护套	10	
6	安装动力转向辅助电机	10	
7	安装传动系统和前副车架	10	
8	连接蓄电池，连接电子动力转向系统电气连接器	10	
9	按照规范流程进行拆装作业	10	
10	完成5S作业	10	
总　分		100	

（注：操作正确即得分，操作错误或未进行操作得0分）

学习任务4　方向盘和转向柱拆装

一、任务目标

通过本活动学习，学习者应能：

(1) 用自己的语言描述汽车转向装置的作用。

(2) 简述转向盘的组成。

(3) 概括转向柱碰撞吸能装置的组成和类型。

(4) 在 30 分钟内顺利完成方向盘和转向柱的拆装。

二、知识准备

汽车转向装置的作用是保证汽车按驾驶员的要求进行转向和正常行驶。转向盘由轮缘、轮辐、轮毂组成。其组成如图 3-57 所示。

转向柱管吸能装置是由中间转向轴、转向柱上装饰盖、转向柱下装饰盖、转向柱锁止控制模块、转向信号开关、转向柱和转向信号开关托架等部分组成，如图 3-58 所示。

转向柱由把方向盘旋转传送到转向机的转向主轴和固定主轴的柱管组成的。现代汽车的转向柱大多装由碰撞吸能机构，该机构吸收推力，否则在撞击时该推力将会施加到驾驶员身上。某些车辆上的转向主轴还可能装有转向锁定机构、倾斜转向机构、伸缩式转向机构等控制系统，当汽车紧急制动或发生撞车事故时吸收冲击能量，减轻或防止对驾驶员的伤害。

碰撞吸能转向柱的类型有弯曲托架式转向柱、网络状吸能转向柱、波纹管式吸能转向柱、分开式安全转向柱和轴向伸缩式转向柱等。

图 3-57　转向盘的组成

三、活动实施

(一) 实施方案

1. 质量要求

参照 2013 款 1.6 L 自动挡科鲁兹轿车厂家的质量标准要求。

2. 组织方式

每四位同学一组，能够规范使用方向盘和转向柱拆装工具，按照企业岗位操作规范对方向盘和转向柱进行拆装作业。每组作业时间为__30__分钟。

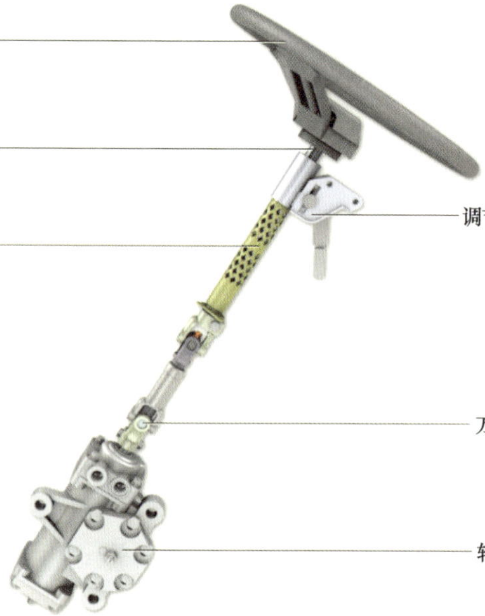

图 3-58　转向柱管吸能装置结构

3. 作业准备

(1) 技术要求与标准：

① 能够正确进行方向盘和转向柱的拆卸和安装。

② 掌握专用工具的使用方法。

(2) 设备器材：如图 3-59 所示。

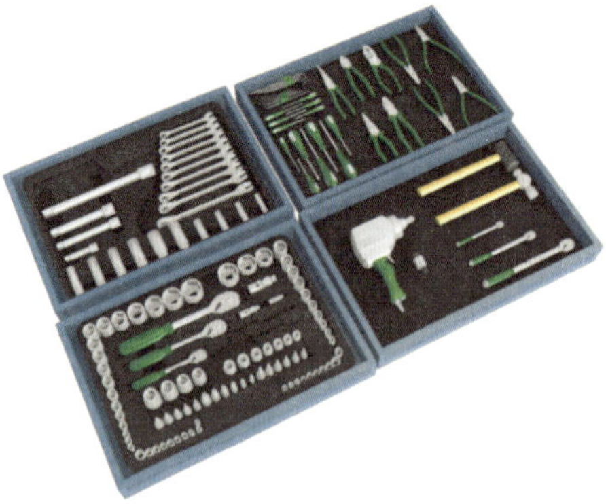

常用工具（一套）

图 3-59　方向盘和转向柱拆装的设备器材

(3) 场地设施：消防设施的场地。

(4) 设备设施：2013 款 1.6 L 自动挡科鲁兹轿车一辆、科鲁兹车型底盘相关专用工具、工具车、零件车、标保工具车、垃圾桶等。

(5) 耗材：干净抹布、清洁剂等。

(二) 操作步骤

1. 中间转向轴的更换

(1) 拆卸程序

① 将方向盘转到正向前位置，支撑并防止移动。

② 如图 3-60 所示，拆下并报废 2 个中转向轴螺栓①。

③ 如图 3-61 所示，拆下中转向轴①。

(2) 安装程序

① 如图 3-62 所示，安装中间转向轴①。

② 按以上注意事项所述，将上万向节小心地推至转向柱上。

③ 如图 3-63 所示，将下万向节①向下推至转向机小齿轮③上。

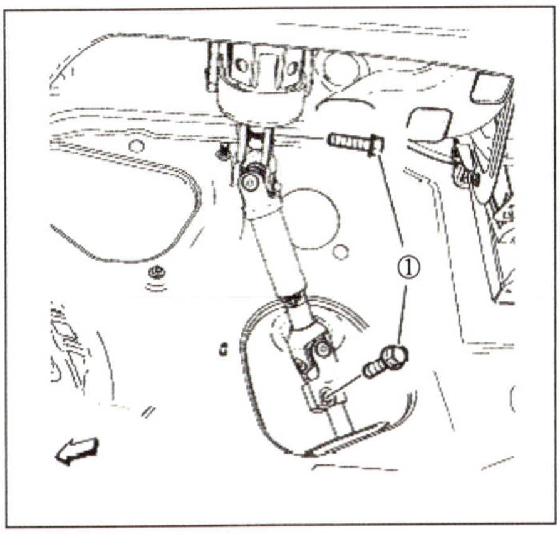

图 3-60　拆下并报废 2 个中转向轴螺栓

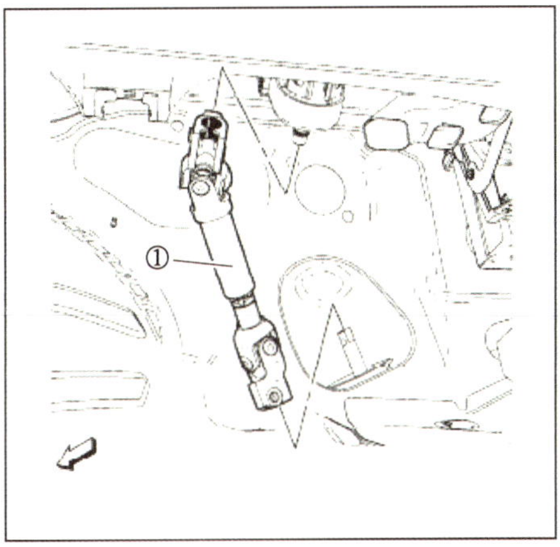

图 3-61　拆下中转向轴

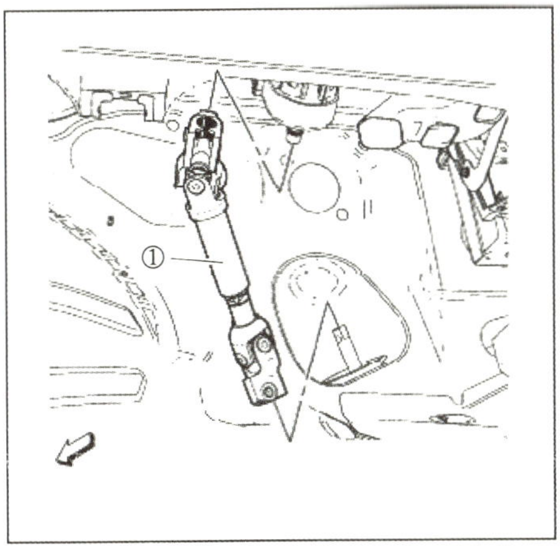

图 3-62　安装中间转向轴

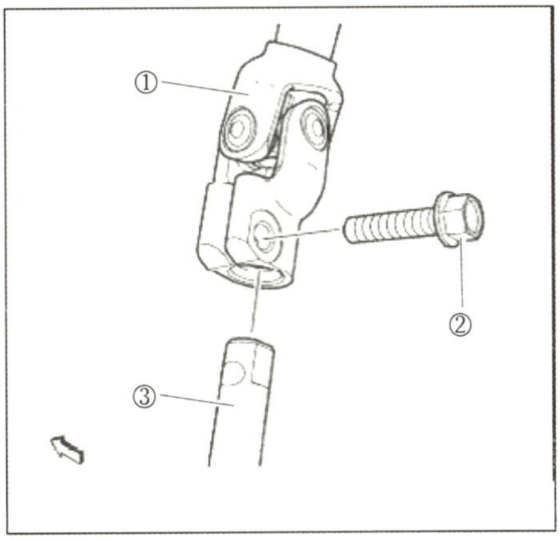

图 3-63　将下万向节推至转向机小齿轮

注意事项

◇ 如图 3-64 所示，万向节内良好轮齿的凹槽②必须精确对准转向小齿轮上良好轮齿的凹槽①。

◇ 如图 3-64 所示，万向节的孔必须对准转向小齿轮③的凹槽。

④ 按以上注意事项所述，将万向节小心地推至转向齿轮上。

⑤ 如图 3-65 所示，安装 2 个新的中间转向轴螺栓①，并首先紧固至 25 N·m。

⑥ 最后将 2 个新的中转向柱螺栓再转 180°～195°紧固。

⑦ 对中方向盘转角传感器。参见“方向盘转角传感器对中”。

2. 转向柱上装饰盖的更换

如图 3-66 所示，分离转向柱上装饰盖和转向柱下装饰盖。

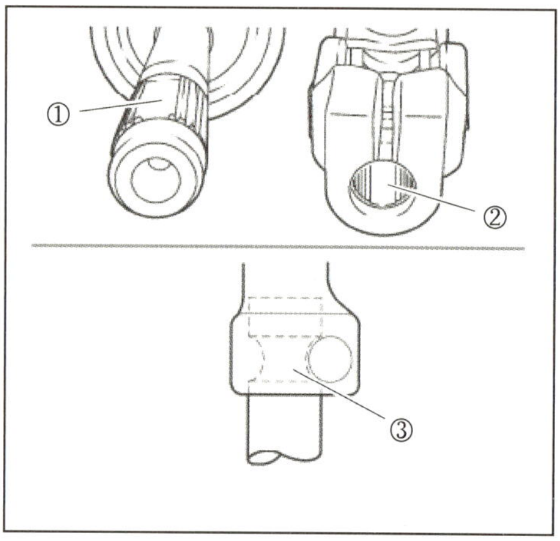

图 3-64 对准凹槽

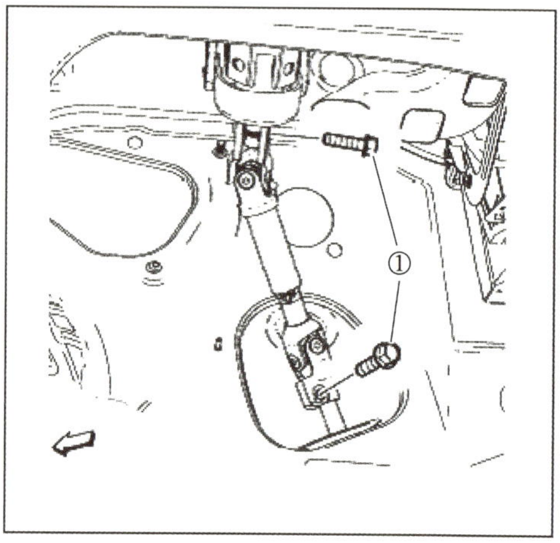

图 3-65 安装新的螺栓

3. 转向柱下装饰盖的更换

准备：拆下转向柱上装饰盖。

(1) 安装转向柱下装饰盖螺栓①(数量：3)，紧固 2.5 N·m，如图 3-67 所示。

(2) 转向柱下装饰盖旋转方向盘直到螺栓均可接触。

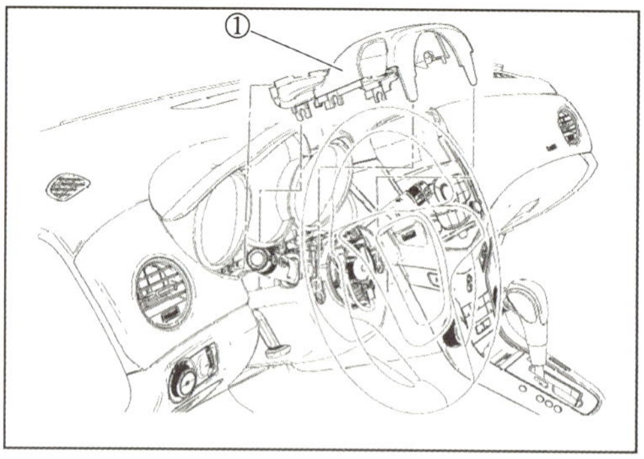

图 3-66 转向柱上装饰盖的更换

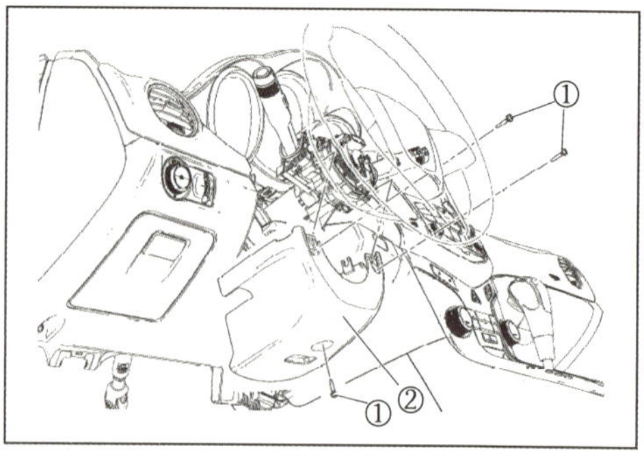

图 3-67 转向柱下装饰盖的更换

4. 转向柱锁止控制模块的更换

(1) 拆卸程序

① 断开蓄电池负极电缆。

② 拆卸仪表板外装饰盖。

③ 拆卸仪表板下装饰板盖。

④ 断开转向柱锁止装置的线束。

⑤ 如图 3-68、图 3-69 所示，拆卸侧面的转向柱锁止控制模块螺栓①。

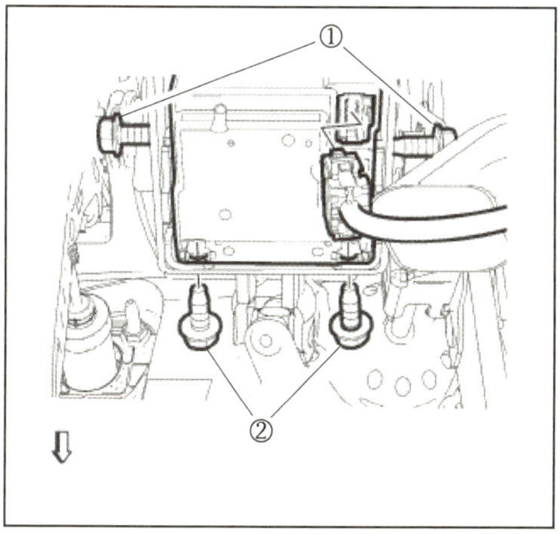

图 3-68　拆卸螺栓

⑥ 如图 3-68、图 3-69 所示，拆卸后部的转向柱锁止控制模块螺栓②。

⑦ 如图 3-69 所示，从转向柱锁止控制模块托架拆卸转向柱锁止控制模块，将模块从上面移出托架。

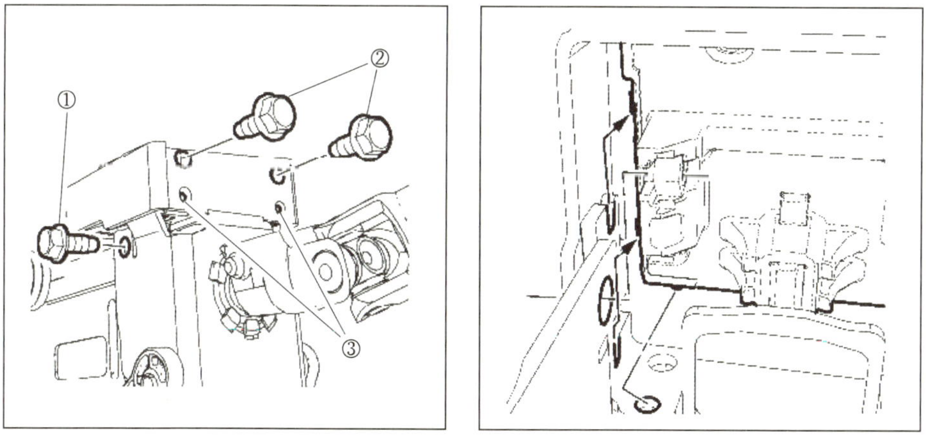

图 3-69　拆卸转向柱锁止控制模块

(2) 安装程序

注意：将定位销③插入进定位孔。

① 将模块移至托架中的安装位置，安装转向柱锁止控制模块。

② 如图 3-70 所示，安装并紧固后部的转向柱锁止控制模块螺栓②。

③ 如图 3-71 所示，安装并紧固侧面的转向柱锁止控制模块螺栓①。

④ 连接转向柱锁止装置的线束。

⑤ 安装仪表板下装饰板盖。

⑥ 安装仪表板外装饰盖。

⑦ 连接蓄电池负极电缆。

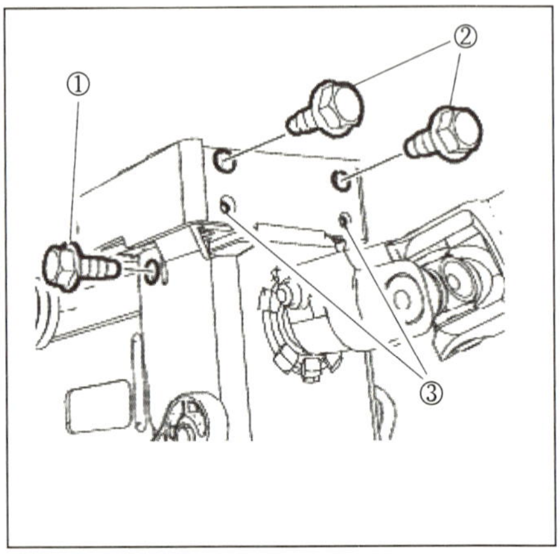

图 3-70 安装转向柱锁止控制模块螺栓

⑧ 维修或者更换之后,参见“控制模块参考”进行编程和设置。

5. 转向信号开关的更换

准备:拆下转向柱下装饰盖,如图 3-72 所示。

(1) 必要时,断开所有电气连接器。

(2) 分离塑料固定凸舌,以便将转向信号开关从开关托架上分离。

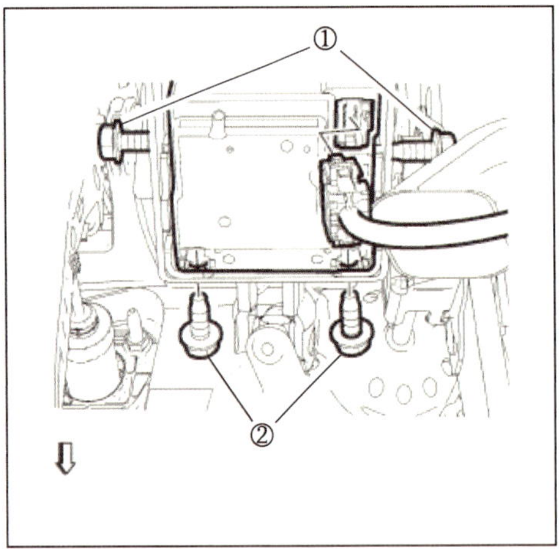

图 3-71 安装并紧固侧面的转向柱锁止控制模块螺栓

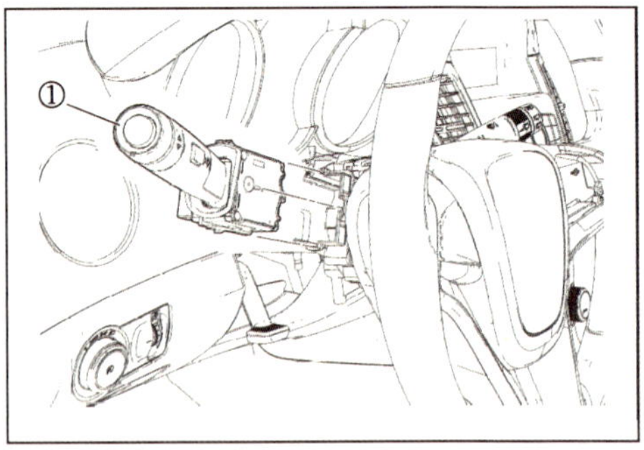

图 3-72 拆下转向柱下装饰盖

6. 方向盘的更换(如图 3-73 所示)

准备:安装充气式约束系统方向盘模块。

(1) 方向盘螺栓

① 清洁螺栓的螺纹。

② 在螺纹上涂抹锁止胶。拧紧扭矩 30 N·m。

(2) 方向盘

① 必要时断开电气连接器。

② 小心地拆下方向盘。

7. 方向盘辐条下盖的更换(如图 3-74 所示)

(1) 使用平刃工具拆下方向盘下盖和方向盘辐条上的部件。

(2) 必要时断开任意电气连接器。

(3) 必要时移开任何零件。

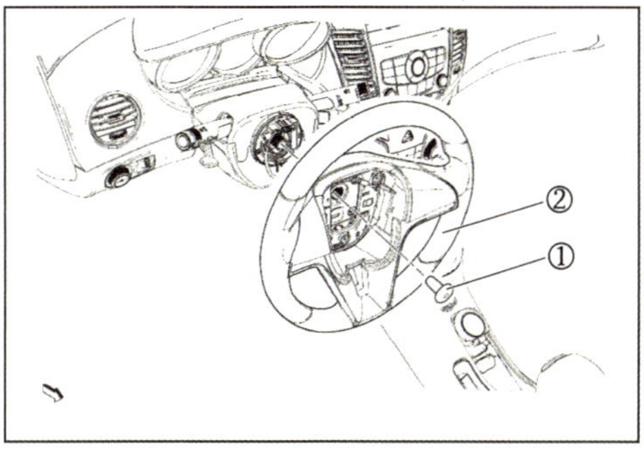

图 3-73　方向盘更换

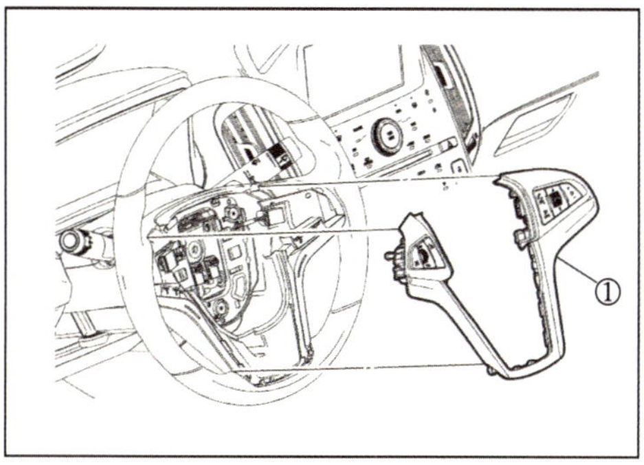

图 3-74　方向盘辐条下盖的更换

8. 转向柱的更换

(1) 拆卸程序

① 拆卸仪表板下装饰盖。

② 拆下中间转向轴。

③ 安装充气式约束系统方向盘模块。

④ 拆下方向盘。

⑤ 拆下转向柱上装饰盖。

⑥ 拆下转向柱下装饰盖。

⑦ 拆除方向盘转角传感器。

⑧ 拆下安全气囊系统方向盘模块线圈。

⑨ 拆卸转向信号开关。

⑩ 拆卸挡风玻璃刮水器和洗涤器开关。

⑪ 必要时断开电气连接器。

注意事项

◇ 在倾斜度调节杆托架和转向柱基座间安装扎带,以免拉开转向柱套管。

◇ 转向柱拆卸和安装过程中,倾斜调节杆必须在锁止(最高)位置,以确保倾斜调节杆托架保持刚度。同时,在倾斜调节杆和转向柱套管周围安装扎带以保持倾斜调节杆在锁止位置。不要弯曲位于上转向柱安装托架的吸能式转向柱扎带。

⑫ 如上所述安装扎带。

⑬ 如图 3-75 所示,拆下并报废转向柱螺母①。

⑭ 如图 3-76 所示,拆下转向柱①。

⑮ 对于装配有转向柱锁止控制模块的车辆,在更换转向柱时,将转向柱锁止控制模块转移至新的转向柱。

图 3-75　拆下转向柱螺母

图 3-76　拆下转向柱

（2）安装程序

注意事项

◇ 在(使用工具)拧紧螺母之前,先用手拧紧所有螺母。

◇ 在安装过程中,不要弯曲位于上转向柱安装托架的吸能式转向柱扎带。

① 如图 3-77 所示,安装转向柱①。

② 如图 3-78 所示,安装新的转向柱螺母①,用 22 N・m 的扭矩紧固。

图 3-77　安装转向柱

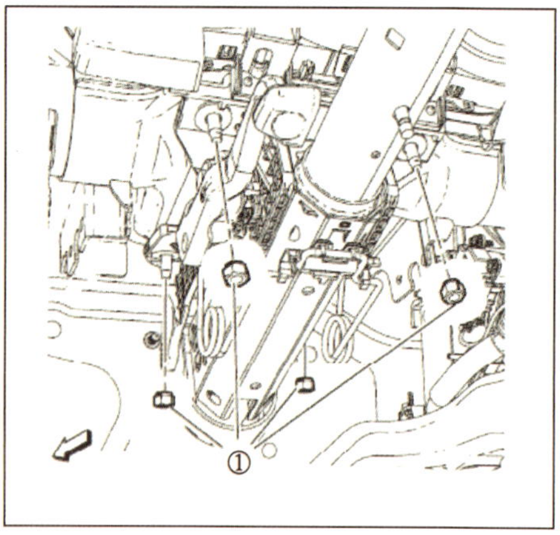

图 3-78　安装转向柱螺母

注意事项

为了确保在撞击中实现转向柱的应有功能,为了避免对驾驶员造成的人身伤害,请执行以下步骤:

(1) 在紧固转向柱上紧固件之前,先紧固转向柱下紧固件。否则会损坏转向柱。

(2) 按规定扭矩紧固转向柱紧固件。过度紧固上转向柱紧固件会导致转向柱塌陷。

③ 必要时连接所有电气连接器。
④ 安装挡风玻璃刮水器和洗涤器开关。
⑤ 安装转向信号开关。
⑥ 安装方向盘充气式约束模块线圈。
⑦ 安装方向盘转角传感器。
⑧ 安装转向柱下装饰盖。
⑨ 安装转向柱上装饰盖。
⑩ 安装方向盘。
⑪ 安装充气式约束系统方向盘模块。
⑫ 安装中间转向轴。
⑬ 安装仪表板下装饰盖。
⑭ 校准方向盘转角传感器。

9. 方向盘转角传感器的更换(如图 3-79 所示)

准备:拆下方向盘充气式约束模块线圈。

注意事项

切勿旋转方向盘转角传感器。旋转方向盘转角传感器可能限制电子动力转向(EPS)系统的操作,造成人身伤害。

(1) 按下安全气囊系统方向盘模块时钟弹簧线圈的卡夹,以拆下传感器。
(2) 校准方向盘转角传感器。

10. 转向信号开关托架的更换(如图 3-80 所示)

(1) 拆下方向盘。
(2) 拆下转向柱下装饰盖。
(3) 必要时断开所有电气连接器。
(4) 必要时更换零部件。

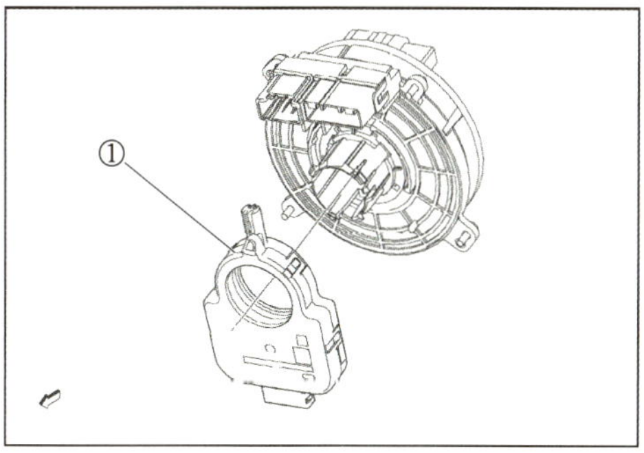

图 3-79　方向盘转角传感器的更换

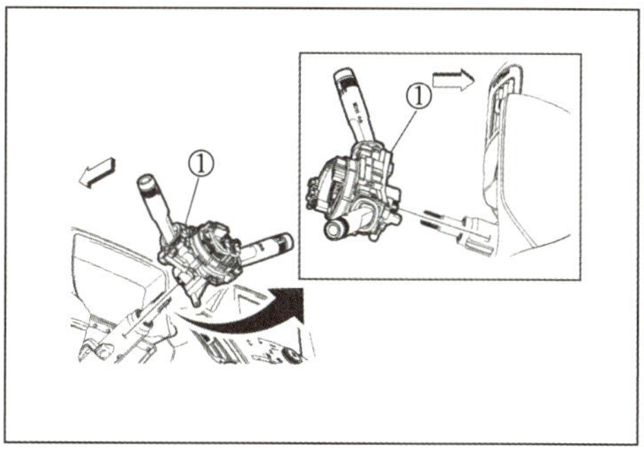

图 3-80　转向信号开关托架的更换

四、活动小结

1. 转向盘和转向柱组成

转向盘由轮缘、轮辐、轮毂组成。转向柱由转向主轴和柱管组成。

2. 碰撞吸能作用和类型

现代汽车的转向柱大多装有碰撞吸能机构，当汽车紧急制动或发生撞车事故时吸收冲击能量，减轻或防止对驾驶员的伤害。碰撞吸能转向柱的类型有：弯曲托架式、网络状吸能式、轴向伸缩式、波纹管式等。

3. 转向盘和转向柱拆装的注意事项

(1) 拆装转向盘时如气囊展开，必须更换气囊模块、螺旋弹簧等附加充气保护装置部件。

(2) 进行气囊操作前要戴好手套和护目镜，断开蓄电池负极电缆。

(3) 为正确安装转向盘，拆卸时需标记转向柱轴到方向盘的装配标记。

(4) 拆卸转向柱时，注意转向柱从车上拆卸后极易损坏，影响转向柱的可伸缩式设计，需谨慎操作。

(5) 拆卸转向柱前需断开蓄电池负极电缆，如气囊未展开，等候 1 分钟以取消气囊功能。

(6) 安装转向柱时，将方向盘辐条按对角线对中并朝下，且前轮处于正前位置，确保转向柱的正确安装。

(7) 安装转向柱时，支撑转向柱总成直到安装螺母紧固。禁止使转向柱总成自由垂吊而无支撑。

五、活动评价

(一) 课堂练习

1. 判断题

(1) 当作用力从转向盘传到转向垂臂时称为逆向传动。 (　　)

(2) 转向轴在车架上位置和倾斜角度是与汽车总体布置、悬架和转向桥结构有关。 (　　)

(3) 转向盘自由行程对于缓和路面冲击，使操纵柔和以及避免使驾驶员过度紧张是有利的。 (　　)

2. 单选题

(1) 转向轴一般由一根(　　)制造。

A. 空心轴　　B. 实心轴　　C. 无缝钢管　　D. 无缝铁管

(2) 为了适应总布置的要求，有些汽车在转向盘和转向器之间由(　　)连接。

A. 刚性轴　　B. 万向传动轴　　C. 柔性轴　　D. 空心轴

(3) 转向盘自由行程一般不超过(　　)。

A. $10^{\circ}\sim15^{\circ}$　　B. $15^{\circ}\sim20^{\circ}$　　C. $20^{\circ}\sim25^{\circ}$　　D. $25^{\circ}\sim30^{\circ}$

(4) 转向盘自由行程过大的原因是(　　)。

A. 转向器传动副的啮合间隙过大

B. 转向传动机构各连接处松旷

C. 转向节主销与衬套的配合间隙过大

D. 转向节主销与衬套的配合间隙过小

（二）技能评价

表 3-4　方向盘和转向柱拆装之技能评价

序号	内　容	分值	得分
1	中间转向轴的更换	10	
2	转向柱上装饰盖的更换，转向柱下装饰盖的更换	10	
3	转向柱锁止控制模块的更换	10	
4	转向信号开关的更换	10	
5	方向盘的更换，方向盘辐条下盖的更换	10	
6	转向柱的更换	10	
7	方向盘转角传感器的更换	10	
8	转向信号开关托架的更换	10	
9	按照规范流程进行拆装作业	10	
10	完成 5S 作业	10	
总　分		100	

（注：操作正确即得分，操作错误或未进行操作得 0 分）

学习拓展

电子控制动力转向（简称 EPS）系统在低速行驶时可使转向轻便、灵活；当汽车在中高速区域转向时，又能保证提供最优的动力放大倍率和稳定的转向手感，从而提高了高速行驶的操纵稳定性。

1. 电控动力转向系统的组成

电控动力转向系统主要由转向柱、传动轴、电动机、转矩传感器、ECU 等部分组成，如图 3-81 所示。

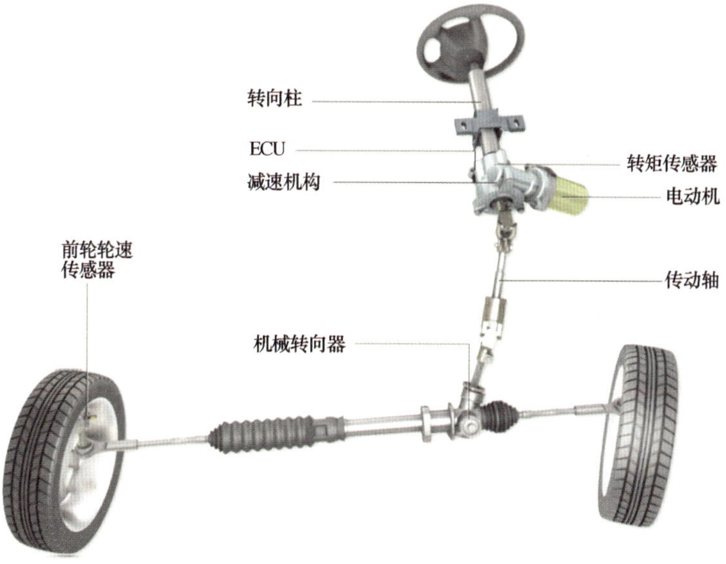

图 3-81　电控动力转向系统组成

2. 电控动力转向系统的分类

根据动力源的不同，电子控制动力转向系统可分为液压式电子控制动力转向系统（液压式 EPS）和电动式电子控制动力转向系统（电动式 EPS），如图 3-82 所示。

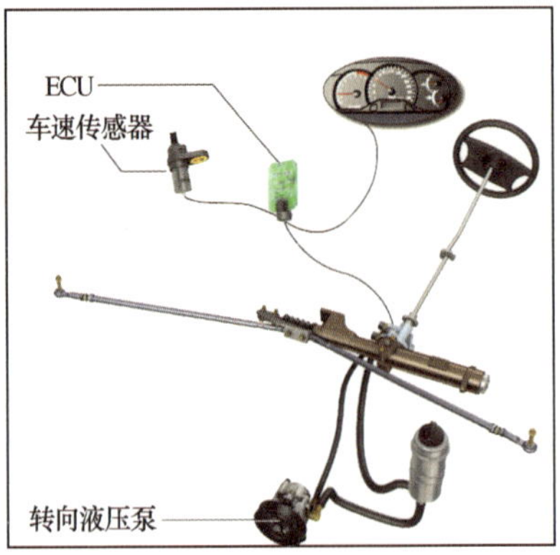

(a) 液压助力转向系统

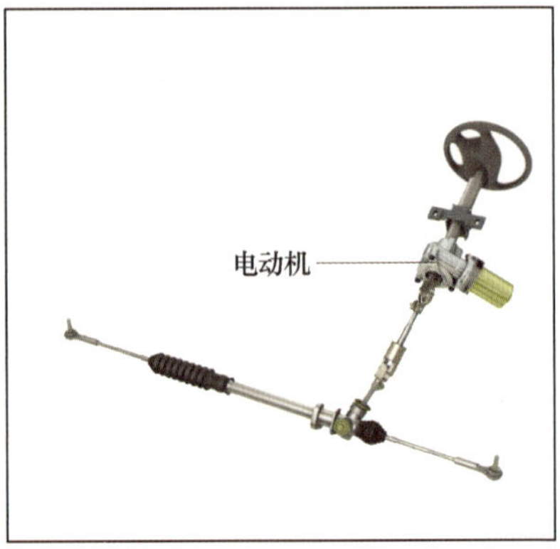

(b) 电动助力转向系统

图 3-82　电控动力转向系统分类

液压式 EPS 在传统的液压动力转向系统的基础上增设了控制液体流量的电磁阀、车速传感器和 ECU 等，ECU 根据检测到的车速信号，控制电磁阀，使转向动力放大倍率实现连续可调，从而满足汽车在中、低速时的转向助力要求。

电动式 EPS 是利用直流电动机作为动力源，ECU 根据转向参数和车速等信号，控制电动机转矩的大小和方向。

项目四

制动系统构造与拆装

项目描述

驾驶员能根据道路和交通情况，利用装在汽车上的一系列专门装置，迫使路面在汽车车轮上施加一定的与汽车行驶方向相反的外力，对汽车进行一定程度的强制制动。这一系列专门装置称为制动系统，如图 4-1 所示。

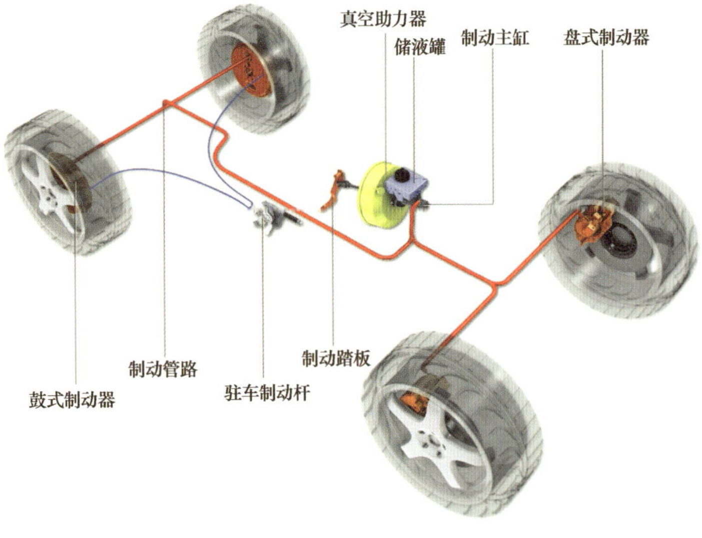

图 4-1　制动系统

本任务主要通过对制动系统主要机件的拆装作业，让学生认识以及理解其主要机件的结构和原理。

学习目标

通过本次任务的学习，应能够：

(1) 描述制动系统的结构组成和相互之间的安装关系。

(2) 简要概述制动系统主要总成的结构特点和工作过程。

(3) 根据工艺标准对制动系统主要总成和零部件进行拆卸和安装。

学习任务

学习任务 1　制动系统的认识

一、活动目标

通过本活动学习，学习者应能：

(1) 用自己的语言描述制动系统的功用。

(2) 简要概述制动系统的工作原理和分类。

(3) 在 20 分钟内，顺利从实车上识别出制动系统的各部分组成。

二、知识准备

1. 制动系统的功用

为了在技术上保证汽车的安全行驶，提高汽车的平均行驶速度，汽车上都设有专用的制动系统，使行驶中的汽车减速或在最短距离内停车，并可使汽车可靠地停放在原地（包括在坡道上）保持不动。

2. 制动系统的组成

汽车制动系统主要由以下各部分组成，如图 4-2 所示。

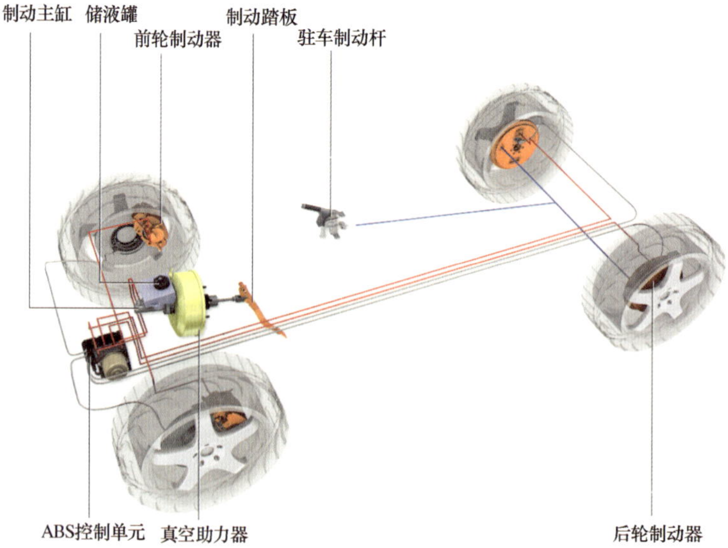

图 4-2　制动系统的组成

（1）供能装置：包括供给、调节制动所需能量以及改善传能介质状态的各种部件。其中产生制动能量的部分称为制动能源。人的肌体也可作为制动能源。

（2）控制装置：包括产生制动动作和控制制动效果的各种部件，如制动踏板、制动阀等。

（3）传动装置：包括将制动能量传输到制动器的各个部件，如制动主缸和制动轮缸等。

（4）制动器：产生制动摩擦力矩的部件。

较为完善的制动系统还具有制动力调节装置、报警装置、压力保护装置等附加装置。

3. 制动系统的工作原理

在人力作用下，制动蹄对制动鼓作用一定的制动摩擦力矩即制动器制动力矩 M_{μ}，在 M_{μ} 的作用下，车轮将对地面作用一个向前的力 F_{μ}，地面对车轮作用一个向后的反作用力 F_B，F_B 即为地面对车轮的制动力，如图 4-3、图 4-4 所示。

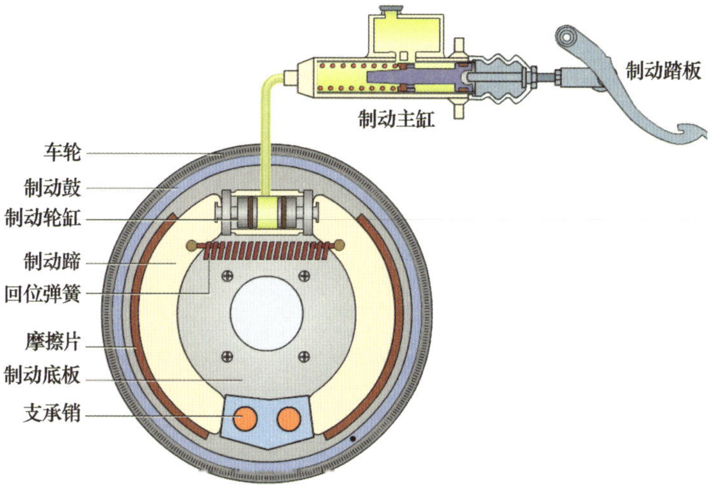

图 4-3　制动系统工作原理—制动前

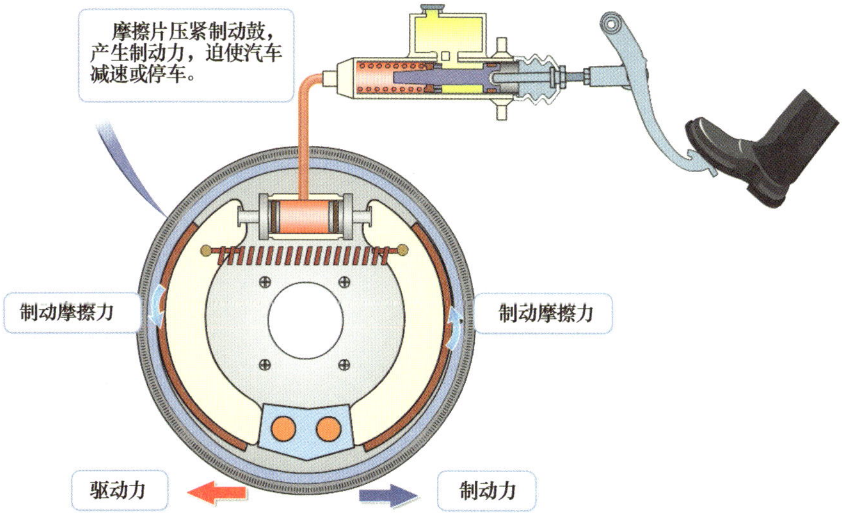

图 4-4　制动系统工作原理—制动时

4. 制动系统的类型

(1) 按制动系统的功用分类

汽车制动系统按制动系统功用可分为行车制动装置(脚制动)和驻车制动装置(手制动),如图 4-5 所示。

① 行车制动系统:使行驶中的汽车减低速度甚至停车的一套专门装置。

② 驻车制动系统:使已停驶的汽车驻留原地不动的一套装置。

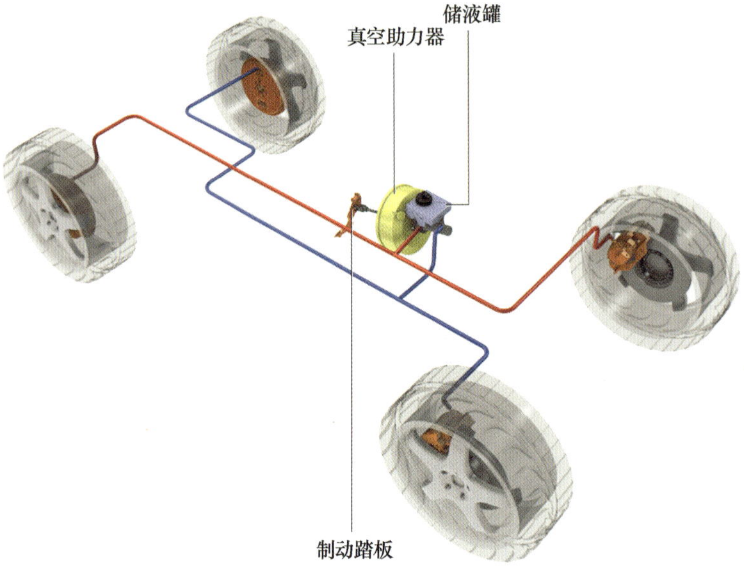

(a) 行车制动系统

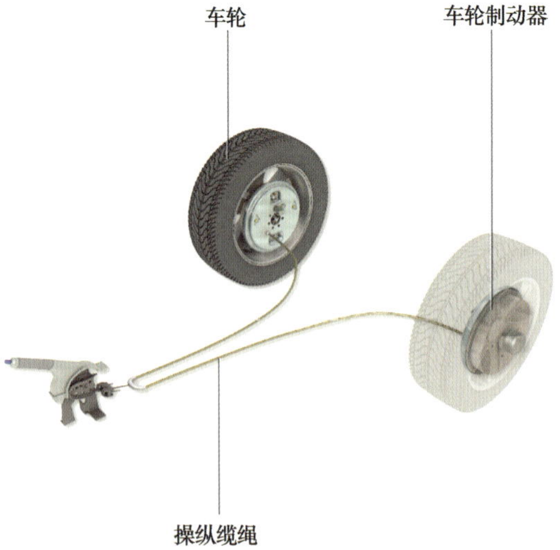

(b) 驻车制动系统

图 4-5 制动系统分类—按功用分

(2) 按制动能量的传输方式分类

按照制动能量的传输方式,制动系统又可分为液压式制动系统和气压式制动系统等,如图 4-6 所示。同时采用两种传能方式的制动系统可称为组合式制动系统,如气顶液制动系统。

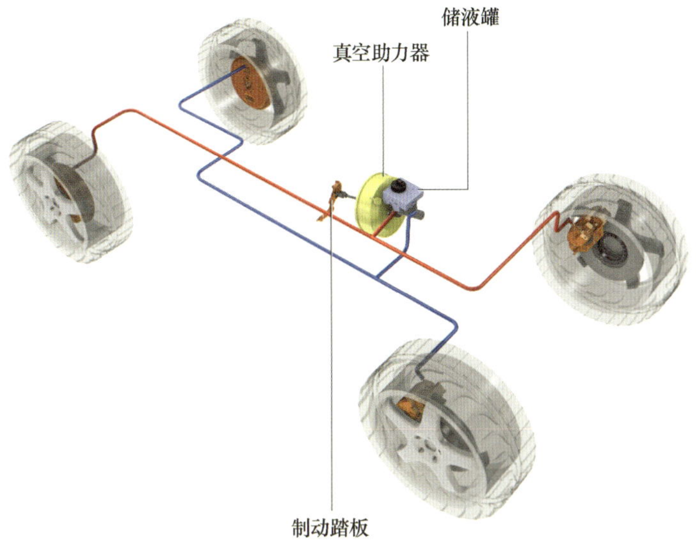

(a) 液压式制动系统

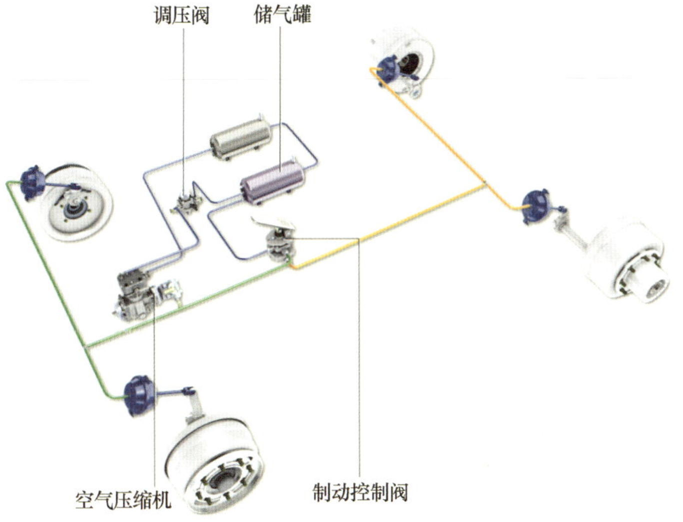

(b) 气压式制动系统

图 4-6　制动系统分类—按能量传输方式分

目前所有汽车都采用双回路制动系统，如轿车的左前轮和右后轮共用一条制动回路、右前轮和左后轮共用另一条制动回路，当一个回路失效时，另一个回路仍能工作，这有效提高了汽车的行车安全性。

三、活动实施

(一) 实施方案

1. 质量要求

参照 2013 款 1.6 L 自动挡科鲁兹轿车厂家的质量标准要求。

2. 组织方式

每四位同学一组，查看2013款1.6 L自动挡科鲁兹轿车上的制动系统，每组作业时间为<u>30</u>分钟。

3. 作业准备

（1）技术要求与标准：

① 习惯性使用“三件套”、发动机舱防护罩等汽车防护物品，养成良好职业习惯。

② 养成“采取安全防护措施维修作业”的习惯。

③ 养成工具、零部件、油液“三不落地”的职业习惯，工具及拆下的零部件等都应整齐地放置在工具车及零件盘中。

（2）设备器材：如图4-7所示。

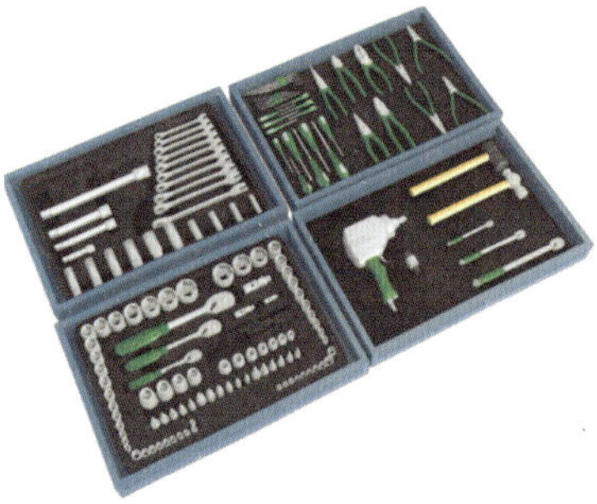

(a) 常用工具（一套）

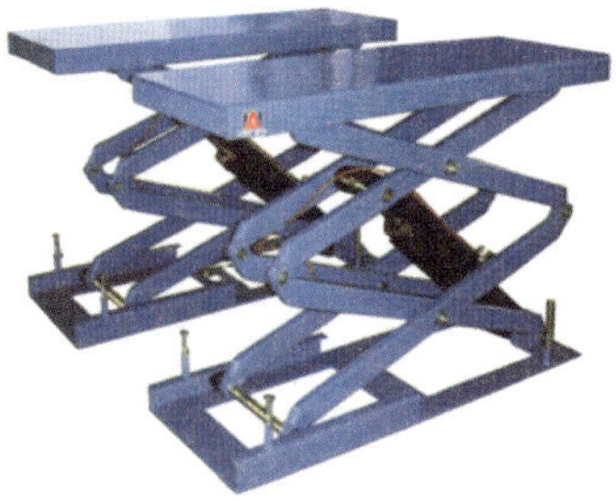

(b) 举升机

图4-7　制动系统的认识之设备器材

（3）场地设施：消防设施的场地。

（4）设备设施：2013款1.6 L自动挡科鲁兹轿车一辆、举升机、工具车、零件车、标保工具车、垃圾桶等。

（5）耗材：干净抹布、清洁剂。

（二）操作步骤

识别发动机排放控制系统的组成部件操作步骤如下：

（1）如图4-8所示，打开车门，罩好“三件套”，拉动发动机舱盖手柄。

图4-8　罩好“三件套”

（2）如图 4-9、图 4-10 所示，在驾驶室内，找出制动踏板、驻车制动杆，观察其所在的位置。

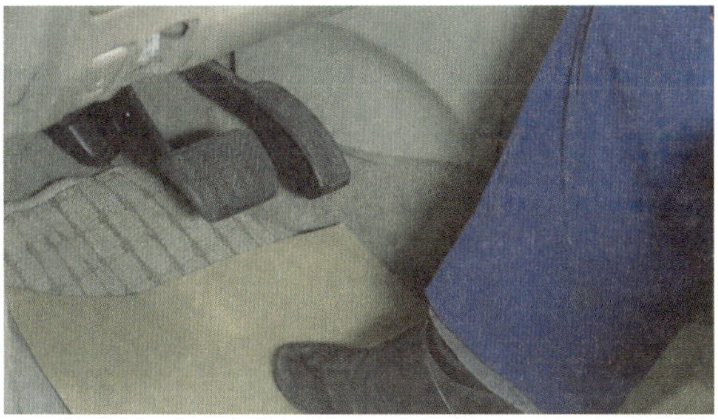

图 4-9　找制动踏板

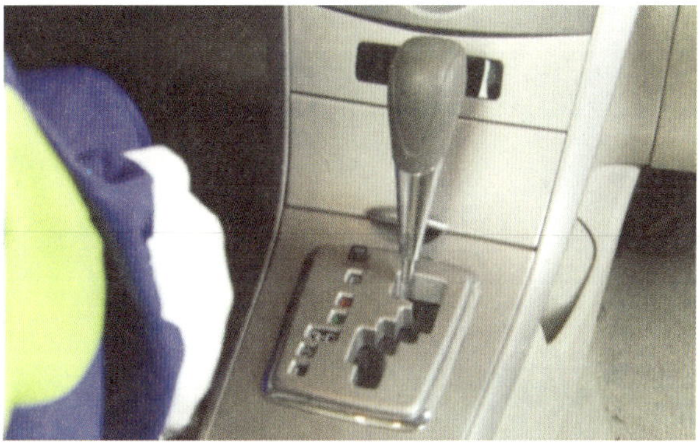

图 4-10　找驻车制动杆

（3）如图 4-11 所示，打开发动机舱盖，罩好发动机舱防护罩，拆下发动机护板。

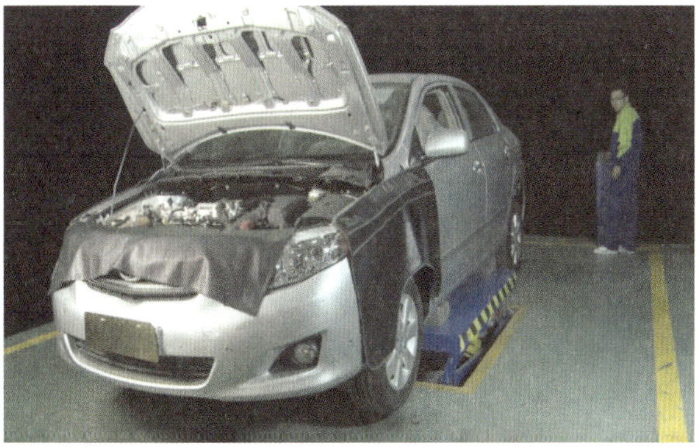

图 4-11　罩好发动机舱防护罩

（4）如图 4-12 所示，找出真空助力器，观察其所在的位置。

（5）如图 4-13 所示，找出制动主缸，观察其所在的位置。

（6）如图 4-14 所示，找出储液罐，观察其所在的位置。

（7）如图 4-15 所示，按照举升机的操作要求采取相应的安全防护措施，用举升机举起汽车。

图 4-12　观察真空助力器所在位置

图 4-13　观察制动主缸所在位置

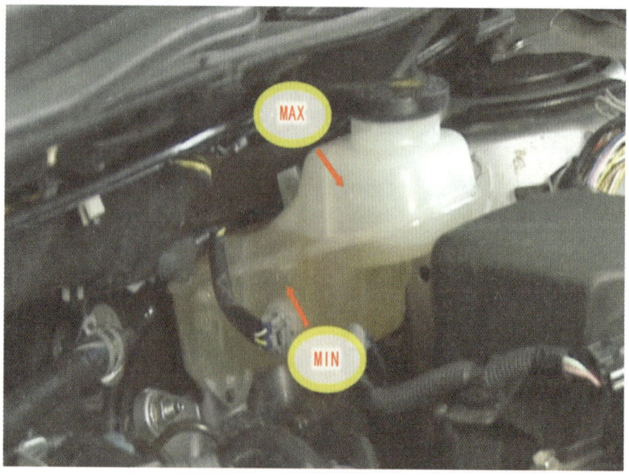

图 4-14　观察储液罐所在位置

(8) 如图 4-16 所示，在科鲁兹底盘台架上观察车轮制动器的外形及结构。

(9) 如图 4-17 所示，将汽车及举升机复位，并检查复位状况是否良好。

图 4-15　用举升机举起汽车

图 4-16　观察车轮制动器的外形及结构

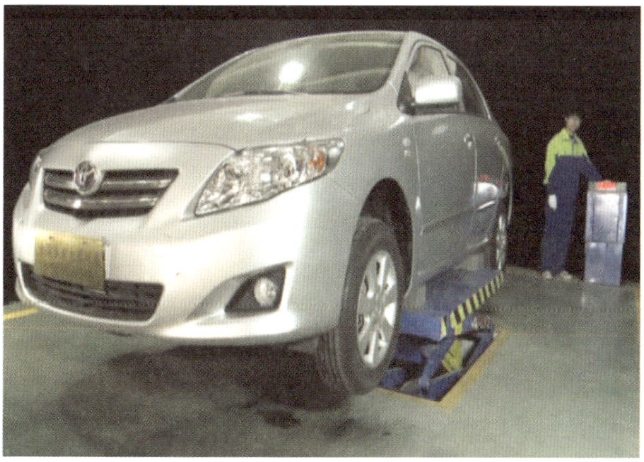

图 4-17　将汽车及举升机复位

四、活动小结

(1) 汽车制动系统的作用是使行驶中的汽车减速或在最短距离内停车,并可使汽车可靠地停放在原地(包括在坡道上)保持不动。

(2) 汽车制动系统主要由以下各部分组成:供能装置、控制装置、传动装置、制动器。较为完善的制动系统还具有制动力调节装置、报警装置、压力保护装置等附加装置。

(3) 汽车制动系统按制动系统功用可分为行车制动装置(脚制动)和驻车制动装置(手制动);按照制动能量的传输方式,制动系统又可分为液压式制动系统和气压式制动系统等。

五、活动评价

(一) 课堂练习

1. 判断题

(1) 目前所有汽车都采用双回路制动系统,当一个回路失效时,另一个回路仍能工作,这有效提高了汽车的行车安全性。 ( )

(2) 行车制动系统是使行驶中的汽车增速的一套专门装置。 ( )

2. 单选题

(1) 制动主缸和制动轮缸属于制动系统的( )。

A. 供能装置 B. 传动装置 C. 控制装置 D. 制动器

(2) 在汽车制动系统中的制动器的作用是( )。

A. 产生制动能量

B. 产生制动动作和控制制动效果

C. 将制动能量传输到制动器的各个部件

D. 产生制动摩擦力矩的部件

(二) 技能评价

表 4-1　制动系统的认识之技能评价

序号	内　容	分值	得分
1	罩好"三件套",拉动发动机舱盖手柄	5	
2	在驾驶室找出制动踏板、驻车制动杆	15	
3	打开发动机舱盖,罩好发动机舱防护罩,拆下发动机护板	5	
4	找出发动机舱内的真空助力器	10	
5	找出发动机舱内的制动主缸	20	
6	找出发动机舱内的储液罐	20	
7	按照操作要求举起汽车	5	
8	在科鲁兹底盘台架上找出车轮制动器	15	
9	将汽车及举升机复位	5	
总　分		100	

(注:操作正确即得分,操作错误或未进行操作得 0 分)

学习任务2　盘式制动器拆装

一、活动目标

通过本活动学习，学习者应能：

(1) 简要概括钳盘式制动器的组成和工作原理。

(2) 叙述盘式制动器的优点和缺点。

(3) 在20分钟内顺利完成对盘式制动器的拆装。

二、知识准备

制动器按照结构可分为鼓式制动器和盘式制动器；按安装位置可分为车轮制动器和中央制动器。车轮制动器可用于行车制动和驻车制动，而中央制动器只用于驻车制动和缓速制动。

1. 盘式制动器

盘式制动器主要由制动钳、摩擦块、制动盘、活塞、制动缸体等几部分组成。其中，盘式制动器摩擦副中的旋转元件是以端面工作的金属圆盘，此圆盘称为制动盘。工作面积不大的摩擦块与其金属背板组成制动块，制动块及其促进装置都装在横跨制动盘两侧的夹钳形支架中，总称为制动钳。盘式制动器基本结构如图4-18所示。

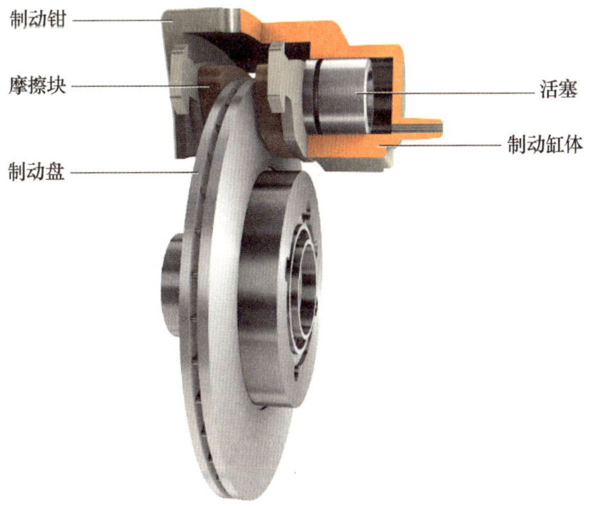

图4-18　盘式制动器基本结构

2. 盘式制动器基本原理

静止的摩擦块压紧旋转的制动盘产生摩擦力，达到减速直至停车的目的。

制动液压力推动活塞及摩擦块压紧旋转的制动盘产生摩擦，将动能转换成热能，散发到空气中。盘式制动器工作原理如图4-19所示。

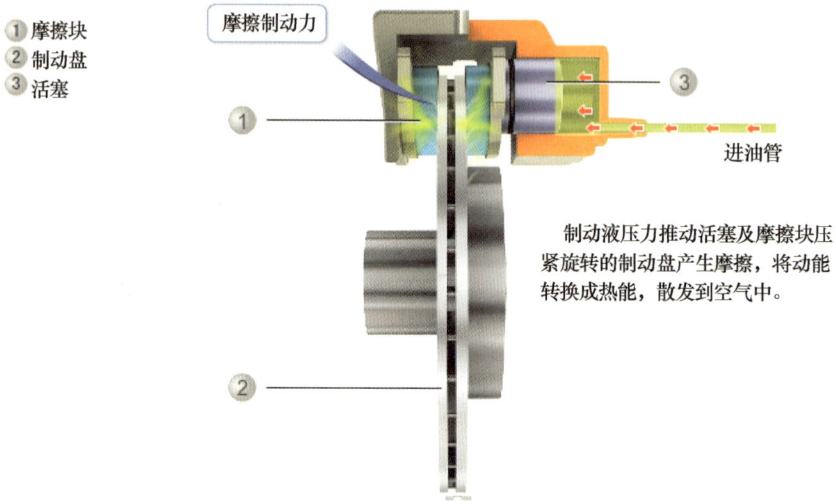

图 4-19　盘式制动器基本原理

3. 盘式制动器类型

制动器是制动系统中用以产生阻碍车辆运动或运动趋势的力的部件。凡利用固定元件和旋转元件工作表面的摩擦作用产生制动力矩的制动器都称为摩擦制动器，盘式制动器是摩擦制动器的一种。

盘式制动器根据其固定元件的结构形式可分为钳盘式制动器和全盘式制动器。钳盘式制动器由制动盘和制动钳组成；全盘式制动器固定元件的金属背板和摩擦片也呈圆盘形，但其制动盘的全部工作面可同时与摩擦片接触，个别情况下全盘式制动器还可作为减速器。

钳盘式制动器又可分为定钳盘式制动器和浮钳盘式制动器，如图 4-20 所示。

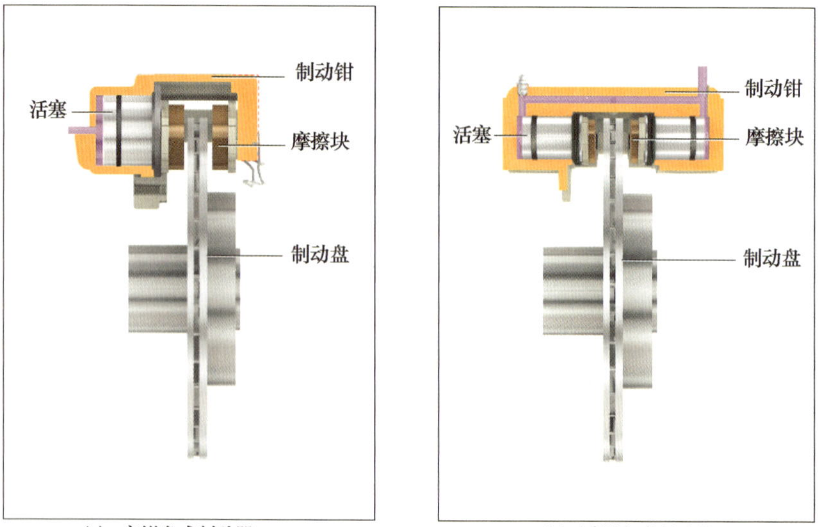

(a) 定钳盘式制动器　(b) 浮钳盘式制动器

图 4-20　盘式制动器类型

(1) 定钳盘式制动器

定钳盘式制动器的制动钳安装在车桥上，它既不能旋转，也不能沿制动盘轴线方向移动，因而必须在制动盘两侧的钳体中都装设制动块促动装置，以便分别将两侧的制动块压向制动盘。其结构组成如图 4-21 所示。

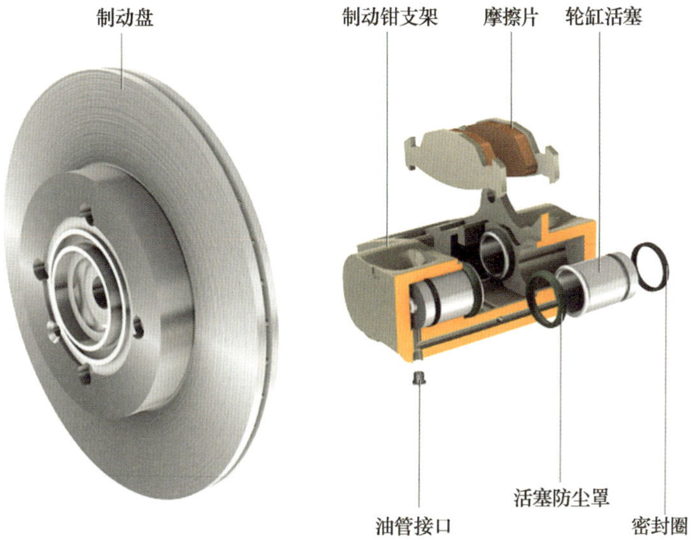

图 4-21　定钳盘式制动器结构

定钳盘式制动器的工作原理如图 4-22 所示。

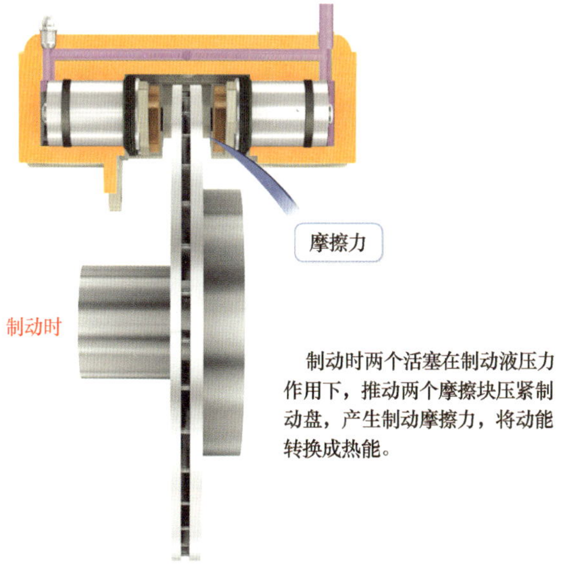

图 4-22　定钳盘式制动器工作原理

钳盘式制动器的活塞密封圈除了起密封作用外，还兼起活塞回位作用和调整间隙的作用。正常制动时，密封圈发生弹性变形，解除制动时，密封圈恢复变形，带动活塞一起回位。当制动器间隙过大时，活塞相对密封圈移动；回位时移动部分不可能恢复，移动量即为所调整的间隙量。

定钳盘式制动器存在的缺点：

① 油缸较多，使制动钳结构复杂。

② 油缸分置于制动盘两侧，必须用跨越制动盘的钳内油道或外部油管来连通。这必然使得制动钳的尺寸过大，难以安装在现代化轿车的轮辋内。

③ 热负荷大时，油缸(特别是外侧油缸)和跨越制动盘的油管或油道中的制动液容易受热气化。

④ 若要兼用于驻车制动，则必须加装一个机械促动的驻车制动钳。

由于上述缺点，定钳盘式制动器目前使用较少。

(2) 浮钳盘式制动器

浮钳盘式制动器的制动钳一般设计得可以相对制动盘轴向滑动或摆动。它只在制动盘的内侧设置液压缸，外侧的制动块附装在钳体上。按制动钳的运动方式不同，浮钳式制动器又可分为滑动钳盘式制动器和摆动钳盘式制动器，其中滑动钳盘式制动器应用更广。滑动钳盘式制动器结构如图 4-23 所示。

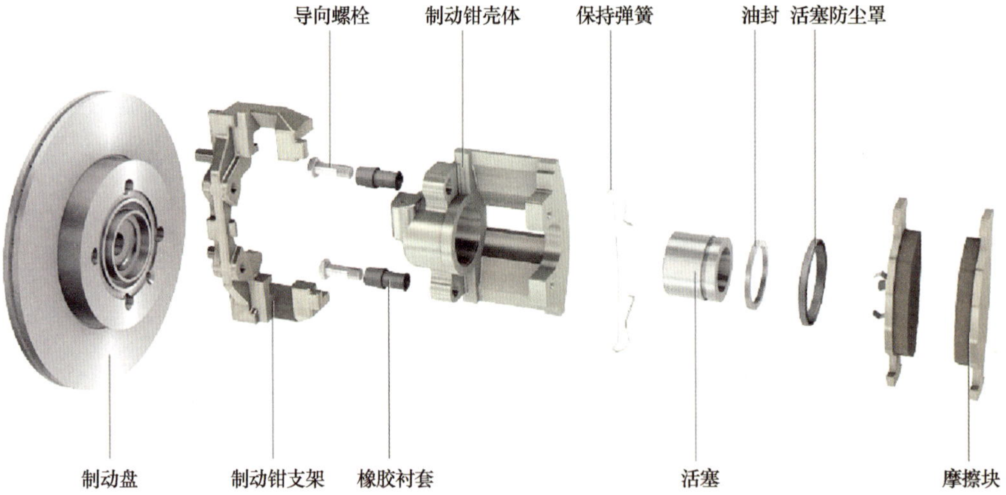

图 4-23　滑动钳盘式制动器结构

滑动钳盘式制动器实施制动时，液压力使活塞伸出，推动刹车片，刹车片压向制动盘的内侧表面。制动盘反作用于活塞上的压力使卡钳沿着导轨向内侧移动。卡钳的移动对外侧的刹车片施加了压力，使得刹车片压向制动盘外侧表面上。于是两侧的刹车片都压向制动盘的表面，逐渐增大的制动摩擦力使车轮停止转动。

滑动钳盘式制动器的工作原理如图 4-24 所示。

4. 全盘式制动器

全盘式制动器摩擦副的固定元件和旋转元件都是圆盘形的，分别称为固定盘和旋转盘，其工作原理与摩擦离合器相似。

5. 盘式制动器的优缺点分析

(1) 盘式制动器与鼓式制动器相比具有的优点

① 盘式制动器无摩擦助势作用，制动力矩受摩擦系数的影响较小，即热稳定性好。

② 盘式制动器浸水后效能降低较少，而且只须经一两次制动即可恢复正常，即基本不存在水衰退问题。

③ 在输出相同制动力矩的情况下，盘式制动器尺寸和质量一般较小。

④ 制动盘沿厚度方向的热膨胀量极小，不会像制动鼓的热膨胀那样使制动器间隙明显增加而导致制动踏板行程过大。

⑤ 较容易实现间隙自动调整，其他维修作业也较简便。

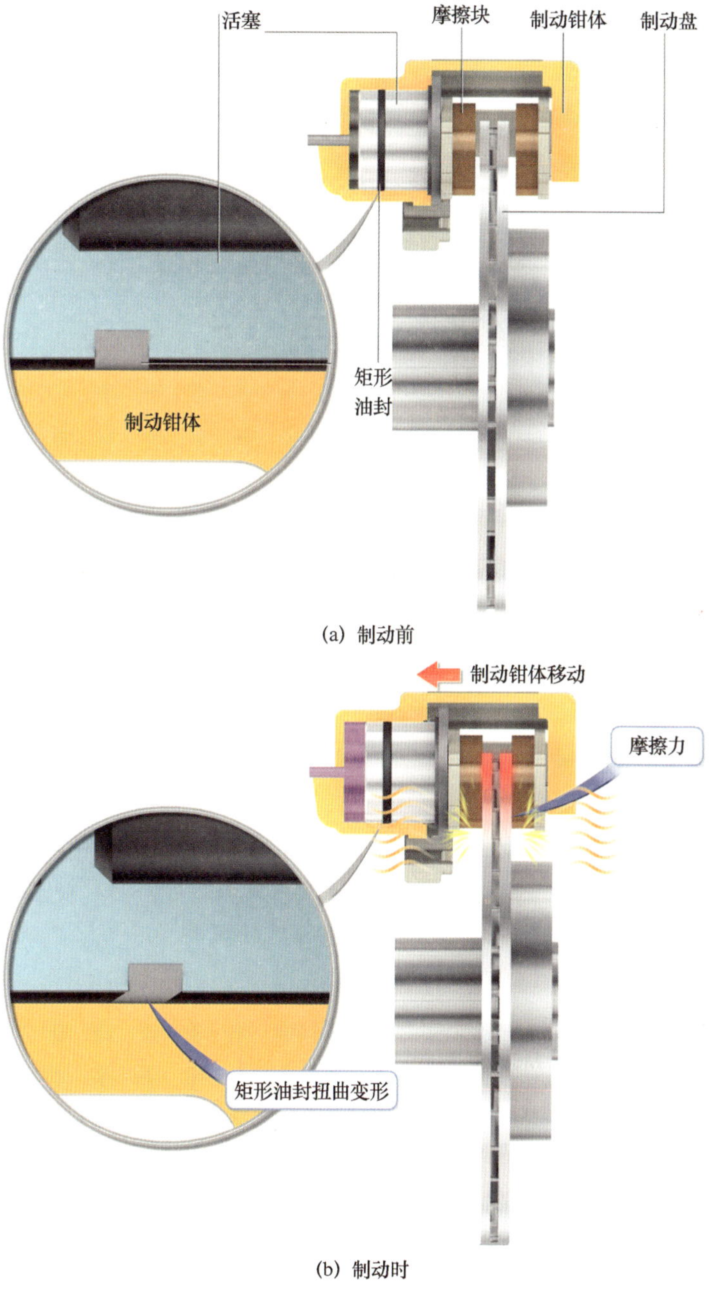

图 4-24　滑动钳盘式制动器工作原理

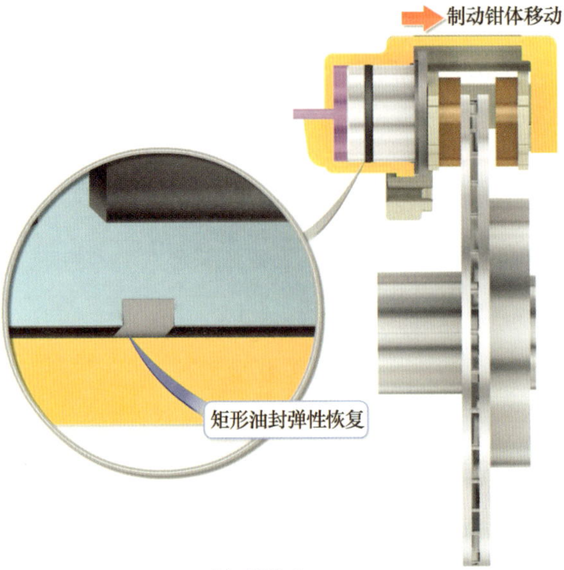

(c) 制动后

图 4-24 滑动钳盘式制动器工作原理(续图)

(2) 盘式制动器存在的缺点

① 效能较低，所需制动促动管路压力较高，一般要用伺服装置。

② 兼用于驻车制动时，需要加装的驻车制动传动装置较鼓式制动器复杂。

三、 活动实施

(一) 实施方案

1. 质量要求

参照厂家的质量标准要求。

2. 组织方式

每四位同学一组，以 2007 款卡罗拉为例，检查与更换其盘式制动器，按照企业岗位操作规范进行作业。

3. 作业准备

(1) 技术要求与标准(以 2007 款卡罗拉为例)：

① 制动器衬块和制动盘技术标准如表 4-2 所示。

表 4-2 制动器衬块和制动盘技术标准

项目	标准厚度/mm	最小厚度/mm
制动器衬块厚度	12.0	1.0
制动盘厚度	22.0	19.0

② 制动盘的最大径向跳动为 0.05 mm。

（2）设备器材：如图 4-25 所示。

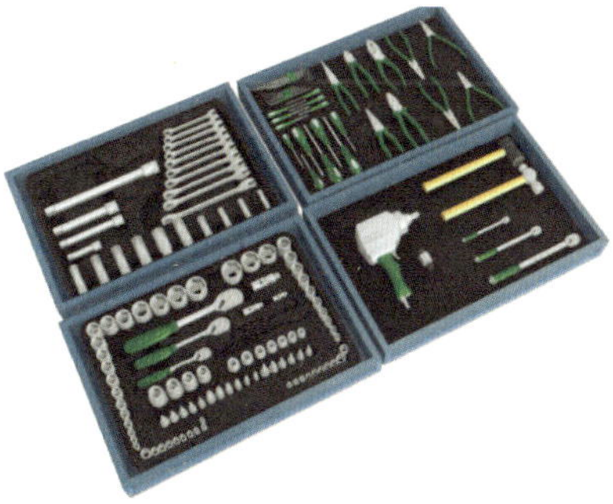

(a) 常用工具（一套）

(b) 百分表

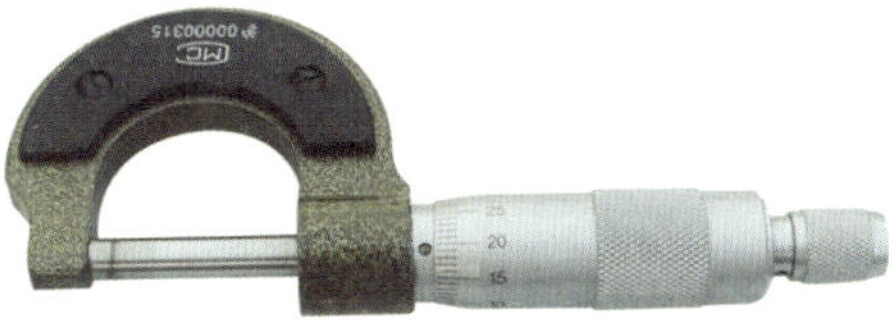

(c) 外径千分尺

图 4-25　设备器材

（3）场地设施：消防设施的场地。

（4）设备设施：2007 款卡罗拉轿车一辆、举升机、工具车、标保工具车、零件车、垃圾桶。

（5）耗材：干净抹布、泡沫清洗剂。

（二）操作步骤

1. 前盘式制动片的拆卸

（1）检查制动总泵储液罐中的液位。

（2）如果制动液液位处于最满标记和最低允许液位之间的中间位置，则在开始本程序前不必排出制动液。

（3）如果制动液液位高于最满标记和最低允许液位之间的中间位置，则在开始前应将制动液排出至中间位置。

（4）举升和顶起车辆。

（5）拆下轮胎和车轮总成。

（6）如图 4-26 所示，拆下制动钳下导销螺栓②。

（7）如图 4-26 所示，不断开液压制动器挠性软管，向上转动制动钳①，并用粗钢丝或同等工具固定制动钳。

（8）如图 4-27 所示，将制动片①从制动钳安装托架上拆下。

（9）如图 4-28 所示，使用 CH-6007-B 安装工具将盘式制动器制动钳活塞①推入制动钳孔中。

（10）如图 4-29 所示，将制动片固定弹簧①从制动钳托架上拆下。

（11）彻底清理制动钳托架上的制动片构件接合面处的所有碎屑和腐蚀。

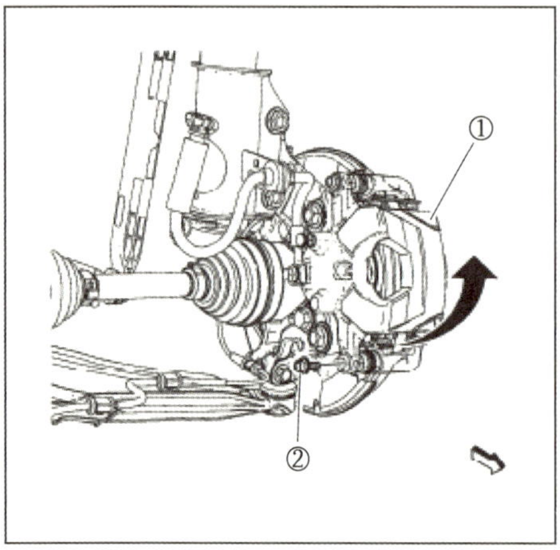

图 4-26　拆下制动钳下导销螺栓

图 4-27　将制动片拆下

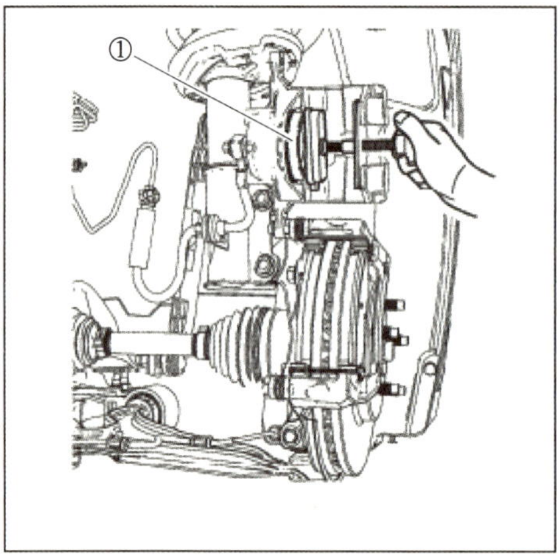

图 4-28　将盘式制动器制动钳活塞推入制动钳孔

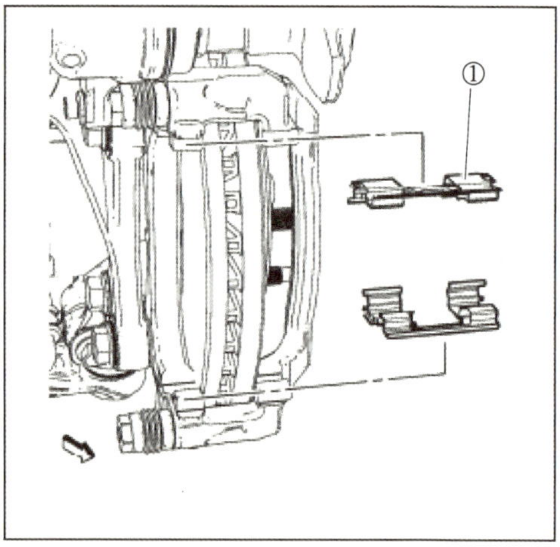

图 4-29　将制动片固定弹簧拆下

(12) 检查制动钳导销是否自由移动，并检查导销护套的状况。在支架孔内，里外移动导销，但不能使滑动脱离护套，并查看是否有以下状况：

① 制动钳导销移动受限；

② 制动钳安装托架松动；

③ 制动钳导销卡死或卡滞；

④ 护套开裂或破损。

(13) 如果发现上述任何状况，则需要更换制动钳导销和/或护套。

2. 前盘式制动片的安装

(1) 确保制动片构件接合面处清洁。

(2) 如图 4-30 所示，将制动片固定弹簧①安装至制动钳托架上。在制动片固定件上，涂抹一薄层高温硅润滑剂。

注意事项

装有盘式制动片的磨损传感器必须安装至制动盘的内侧，且前轮转动时传感器的前边缘面向制动盘或者安装至车辆位置时固定在制动片的顶部。

(3) 如图 4-31 所示，将制动片①装至制动钳托架。

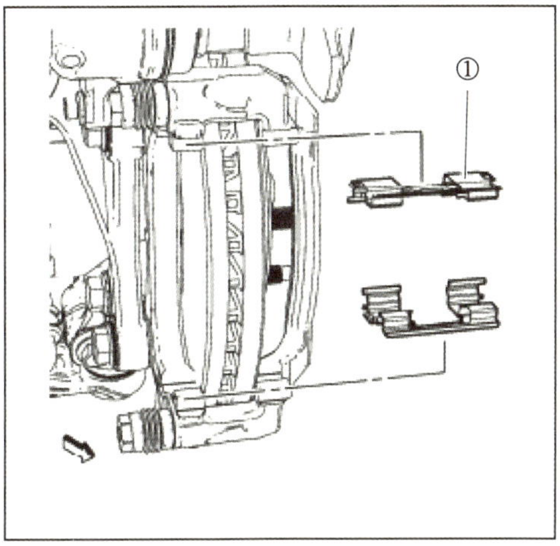

图 4-30　安装制动片固定弹簧

图 4-31　将制动片安装至制动钳托架

(4) 拆下支架并将制动钳转动到位，越过盘式制动片至制动钳安装托架。

(5) 安装制动钳导销下螺栓，并紧固至 28 N·m。

(6) 安装轮胎和车轮总成。

(7) 降下车辆。

(8) 关闭发动机，逐渐踩下制动踏板至其行程约 2/3 处。

(9) 缓慢地松开制动踏板。

(10) 等待 15 秒钟，然后再次逐渐踩下制动踏板至其行程约 2/3 处直到制动踏板坚实。这将使制动钳活塞和制动片正确就位。

(11) 加注总泵辅助储液罐至适当液位。如果结果不符合规定，则更换 PCV 阀。

四、活动小结

1. 制动系统的功用和组成

制动系统的功用主要是使汽车减速直至停车，以及使汽车可靠地驻留在停车位置。制动系统由供能装置、控制装置、传动装置及制动器四部分组成。

2. 制动系统的分类

制动系统根据功用可分为行车制动系统、驻车制动系统、第二制动系统及辅助制动装置；按照制动动力源还可分为人力制动系统、动力制动系统和伺服制动系统，以及专门用于挂车的惯性制动系统和重力制动系统。

3. 制动器的分类和工作原理

制动器多为摩擦式，按功用分为车轮制动器及驻车制动器两大类。不论何种制动器均包括固定元件、旋转元件、张开装置及定位调整机构四部分。根据旋转元件不同，制动器又分为鼓式和盘式两大类。车轮制动器工作时，张开装置使与车轮相连的旋转元件压紧固定元件，通过二者之间的摩擦作用使车轮减速直至车轮停转。

4. 盘式制动器分类

盘式车轮制动器根据固定元件不同分为钳盘式和全盘式两种，前者使用较多。钳盘式又分为定钳盘和浮钳盘式，浮钳盘式制动钳可沿滑销相对于制动盘作轴向滑动，只需布置单侧油缸，因此其轴向尺寸小、不易产生气阻。目前车辆上使用的多为浮钳盘式。

五、 活动评价

(一) 课堂练习

1. 判断题

(1) 盘式制动器主要有钳盘式和全盘式两种。 (　　)

(2) 定钳盘式制动器特点是制动盘两侧的制动块用两个液压缸同时促动。 (　　)

(3) 钳盘式制动器的活塞密封圈除了起密封作用外，还兼起活塞回位作用和调整间隙的作用。 (　　)

(4)滑动钳盘式制动器的特点是：制动钳可以相对制动盘作轴向滑动；只在制动盘的内侧设置油缸，而外侧的制动块则附装在钳体上。 (　　)

(5)汽车上都装有排气制动装置。 (　　)

2. 单选题

(1) 以下不是制动系统功用的是(　　)。

A. 行车制动系统　　B. 驻车制动系统

C. 辅助制动装置　　D. 人力制动装置

(2) 以下不是制动器结构组成的是(　　)。

A. 固定元件　　B. 旋转元件

C. 定位调整机构　　D. 锁紧装置

(3) 以下不是液压制动系统组成部分的是(　　)。

A. 供能装置　　B. 控制装置　　C. 手传动装置　　D. 制动器

(二) 技能评价

表 4-3　盘式制动器拆装之技能评价

序号	内　容	分值	得分
1	拆卸制动器衬块	10	
2	拆卸制动缸固定架	10	
3	拆卸制动盘	10	
4	分解盘式制动器	10	
5	检查盘式制动器	10	
6	组装盘式制动器	10	
7	安装制动盘	10	

续表

序号	内　容	分值	得分
8	安装制动缸固定架	10	
9	安装制动器衬块	10	
10	竣工检查	10	
总　分		100	

（注：操作规范即得分，操作错误或未进行操作得 0 分）

学习任务 3　鼓式制动器拆装

一、活动目标

通过本活动学习，学习者应能：

（1）说出轮缸式制动器的分类，并简要概括每种类型的组成结构和工作原理。

（2）简要概括凸轮式制动器的结构。

（3）用自己的语言概括楔式制动器的结构和工作原理。

（4）在 20 分钟内完成对鼓式制动器的拆装。

二、知识准备

鼓式制动器的旋转元件是制动鼓，固定元件是制动蹄，制动时制动蹄在促动装置作用下向外旋转，外表面的摩擦片压靠到制动鼓的内圆柱面上，对鼓产生制动摩擦力矩。

凡对蹄端加力使蹄转动的装置统称为制动蹄促动装置，制动蹄促动装置有轮缸、凸轮和楔。

以液压制动轮缸作为制动蹄促动装置的制动器称为轮缸式制动器；以凸轮作为促动装置的制动器称为凸轮式制动器；用楔作为促动装置的制动器称为楔式制动器。

1. 轮缸式制动器

（1）领从蹄式制动器

领从蹄式制动器的特点是两个制动蹄各有一个支点，一个蹄在轮缸促动力作用下张开时的旋转方向与制动鼓的旋转方向一致，称为领蹄；另一个蹄张开时的旋转方向与制动鼓的旋转方向相反，称为从蹄。其结构如图 4-32 所示。

制动时，两蹄在制动轮缸中液压的作用下，各自绕其支撑销偏心轴颈的轴线向外旋转，紧压到制动鼓上。解除制动时，撤除液压，两蹄便在回位弹簧的作用下回位。领从蹄式制动器工作原理如图 4-33 所示。

领蹄在摩擦力的作用下，蹄和鼓之间的正压力较大，制动作用较强。从蹄在摩擦力的作用下，蹄和鼓之间的正压力较小，制动作用较弱。两个制动蹄受到的轮缸促动力相等，称为等促动力制动器。领从蹄式制动器的两个制动蹄作用在制动鼓上的法向反力大小不等，这种制动器称为非平衡式制动器。

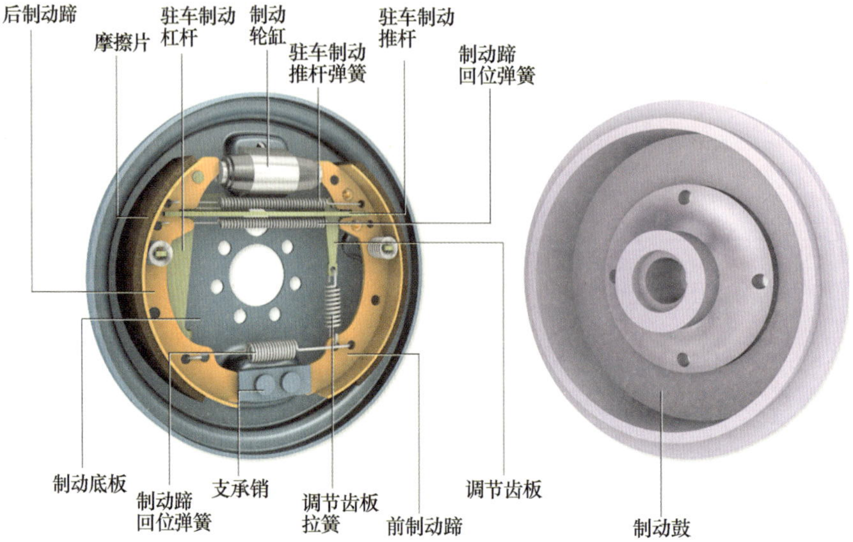

图 4-32　领从蹄式制动器

(2) 双领蹄和双向双领蹄式制动器

汽车前进时两个制动蹄均为领蹄的制动器称为双领蹄式制动器，其结构如图 4-34 所示。

双领蹄式制动器的结构特点是，每一制动蹄都用一个单活塞制动轮缸促动，固定元件的结构布置是中心对称式。

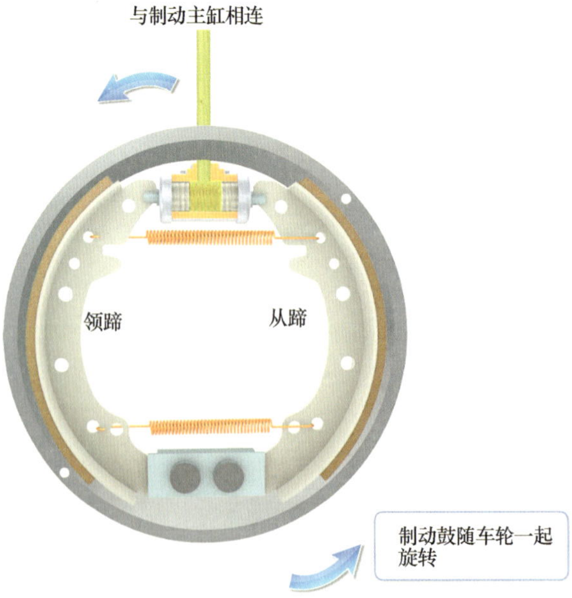

(a) 制动前

图 4-33　领从蹄式制动器工作原理

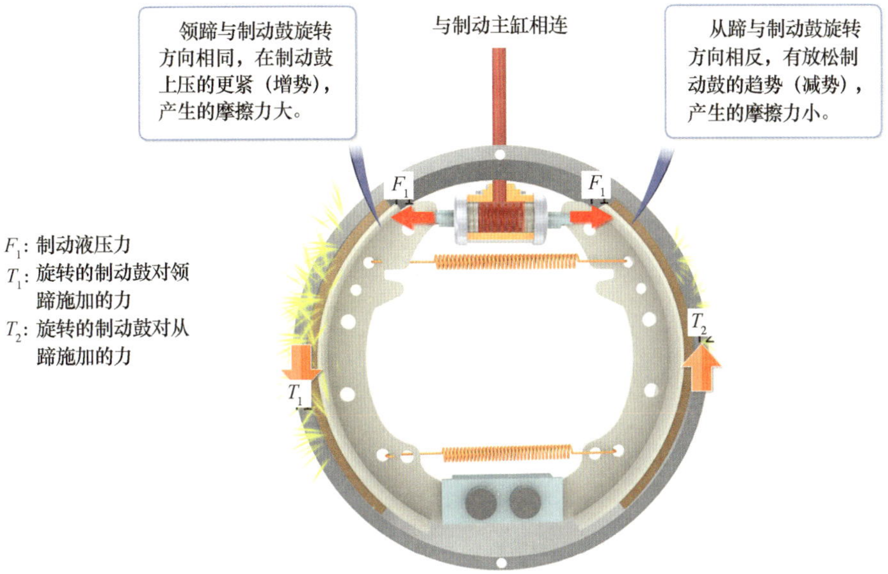

(b) 制动时

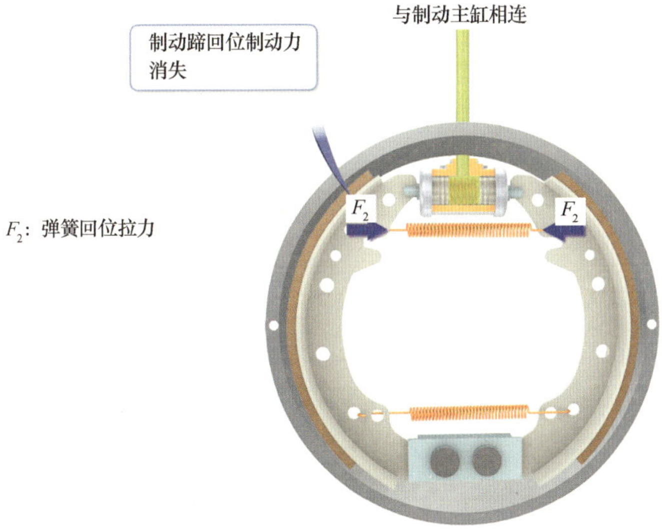

(c) 制动解除

图 4-33　领从蹄式制动器工作原理(续图)

双向双从蹄式制动器使用了两个双活塞轮缸，无论汽车前进还是倒车，都是双领蹄式制动器，故称双向双领蹄式制动器，其工作原理如图 4-35、图 4-36 所示。

(3) 双从蹄式制动器

汽车前进时两个制动蹄均为从蹄的制动器称为双从蹄式制动器。

双领蹄、双向双领蹄、双从蹄式制动器固定元件的布置都是中心对称，两制动蹄作用在制动鼓上的法向反力大小相等、方向相反、相互平衡，这种形式的制动器称为平衡式制动器。

(4) 单向和双向自增力式制动器

自增力式制动器的结构如图 4-37 所示。

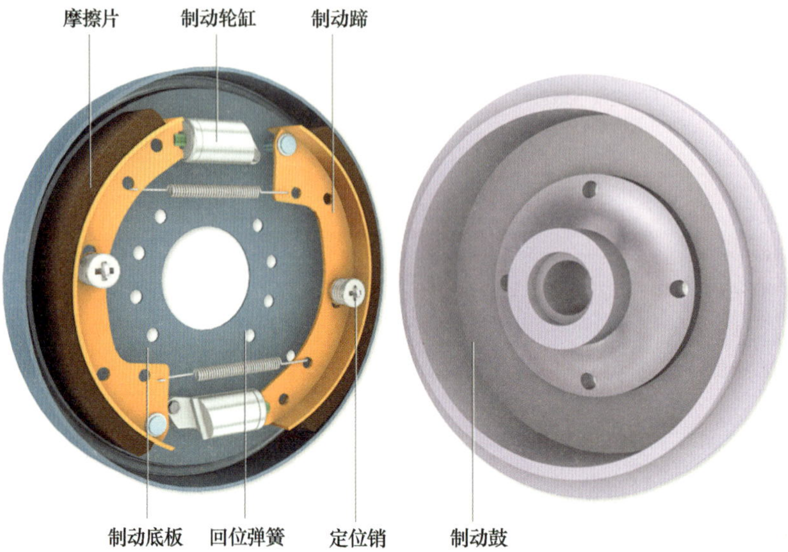

图 4-34　双领蹄式制动器

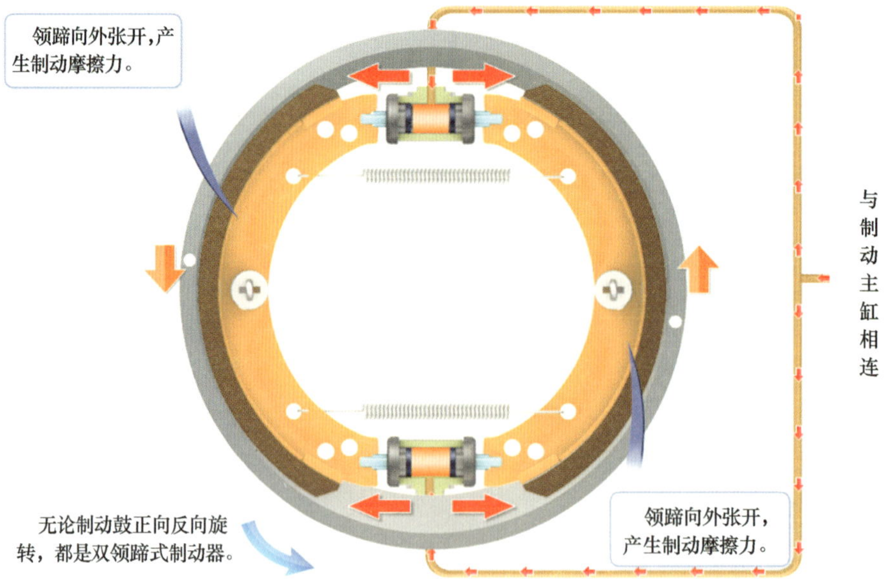

图 4-35　双向双领蹄式制动器的工作原理—制动蹄正向旋转制动时

单向自增力式制动器的两个制动蹄只有一个单活塞的制动轮缸，第二制动蹄的促动力来自第一制动蹄对顶杆的推力，两个制动蹄在汽车前进时均为领蹄，但倒车时能产生的制动力很小，如图 4-38 所示。

双向自增力式制动器的特点是两个制动蹄的上方有一个双活塞制动轮缸，轮缸的上方还有一个制动蹄支承销，两制动蹄的下方用顶杆相连。无论汽车前进还是倒车，都与自增力式制动器相当，故称双向自增力式制动器，如图 4-39 所示。

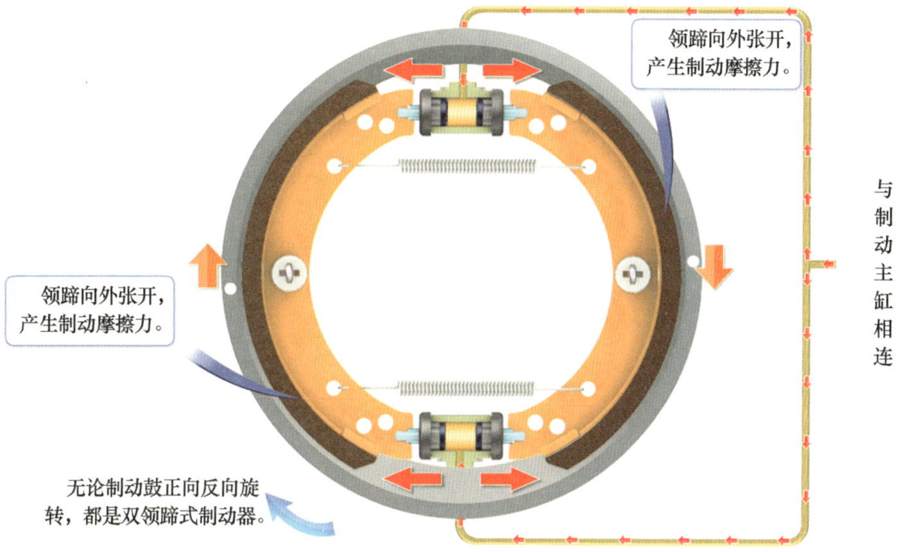

图 4-36　双向双领蹄式制动器的工作原理—制动蹄反向旋转制动时

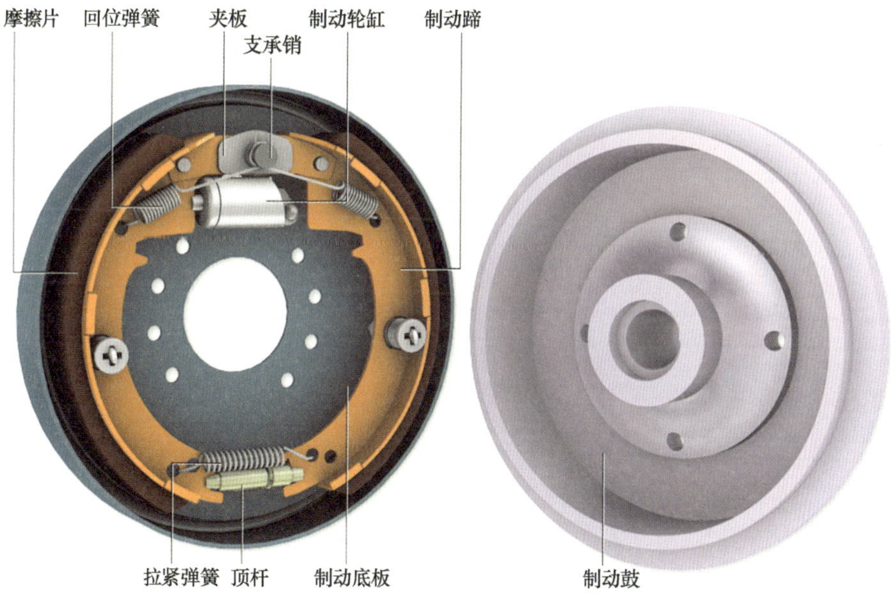

图 4-37　自增力式制动器的结构

（5）制动器间隙的调整

制动器间隙是指在不制动时，制动鼓和制动蹄摩擦片之间的间隙。

制动器间隙过小，不能保证完全解除制动，此间隙过大，制动器反应时间过长，直接威胁到行车安全。制动器在使用过程中，随着摩擦片的磨损，制动器间隙会变大，要求制动器必须有检查和调整间隙的可能。

现在很多汽车的制动器都装有制动器间隙自动调整装置，它可以保证制动器间隙始终处于最佳状态，不必经常人工检查和调整。

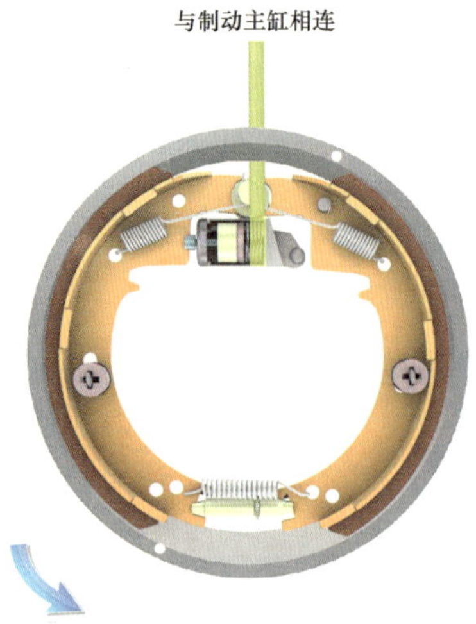

(a) 制动前

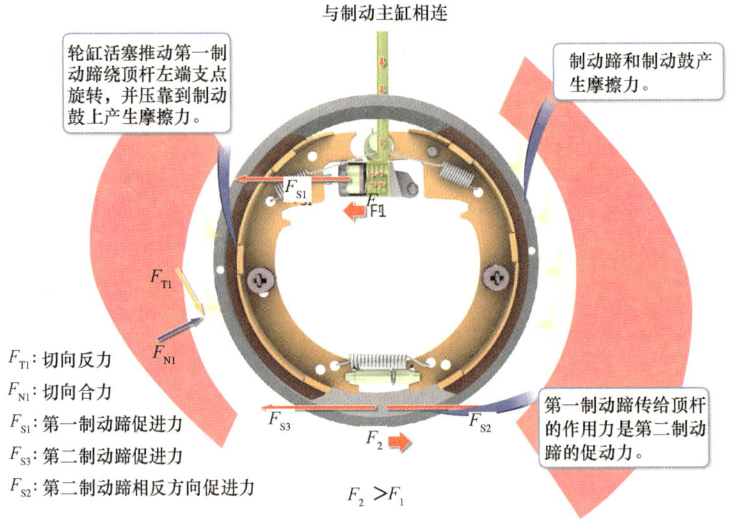

(b) 制动时

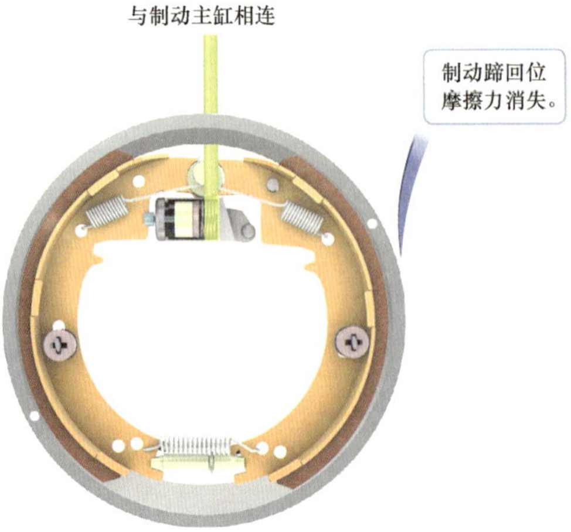

(c) 制动解除

图 4-38　单向自增式制动器的工作原理

① 摩擦限位式间隙自调装置

用以限定不制动时制动蹄内极限位置的限位摩擦环装在轮缸活塞内，限位摩擦环是一个有切口的弹性金属环，压装入轮缸后与缸壁之间的摩擦力可达 400～550 N。

如果制动器间隙过大，活塞向外移动靠在限位环上仍不能正常制动，活塞将在油压作用下克服制动环与缸壁间的摩擦力继续向外移动，摩擦环也被带动外移，解除制动时，制动器复位弹簧不可能带动摩擦环回位，也即活塞的回位受到限制，制动器间隙减小。如图 4-40、图 4-41 所示。

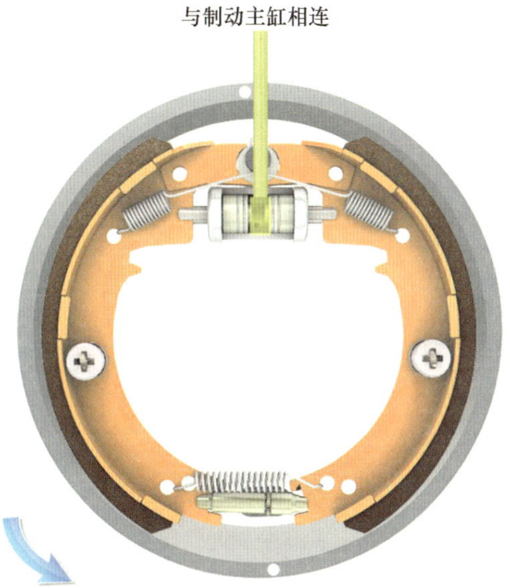

(a) 制动前

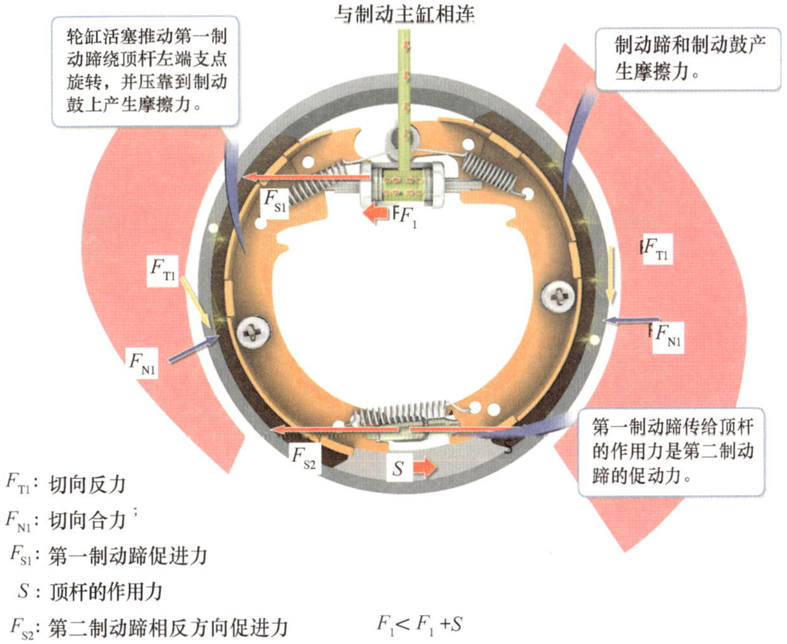

(b) 制动时

图 4-39　双向自增力式制动器的工作原理

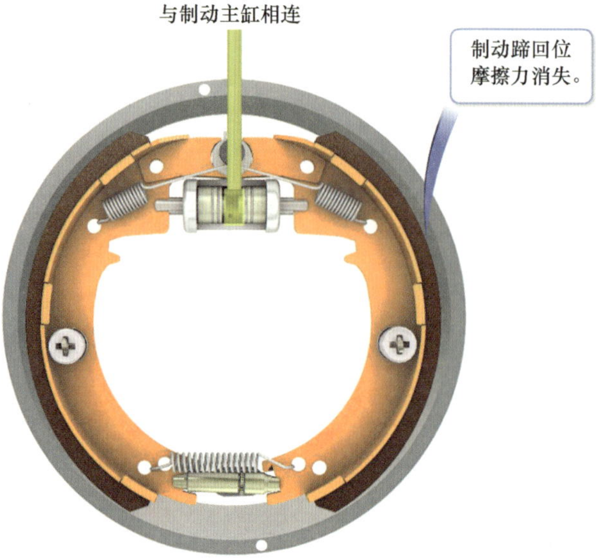

(c) 制动解除

图 4-39　双向自增力式制动器的工作原理(续图)

图 4-40　利用摩擦环间隙自动调装置的工作原理—正常间隙

摩擦限位式间隙自调装置也可以装在制动蹄上,其工作原理与装在轮缸内的摩擦限位环相似。

② 楔块式间隙自调装置

桑塔纳轿车的制动器间隙主要依靠楔形调节块调整。

2. 凸轮式制动器

凸轮式制动器是用凸轮取代制动轮缸对两制动蹄起促动作用,通常利用气压使凸轮转动,其结构如图 4-42 所示。

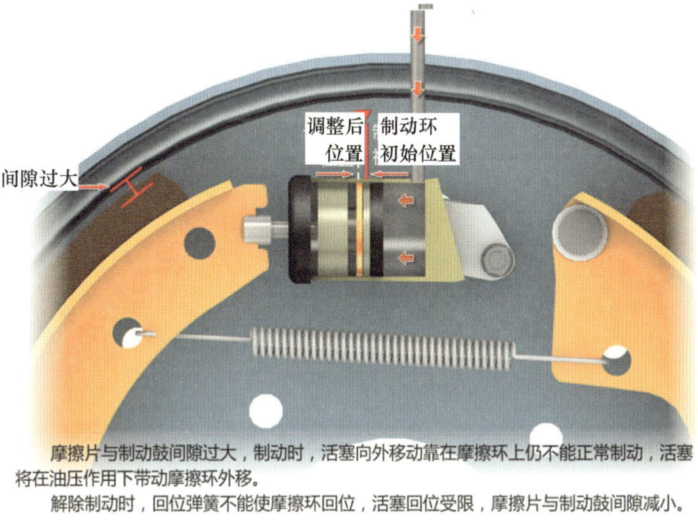

图 4-41　利用摩擦环间隙自动调装置的工作原理—间隙过大

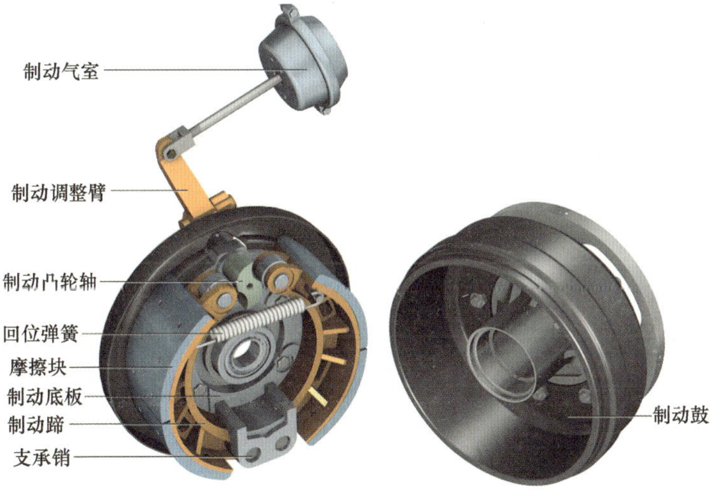

图 4-42　凸轮式制动器的结构

凸轮制动器制动调整臂的内部为蜗轮蜗杆传动，蜗轮通过花键与凸轮轴相连。正常制动时，制动调整臂体带动蜗杆绕蜗轮轴线转动，蜗杆又带动蜗轮转动，从而使凸轮旋转，张开制动蹄起制动作用。

制动调整臂除了具有传力作用外，还可以调整制动器的间隙。当需要调整制动器间隙时，制动调整臂体（也是蜗轮蜗杆传动的壳体）固定不动，转动蜗杆，蜗杆带动蜗轮旋转，从而改变了凸轮的原始角位置，达到了调整目的。

3. 楔式制动器

楔式制动器的制动蹄依靠在柱塞上，柱塞内端面是斜面，与支于隔离架两边槽内的滚轮接触，如图 4-43 所示。

制动时，轮缸活塞在液压作用下使制动楔向内移动，制动楔又使二滚轮一面沿柱塞斜面向内滚动,一面使二柱塞在制动底板的孔中向外移动一定距离,从而使制动蹄压靠到制动鼓上。轮缸液压一旦撤除,这一系列零件即在制动蹄复位弹簧的作用下各自复位,如图 4-44 所示。

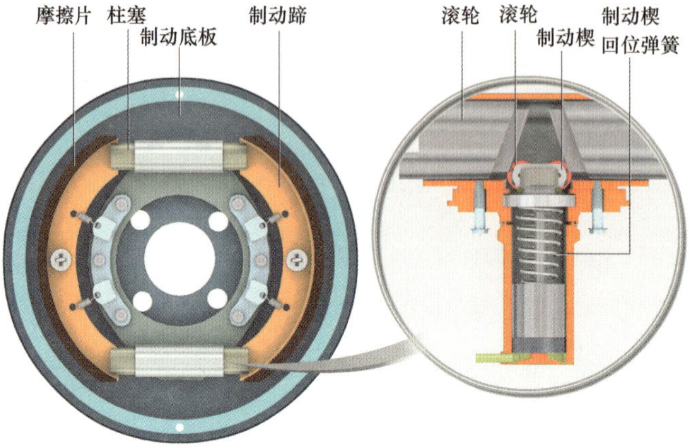

图 4-43　楔式制动器的组成

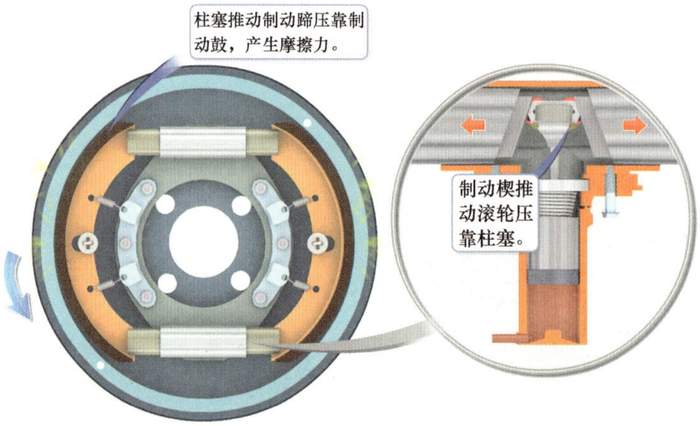

制动时,油压推动制动楔向左移动,制动楔推动滚轮压靠柱塞斜面向内滚动。
解除制动时,油液回位、在制动楔回位弹簧作用下,制动楔回位,滚轮和柱塞回位。

(a) 制动时

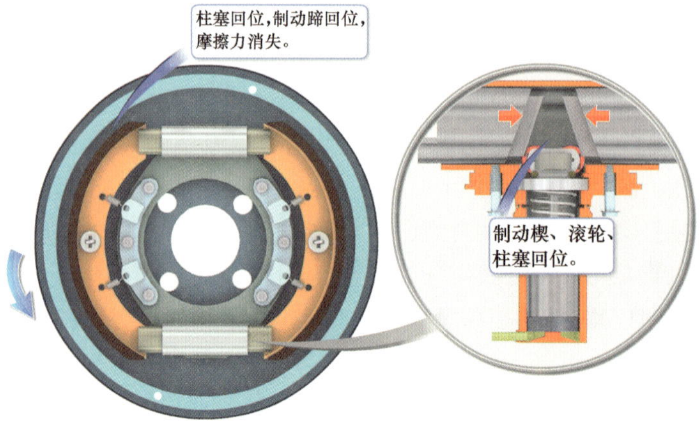

(b) 解除制动

图 4-44　楔式制动器的工作原理

三、活动实施

(一) 实施方案

1. 质量要求

参照 2013 款 1.6 L 自动挡科鲁兹轿车厂家的质量标准要求。

2. 组织方式

每四位同学一组，能够规范使用鼓式制动器拆装工具，按照企业岗位操作规范对鼓式制动器进行拆装作业。每组作业时间为 30 分钟。

3. 作业准备

(1) 技术要求与标准：

① 制动系统的制动器零部件认识。

② 制动器的制动蹄拆装与更换作业。

(2) 设备器材：如图 4-45 所示。

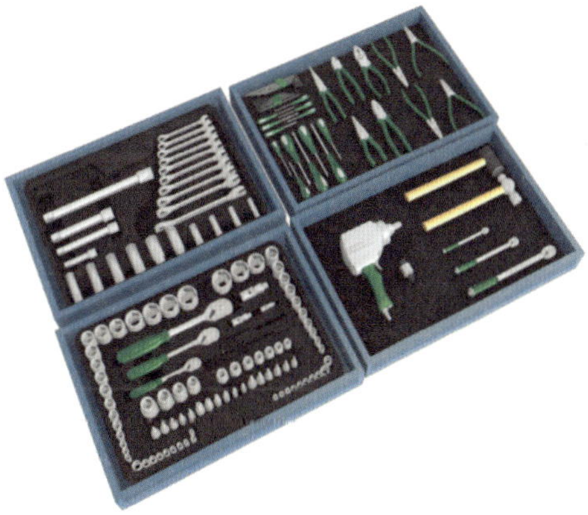

常用工具（一套）

图 4-45　鼓式制动器拆装之设备器材

(3) 场地设施：消防设施的场地。

(4) 设备设施：2013 款 1.6 L 自动挡科鲁兹轿车一辆、科鲁兹车型底盘相关专用工具、工具车、零件车、标保工具车、垃圾桶等。

(5) 耗材：干净抹布、清洁剂等。

(二) 操作步骤

1. 制动鼓的更换

(1) 制动鼓拆卸程序

① 检查以确保驻车制动器已完全释放。

② 举升和顶起车辆。

③ 拆下后轮胎和车轮总成。

④ 如图 4-46 所示，拆下制动鼓螺钉①。

⑤ 如图 4-46 所示，拆下制动鼓②。

⑥ 如果制动鼓被重新安装至车辆，使用 CH-41013 表面修整工具或同等工具，以便清除制动鼓②的轮毂/法兰接合表面上的锈蚀。

⑦ 使用 CH-42450-A 表面修整工具或同等工具，清洁轮毂法兰。

（2）制动鼓安装程序

① 如要安装新的制动鼓②，使用工业酒精或同等制动器清洗剂和干净的抹布，清除制动鼓摩擦表面上的保护涂层。

② 调节鼓式制动器。

③ 安装鼓式制动器。

④ 如图 4-47 所示，安装鼓式制动器螺钉①，并紧固至 7 N·m。

⑤ 安装轮胎和车轮总成。

⑥ 降下车辆。

⑦ 踩下制动器踏板约 3 次，以便安装和对中制动鼓中的制动蹄。

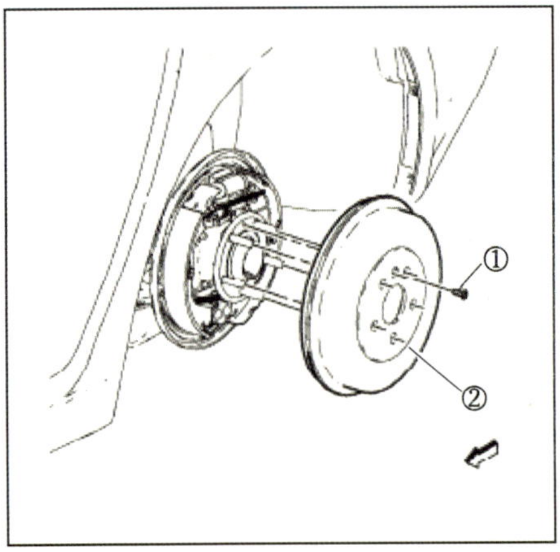

图 4-46　拆卸制动鼓

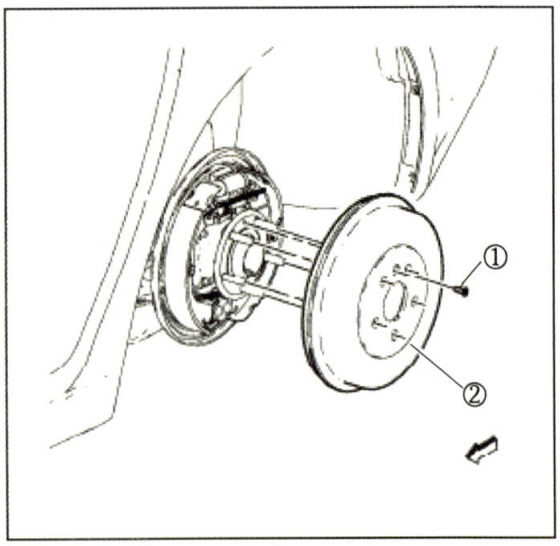

图 4-47　安装制动鼓

2. 制动蹄的更换

（1）制动蹄拆卸程序

① 举升和顶起车辆。

② 拆下轮胎和车轮总成。

③ 拆下制动鼓。

注意事项

切勿拉长调节器弹簧。如果过度拉伸弹簧，可能发生损坏。

④ 如图 4-48 所示，拆下调节弹簧①。将调节器弹簧弯钩端与调节器执行器杆上的凸舌分离，然后释放制动蹄辐板孔上的弹簧。

⑤ 如图 4-49 所示，将调节器执行器杆①与调节器总成②分离。

⑥ 如图 4-49 所示，拆下调节器总成②。

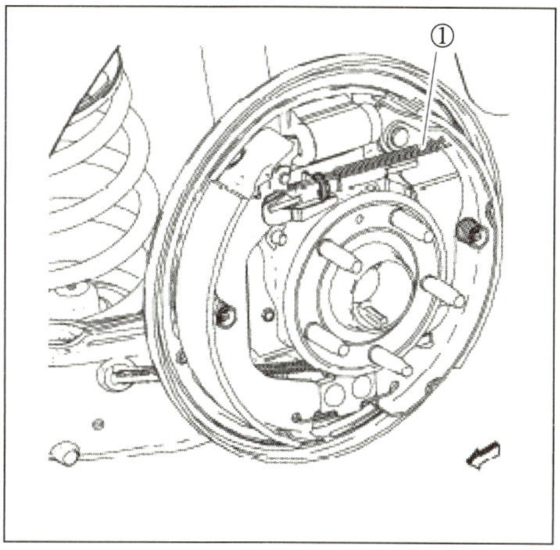

图 4-48　拆下调节弹簧

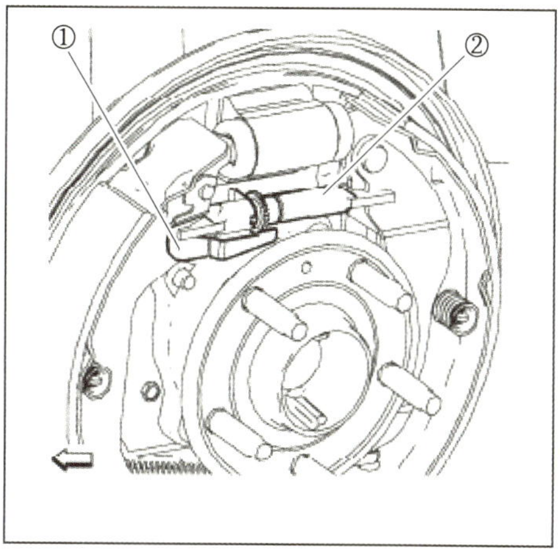

图 4-49　拆下调节器总成

⑦ 如图 4-50 所示，拆下制动蹄弹簧①，使用 CH-346 安装工具拧动弹簧帽②。

⑧ 如图 4-51 所示，拆下制动蹄①。

⑨ 如图 4-51 所示，将下弹簧④从前制动蹄上拆下。

⑩ 如图 4-51 所示，将驻车拉索③从驻车制动杆②上拆下。

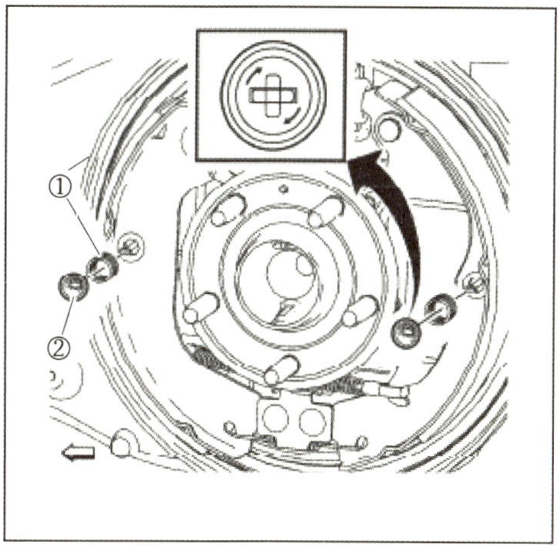

图 4-50　拆下制动蹄弹簧，拧动弹簧帽

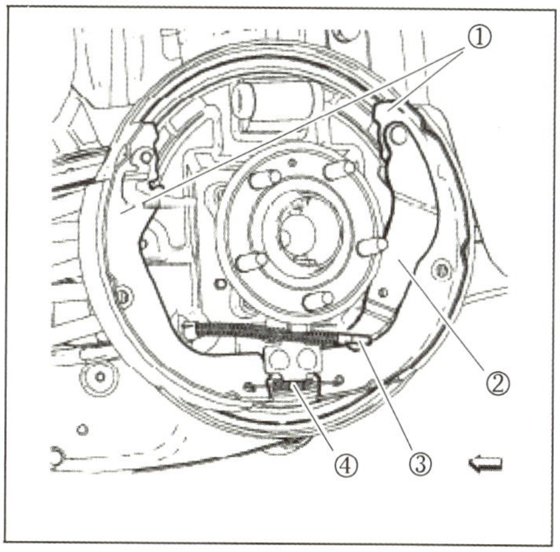

图 4-51　拆下制动蹄、弹簧和拉索

(2) 制动蹄安装程序

① 如图 4-52 所示，将调节器总成②安装至调节器执行器杆①。

② 尽可能旋转调节器。

③ 如图 4-53 所示，将驻车拉索③安装至驻车制动杆②上。

④ 如图 4-53 所示，将下弹簧④安装至前制动蹄。

⑤ 如图 4-53 所示，安装制动蹄①。

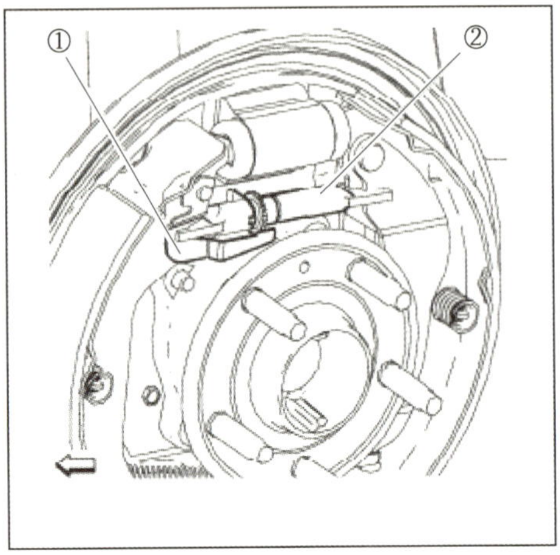

图 4-52　安装调节器总成

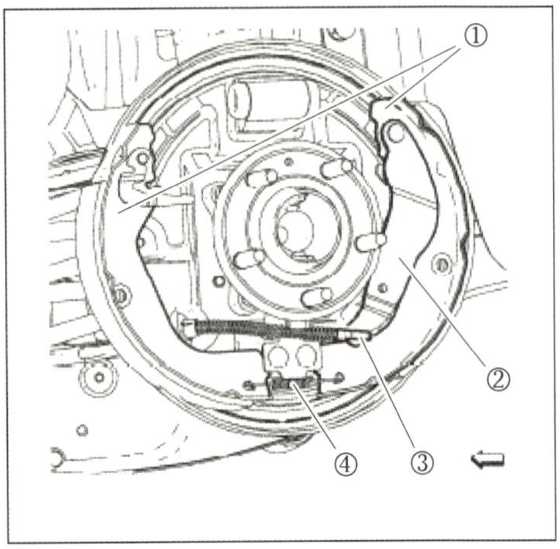

图 4-53　安装驻车拉索、下弹簧和制动蹄

⑥ 如图 4-54 所示，安装制动蹄弹簧①，使用 CH-346 安装工具拧动弹簧帽②。

⑦ 如图 4-55 所示，安装调节器弹簧①。确保弹簧上的搭扣与执行器杆上的凸舌充分接合。

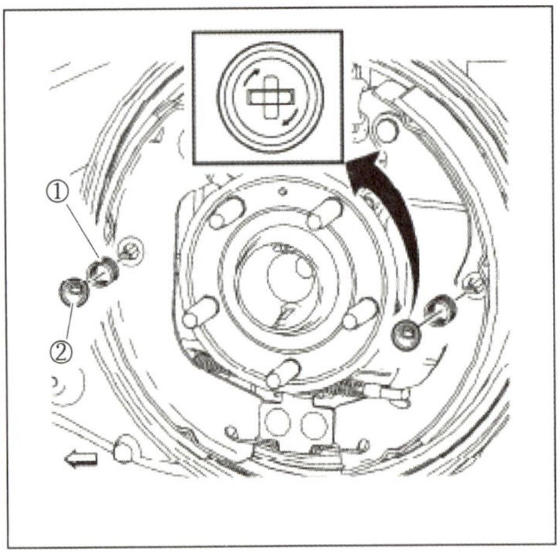

图 4-54　安装制动蹄弹簧

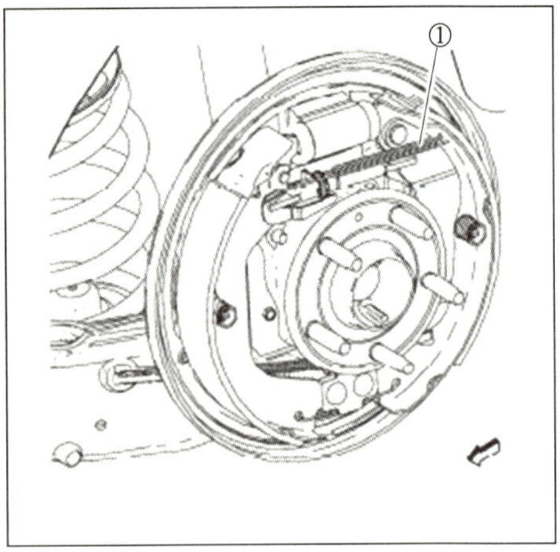

图 4-55　安装调节器弹簧

⑧ 安装制动鼓。

⑨ 安装轮胎和车轮总成。

⑩ 降下车辆。

四、活动小结

1. 鼓式制动器的分类

鼓式车轮制动器多为内张双蹄式。按张开装置的形式，鼓式制动器可分为轮缸式制动器和凸轮式制动器。轮缸式制动器按制动时两制动蹄对制动鼓的径向作用力之间关系又可分为简单非平衡式、平衡式和自增力式制动器。

2. 平衡式制动器的分类

平衡式制动器分为单向助势和双向助势两种。单向助势平衡式制动器的结构特点是两个制动蹄各用一个单活塞的轮缸，且两套制动蹄、制动轮缸、偏心支承销和调整凸轮等在制动底板上的布置是中心对称的。双向助势平衡式制动器的轮缸为双活塞，两制动蹄的两端既是支承点，又是张开力的作用点。平衡式制动器的制动效能、制动稳定性及平顺性都介于简单非平衡式及自增力式之间，其特有优点是具有两个对称的轮缸，最宜布置双回路制动系统。

3. 凸轮式制动器

凸轮式制动器多用于气压传动的制动系统，除了张开装置用凸轮外，其余部分结构与液压传动的简单非平衡式制动器大致相同。两蹄作用于制动鼓的法向等效合力虽然大小近似相等，但其作用线不在一条直线上，不可能相互平衡。故这种制动器仍是非平衡式的。

4. 制动间隙

制动器制动蹄与制动鼓之间必须有合适的间隙（制动间隙），以确保制动器正常工作。制动间隙的调整部位一般在制动蹄的支承点及张开端，车辆行驶一定里程后应进行调整。简单非平衡式、平衡式制动器制动间隙的调整部位一为张开端的调整凸轮，二为制动蹄支承销。自增力式制动器制动间隙的调整通过改变两制动蹄下端的浮动推杆长度进行。

五、活动评价

（一）课堂练习

1. 判断题

（1）一些简单非平衡式车轮制动器的前制动蹄摩擦片比后蹄摩擦片长，是为了增大前蹄片与制动鼓的摩擦力矩。（　　）

（2）简单非平衡式车轮制动器在汽车前进或后退时，制动力几乎相等。（　　）

（3）单向双缸平衡式车轮制动器在汽车前进和后退时，制动力大小相等。（　　）

（4）双向双缸平衡式车轮制动器在汽车前进和后退时，制动力大小相等。（　　）

（5）自动增力式车轮制动器在汽车前进和后退时，制动力大小相等。（　　）

2. 单选题

（1）北京 BJ2023 型汽车的前轮制动器是采用（　　）。

A. 简单非平衡式　　B. 单向平衡式

C. 双向平衡式　　D. 自动增力式

（2）液力张开的简单非平衡式车轮制动器，在轮缸内两活塞大小相等的情况下，其制动蹄摩擦片的长度是（　　）。

A. 前长后短　　B. 前后等长　　C. 前短后长　　D. 长度无关

（3）自动增力式车轮制动器的两制动蹄摩擦片的长度是（　　）。

A. 前长后短　　B. 前后等长　　C. 前短后长　　D. 长度无关

（4）液压制动系统中，一旦制动系内有（　　），必须立即排除。

A. 液体　　B. 杂质　　C. 水分　　D. 空气

(二) 技能评价

表 4-4 鼓式制动器拆装之技能评价

序号	内 容	分值	得分
1	正确使用举升机	10	
2	车轮总成的拆卸	5	
3	鼓式制动器的拆卸	10	
4	制动蹄的更换	10	
5	鼓式制动器的安装	10	
6	驻车拉索与驻车制动杆的安装	10	
7	鼓式制动器的调节	5	
8	鼓式制动器的调节	10	
9	连续踩踏制动踏板多次，施放空气	10	
10	按照规范流程进行拆装作业	10	
11	完成 5S 作业	10	
总 分		100	

(注：操作正确即得分，操作错误或未进行操作得 0 分)

学习任务 4　制动总泵和助力器拆装

一、 任务目标

通过本活动学习，学习者应能：

(1) 说出液压制动系统的结构组成。

(2) 简要概括液压制动总泵的结构和工作原理。

(3) 简要概括液压制动分泵的结构和工作原理。

(4) 在 30 分钟内顺利完成对制动总泵和助力器的拆装。

二、 知识准备

1. 液压制动系统

液压制动系统的传力介质是制动液。按增压力源不同，液压制动系统可分为真空增压制动系统、液压制动真空加力器和压缩空气增压制动系统。按制动管路的布置，液压制动系统可分为单管路制动系统(图 4-56)和双管路制动系统。其中双管路制动系统中管路布置有前后布置(图 4-57)和对角线布置(图 4-58)两种。

双管路制动系统，当其中部分车轮失去制动时，仍有另一半车轮能维持制动，虽然制动效能会有所下降，但汽车不会完全失去制动能力。

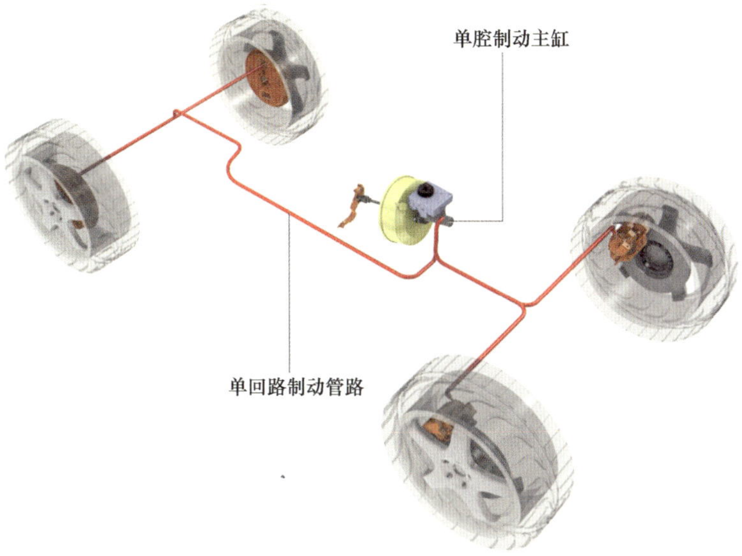

图 4-56　单管路制动系统

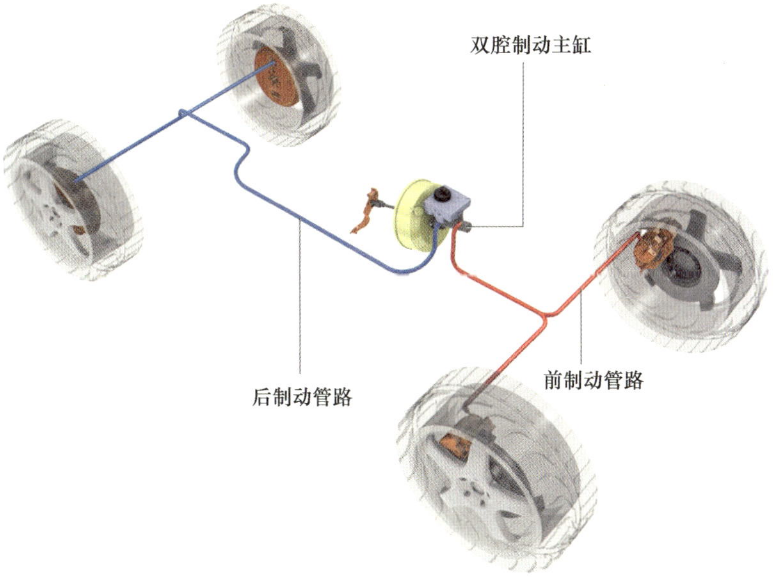

图 4-57　前后布置双管路制动系统

(1) 液压制动总泵

制动总泵(主缸)的作用是将驾驶员踩制动踏板的机械力转变成液体压力,并将具有一定压力的制动液经管路送到各车轮的制动分泵。

汽车液压制动总泵有单腔式和双腔式。现代轿车上广泛采用双腔串联推杆联动式,如图 4-59 所示。

双腔串联推杆联动式总泵由贮液缸和工作缸组成。贮液缸用隔板分为前、后两腔,顶部有带通气孔的盖子。工作缸分为前腔和后腔。工作缸内有前活塞和后活塞,前、后活塞之前

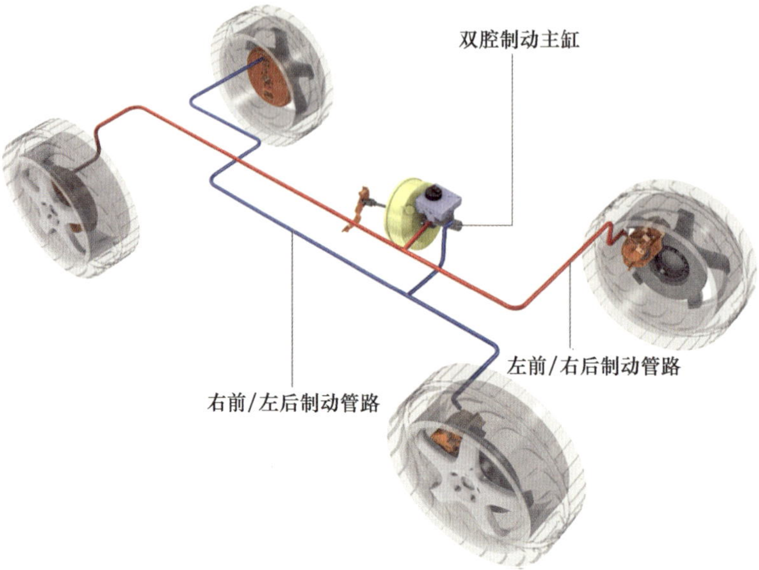

图 4-58　对角布置双管路制动系统

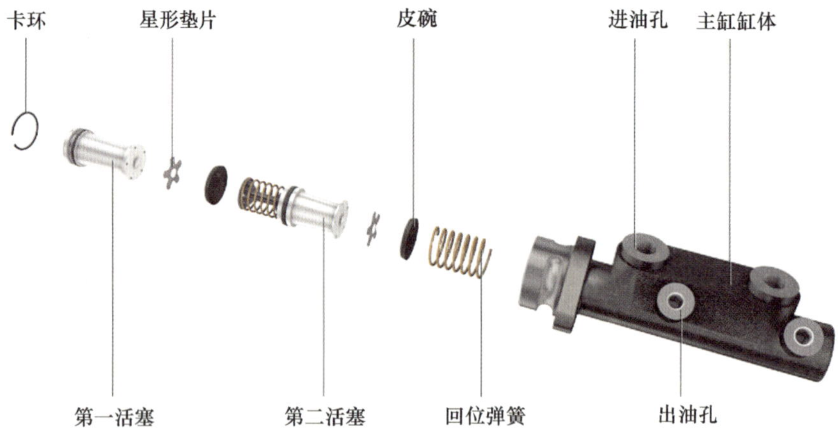

图 4-59　双腔串联制动总泵结构

有联动推杆，活塞上装有密封圈和回位弹簧。缸体上有与前、后分泵连通的出油孔和两套与贮液缸相通的回油孔和补偿孔。后腔活塞所占容积大于前腔活塞所占容积，会造成后桥制动力不足，为补偿后腔活塞多占的容积，一般将缸筒制成后大前小的阶梯形。

制动时，通过活塞推杆推动后活塞，再经推杆带动前活塞，压缩回位弹簧，使前、后活塞一起前移，使前、后腔容积缩小，在活塞封闭回油孔后，油压升高，制动液在总分泵之间压力差作用后，从前、后腔的出油孔流向前、后桥分泵实现制动。

放松制动时，活塞推杆后退，活塞在回位弹簧作用下后退，前、后腔容积增大，分泵制动液压力高于总泵制动液压力，部分制动液分别流回总泵前、后腔，制动器的制动作用被解除。

在完全放松制动踏板后，回油孔打开，多余的部分制动液可从回油孔流回贮液缸，以避免制动拖滞的产生。

（2）液压制动分泵

液压制动分泵（轮缸）有双活塞式和单活塞式。其作用是将总泵提供的液体压力转变为使制动蹄张开的机械推力。

液压制动分泵的结构如图 4-60 所示。

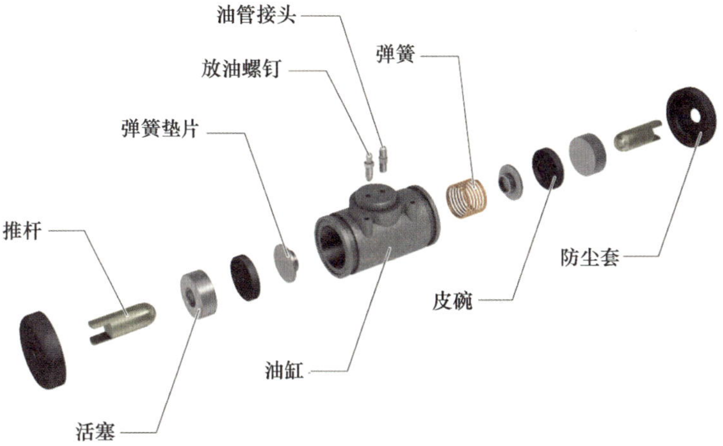

图 4-60　液压制动分泵的结构

如图 4-61 所示双活塞式分泵由缸体、两只活塞、皮碗、弹簧、放气阀及放气螺钉和防护罩等组成。活塞内腔有顶块，与制动蹄的端部相嵌合。皮碗用作防止漏油。弹簧的作用是使皮碗与活塞贴紧。放气螺钉用于排放制动系统内的空气。一旦制动系统内有空气，必须立即排除。

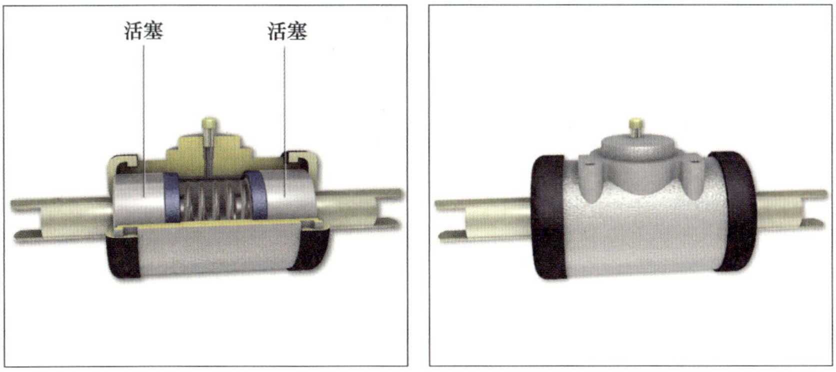

图 4-61　双活塞式分泵

如图 4-62 所示单活塞式分泵与双活塞式分泵比较，少了一只活塞和压紧弹簧，密封皮圈的结构与安装位置不同，其余结构相似。

制动时，总泵输出的压力制动液进入分泵后，对活塞作用一个推力，使活塞向外移动，将制动蹄推压在制动鼓上，从而产生制动作用。放松制动后，轮缸中制动液倒流回总泵，轮缸油压下降，制动蹄拉簧克服分泵内油压，将蹄片拉离制动鼓，使制动解除。

（3）液压制动真空加力器

真空加力器又叫助力器，它是利用真空加力气室产生的力源，协助踏板力共同推动总泵活塞，减轻驾驶员踩踏板的用力的装置，其结构如图 4-63 所示。这种装置与总泵安装在一起，使制动系统结构较简单、紧凑，广泛用于小型汽车上。

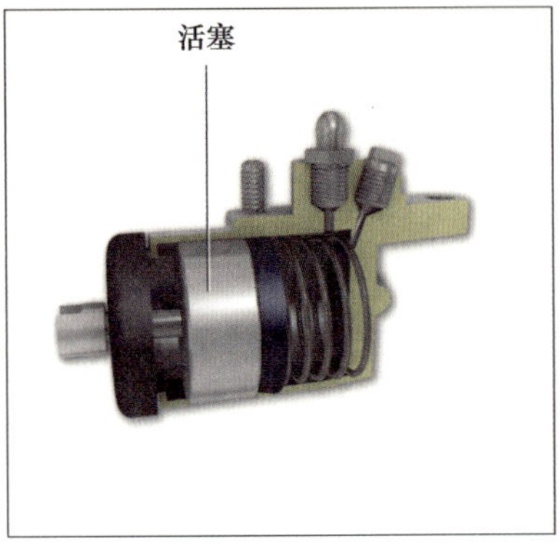

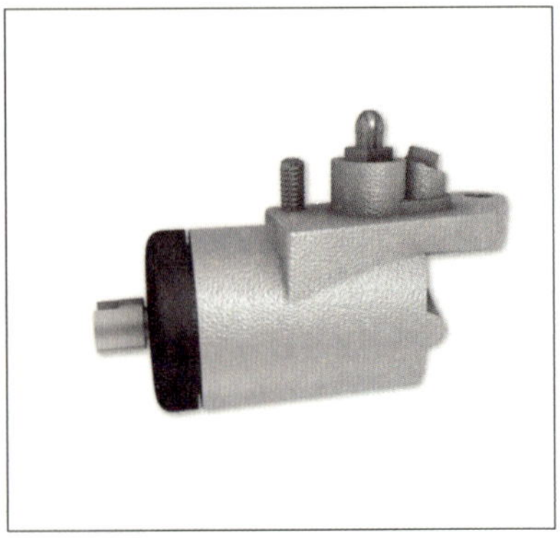

图 4-62　单活塞式分泵

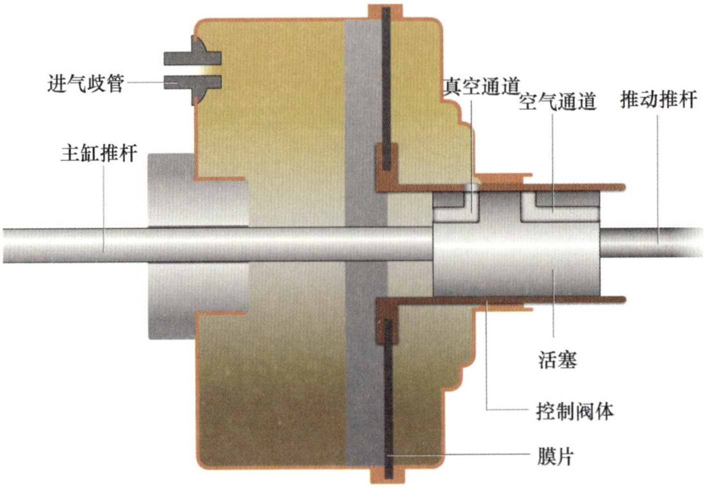

图 4-63　真空加力器

真空加力器与制动总泵相连，控制阀推杆右端与制动踏板连接。工作室由前、后壳体组成，中间夹装有膜片和膜片座。它的前室与带单向阀的真空管和进气管相连，后室的膜片座内有连通气室前室和控制阀腔的通道和连通气室后室和控制阀腔的通道。橡胶阀与膜片座上特制的阀座组成真空阀，又与控制阀活塞和大气阀座组成大气阀。控制阀活塞与推杆球头铰接。

不制动时，弹簧将推杆连同活塞向后推到极限位置，阀门被弹簧压在大气阀座上，即大气阀关闭。气室的前室和后室经通道、控制阀通道相互连通，并与空气隔绝。

制动时，踩下制动踏板，膜片座固定不动，来自踏板的力推动推杆和活塞相对于膜片座前移，当活塞与反作用盘之间的间隙消除后，踏板力便经反作用盘传给制动总泵推杆。总泵的制动液流入分泵；同时，阀门在弹簧作用下，随同控制阀柱塞前移，直到与膜片座上的真空阀座接触，使前、后气室隔绝。推杆推动活塞前移到后端通大气。前、后气室压力差作用，加力气室膜片和膜片座前移，总泵推杆进一步推动活塞将制动液送入分泵。较小的踏板力，可获得较大的制动力。

制动踏板停在某一位置，控制阀柱塞和推杆停在某个位置上；橡胶阀门随膜片座前移，落到控制阀活塞端面上，与大气阀座贴接，真空阀和空气阀同时关闭，处于平衡状态，此时分泵中压力保持不变。

松开踏板，在弹簧作用下，控制阀活塞和推杆、橡胶阀门一起后移到右边极限位置。在回位中，大气阀门关闭，真空阀开启，使气室左、右压力相等。加力气室膜片和制动总泵也回复到原来位置。

三、活动实施

（一）实施方案

1. 质量要求

参照 2013 款 1.6 L 自动挡科鲁兹轿车厂家的质量标准要求。

2. 组织方式

每四位同学一组，能够规范使用制动总泵和助力器拆装工具，按照企业岗位操作规范对制动总泵和助力器进行拆装作业。每组作业时间为 30 分钟。

3. 作业准备

（1）技术要求与标准：

① 会正确更换制动总泵及储液罐。

② 会正确更换助力器。

（2）设备器材：如图 4-64 所示。

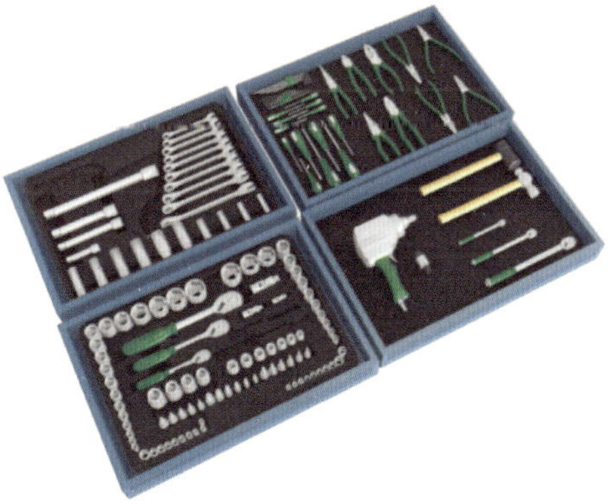

常用工具（一套）

图 4-64　制动总泵和助力器拆装之设备器材

（3）场地设施：消防设施的场地。

（4）设备设施：2013 款 1.6 L 自动挡科鲁兹轿车一辆、科鲁兹车型底盘相关专用工具、工具车、零件车、标保工具车、垃圾桶等。

（5）耗材：干净抹布、清洁剂等。

（二）操作步骤

1. 总泵储液罐的加注

（1）通过制动总泵储液罐目视检查制动液位。

（2）如果在常规油液检查时发现制动液液位处于或低于半满位置，则应检查制动系统有无磨损和可能的制动液泄漏。

（3）如果在常规油液检查时发现制动液液位处于或低于半满位置，且制动系统检查未发现磨损或制动液泄漏，则可以将制动液加注至最满标记。

（4）如果刚完成制动系统维修，则可将制动液加注至最满标记。

（5）如果制动液液位高于半满位置，则在正常状况下不建议添加制动液。

（6）如果要向总泵储液罐中添加制动液，则应在拆下储液罐盖和膜片前，清洁储液罐上及盖周围的外侧表面。

2. 总泵储液罐的更换

将制动液从总泵储液罐中排除并报废。总泵储液罐的更换如图 4-65 所示。

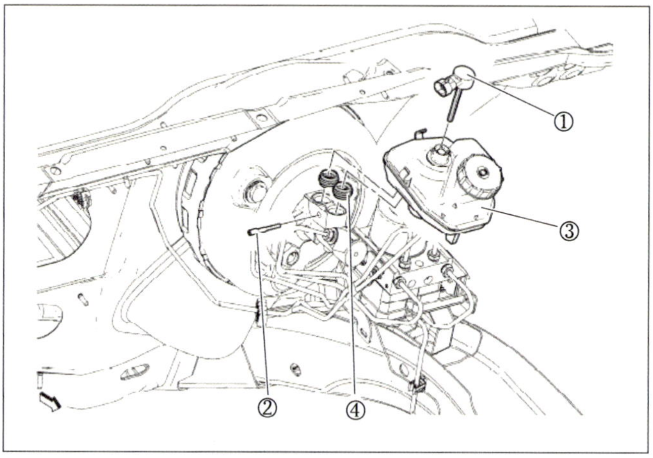

图 4-65　总泵储液罐的更换

（1）制动液液位指示灯开关的相关操作：

① 断开电气连接器。

② 顺时针转动液位指示灯且向上将其拆下。

（2）总泵储液罐螺栓拧紧扭矩 2.5 N·m。

（3）总泵储液罐程序：

① 检查总泵是否损坏，必要时进行更换。

② 用工业酒精清洁储液罐。

③ 用经过过滤的、不含润滑脂的压缩空气干燥储液罐。

④ 总泵储液罐密封件（数量：2）。

注意事项

向制动液储液罐或离合器储液罐中添加制动液时，仅使用清洁器中的 DOT-4 制液。这种聚乙二醇制动液吸湿且吸潮。请勿使用开口容器中可能受水污染的制动液。不正确或受污染的油液可能会导致系统部件的损坏。

3. 总泵的更换

(1) 拆卸程序

① 如图 4-66 所示,拆下散热器缓冲罐夹子②。

② 如图 4-66 所示,拆下散热器缓冲罐①并放置在一边不排水。

③ 断开制动液液位指示灯开关电气连接器,勿断开发动机冷却液软管,与制动液储液罐分离。

④ 如图 4-67 所示,断开总泵副制动管接头①。盖上制动管接头并堵住总泵出口以防止制动液流失和污染。

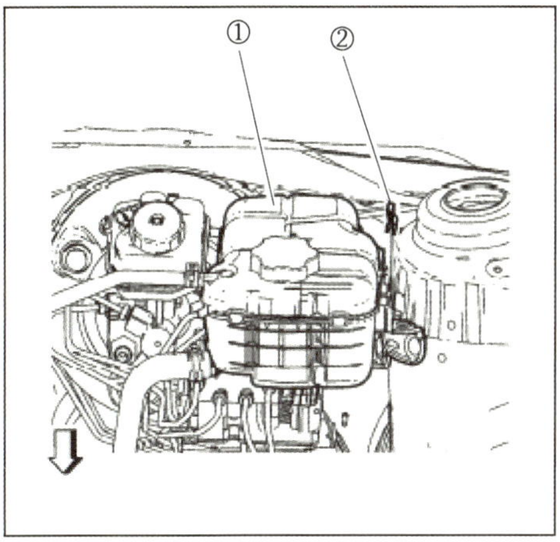

图 4-66　拆下散热器

图 4-67　断开总泵副制动管接头

⑤ 如图 4-68 所示,断开总泵主制动管接头①。盖上制动管接头并堵住总泵出口以防止制动液流失和污染。

⑥ 如图 4-69 所示,拆下并报废总泵螺母①。

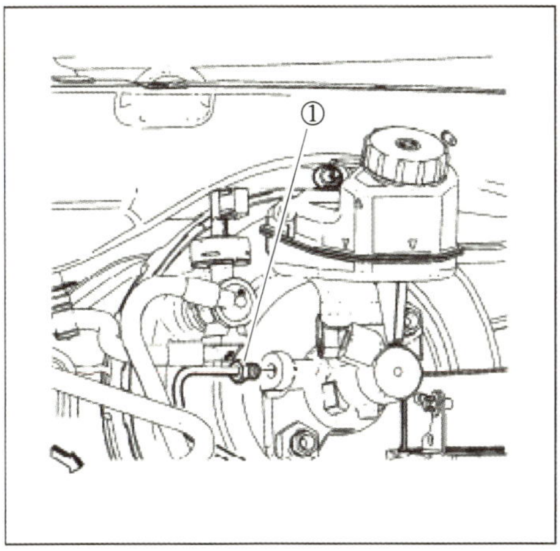

图 4-68　断开总泵主制动管接头

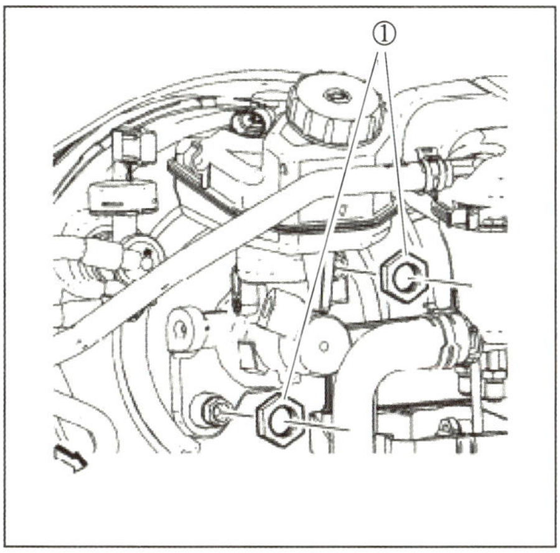

图 4-69　拆下并报废总泵螺母

⑦ 拆下带制动液储液罐的总泵。

⑧ 检查总泵至真空制动助力器的密封件是否损坏，必要时进行更换。

⑨ 必要时拆下总泵储液罐。

（2）安装程序

① 将制动液储液罐安装到总泵上。

② 确保总泵至真空制动助力器密封件正确安装在总泵桶上。

③ 执行总泵台钳排气。

④ 安装总泵。

⑤ 如图 4-70 所示，安装新的总泵螺母①并紧固至 50 N·m。

⑥ 将制动液液面指示开关线束安装至制动液储液罐并连接电气连接器。

⑦ 连接总泵主制动管接头①并紧固至 18 N·m。

⑧ 如图 4-71 所示，连接总泵次级制动管接头①，紧固至 18 N·m。

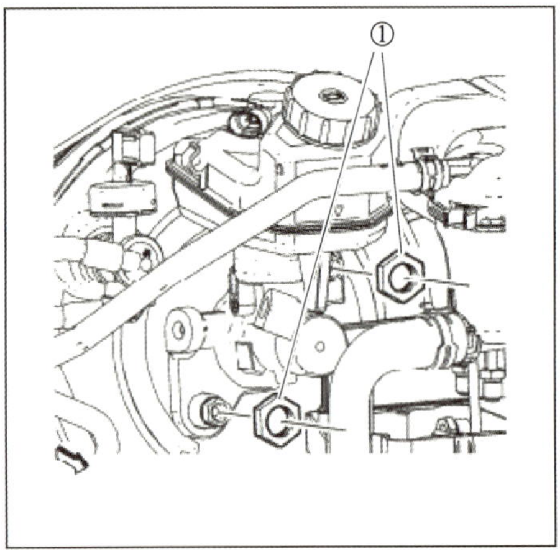

图 4-70　安装新的总泵螺母

图 4-71　连接总泵次级制动管接头

⑨ 如图 4-72 所示，重新定位并安装散热器缓冲罐①。

⑩ 如图 4-72 所示，安装散热器缓冲罐夹子②。

⑪ 对液压制动系统排气。

4. 电动制动助力器的更换

（1）拆卸程序

① 将点火开关置于 OFF(关闭)位置。

注意事项

切勿断开发动机冷却液软管。

② 如图 4-73 所示，拆下散热器缓冲罐夹子②。

③ 如图 4-73 所示，拆下散热器缓冲罐夹子①。将散热器缓冲罐①放置在一边。

④ 如图 4-74 所示，拆下制动液储液罐盖并用 CH-558-10 安装盖①，以防止制动液流失和污染。

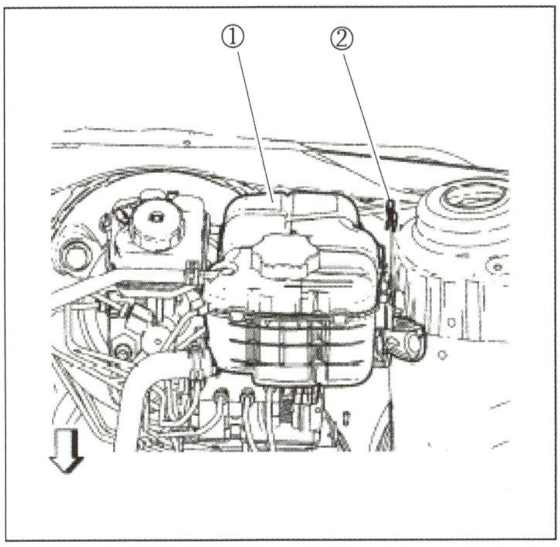

图 4-72　安装散热器缓冲罐和夹子

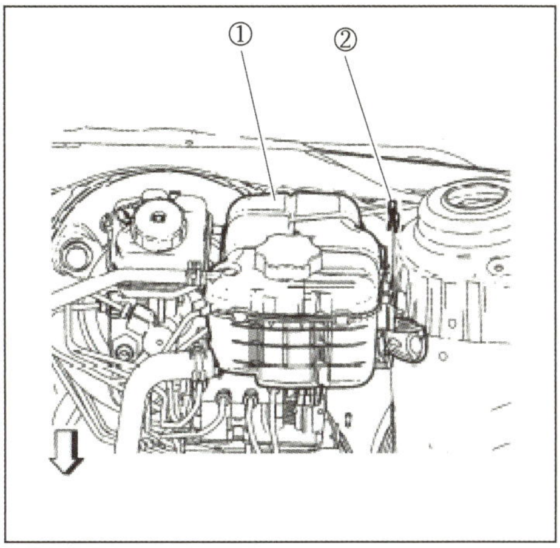

图 4-73　拆下散热器缓冲罐夹子

注意事项

务必在点火开关处于 OFF(关闭)位置的情况下连接或断开电子制动控制模块/电子制动与牵引控制模块的线束连接器。未能遵循此说明可能会导致电子制动控制模块/电子制动与牵引控制模块损坏。

⑤ 将电气连接器从电子制动控制模块/电子制动与牵引控制模块上断开。

注意事项

盖上制动管接头,以防止制动液流失和污染。

⑥ 如图 4-75 所示,将 6 根制动管(①和②)从制动压力调节阀上拆下。

⑦ 如图 4-76 所示,断开总泵副制动管接头①。

⑧ 如图 4-77 所示,断开总泵主制动管接头①。

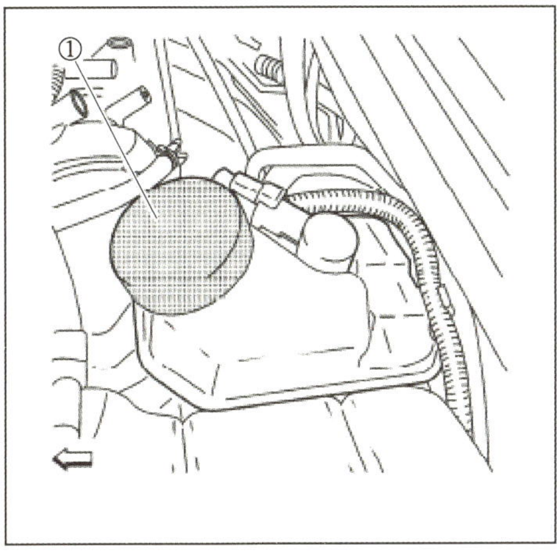

图 4-74　拆下制动液储液罐盖

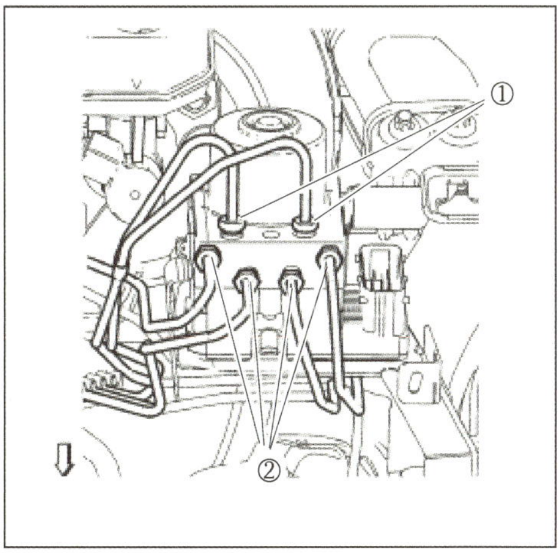

图 4-75　拆下 6 根制动管

图 4-76 断开总泵副制动管接头

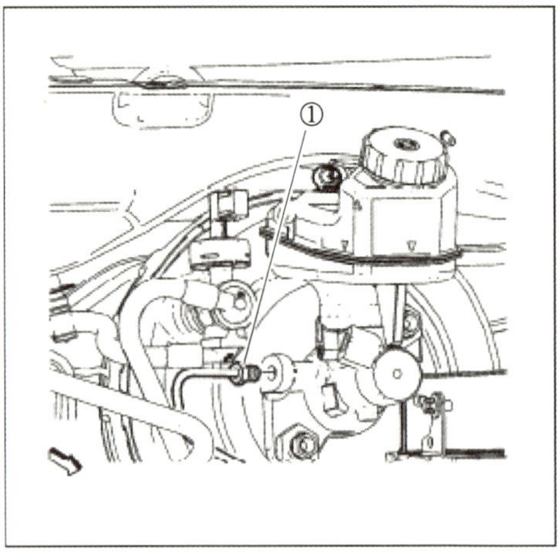

图 4-77 断开总泵主制动管接头

⑨ 如图 4-78 所示，拆下制动压力调节阀托架螺栓②。

⑩ 如图 4-78 所示，拆下制动压力调节阀托架总成①。

⑪ 将制动总泵总成从助力器上拆下。

⑫ 如图 4-79 所示，将助力器真空管①从助力器上拆下。

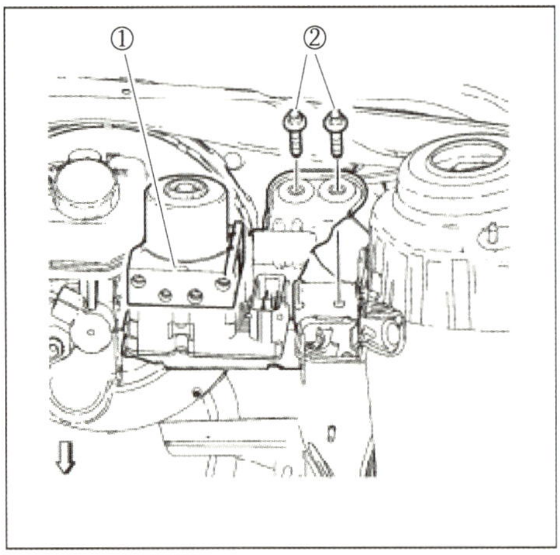

图 4-78 拆下制动压力调节阀托架总成

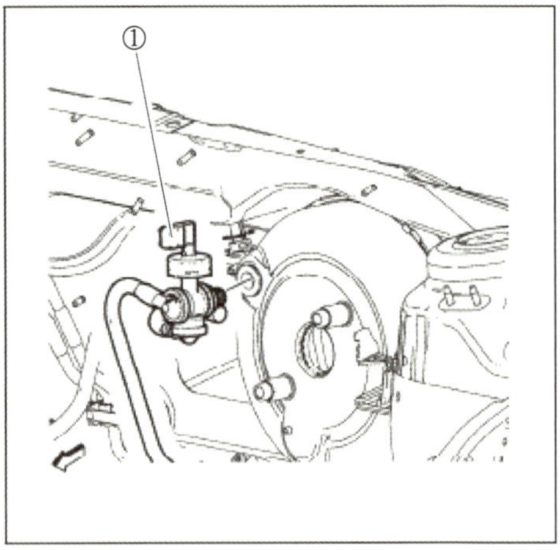

图 4-79 拆下助力器真空管

⑬ 如图 4-80 所示，将制动踏板推杆①从制动踏板上断开。

⑭ 如图 4-81 所示，拆下制动助力器螺栓①。

⑮ 将助力器从车辆上拆下。

(2) 安装程序

① 将助力器安装至车辆。

② 如图 4-82 所示，安装制动助力器螺栓①，紧固至 19 N·m。

③ 如图 4-83 所示，将制动踏板推杆①连接至制动踏板。

④ 如图 4-84 所示，将助力器真空管①安装至助力器。

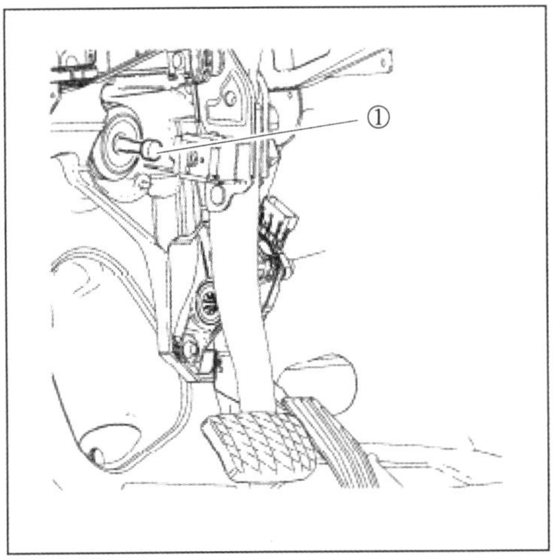

图 4-80　断开制动踏板推杆

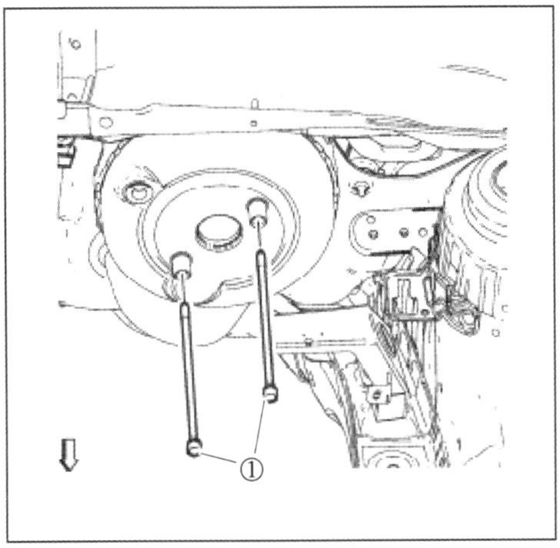

图 4-81　拆下制动助力器螺栓

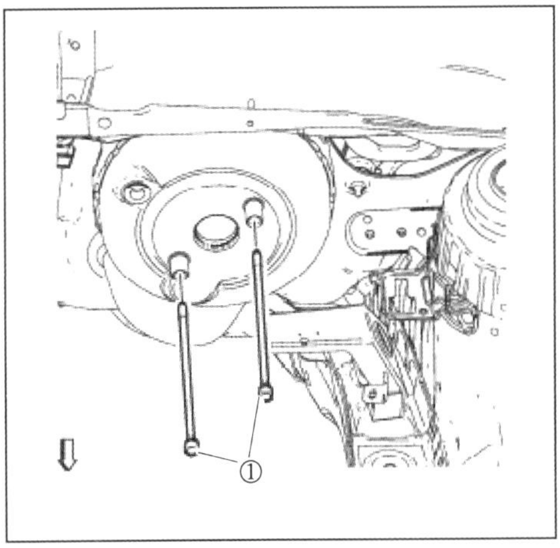

图 4-82　安装制动助力器螺栓

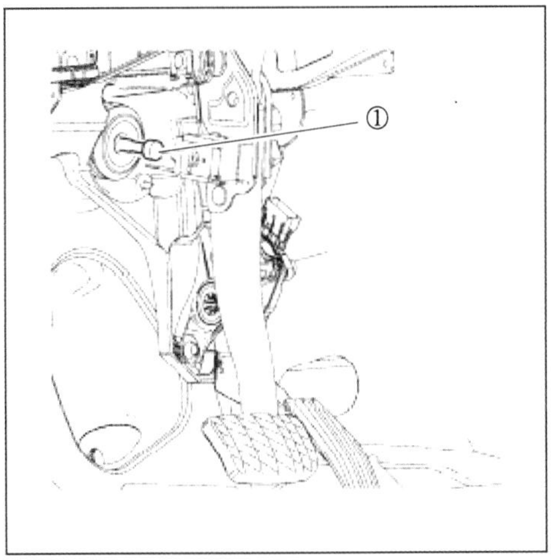

图 4-83　将制动踏板推杆连接至制动踏板

⑤ 将总泵总成安装至助力器。

⑥ 如图 4-85 所示，安装制动压力调节阀托架总成①。

⑦ 如图 4-85 所示，安装制动压力调节阀托架螺栓②，紧固至 20 N・m。

⑧ 如图 4-86 所示，连接总泵主制动管接头①，紧固至 18 N・m。

注意事项

盖上制动管接头，以防止制动液流失和污染。

⑨ 如图 4-87 所示，将 6 根制动管(①和②)安装至制动压力调节阀，紧固至 18 N・m。

⑩ 将电气连接器连接至电子制动控制模块/电子制动与牵引控制模块。

⑪ 如图 4-88 所示，拆下 CH-558-10 盖①并安装制动液储液罐盖。

⑫ 如图 4-89 所示，安装散热器缓冲罐①。

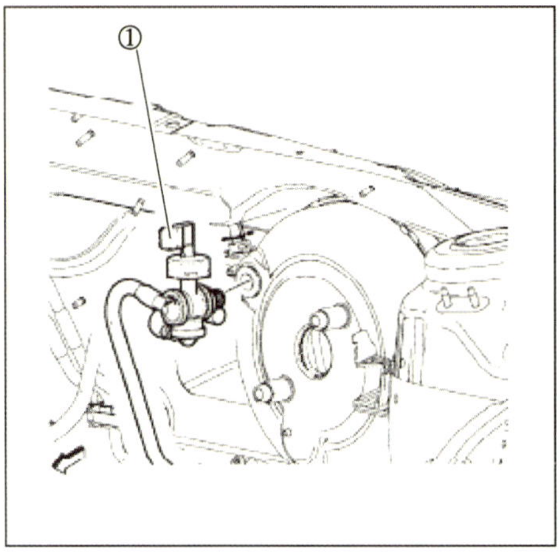

图 4-84　安装助力器真空管

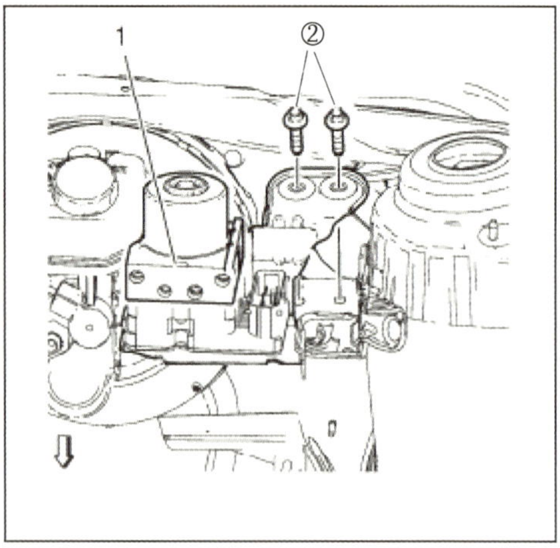

图 4-85　安装制动压力调节阀托架总成

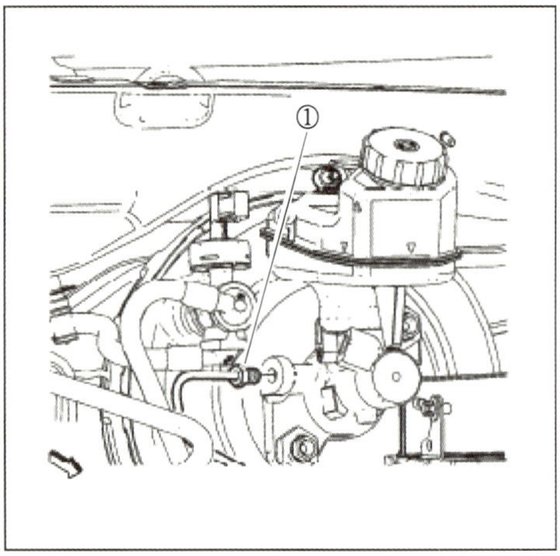

图 4-86　连接总泵主制动管接头

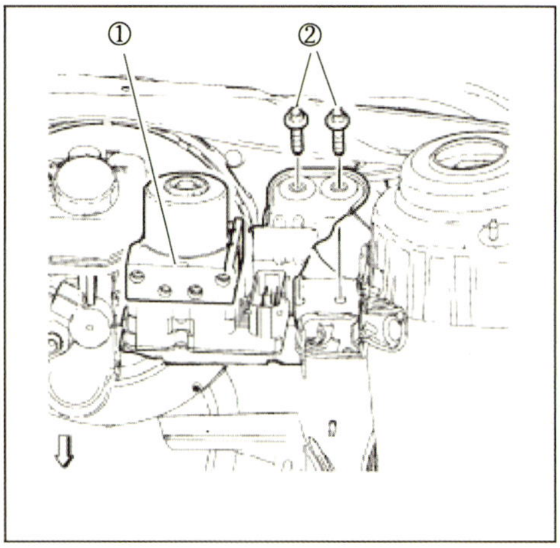

图 4-87　安装 6 根制动管

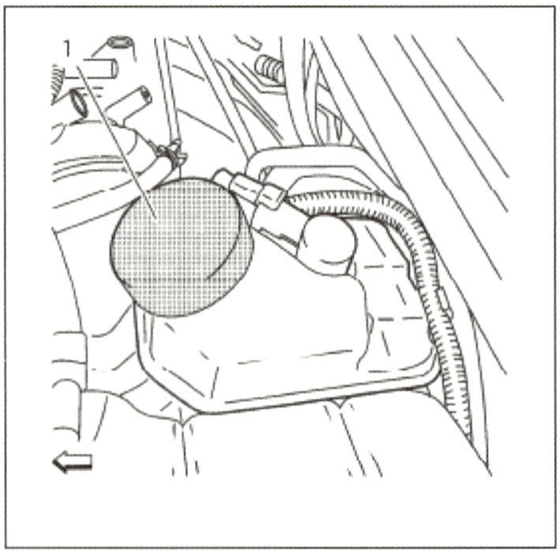

图 4-88　安装制动液储液罐盖

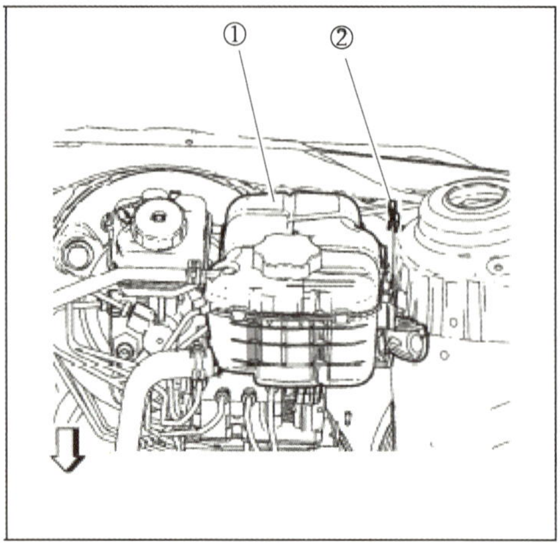

图 4-89　安装散热器缓冲罐和夹子

⑬ 如图 4-89 所示，安装散热器缓冲罐夹子②。

⑭ 对液压制动系统排气。

四、活动小结

1. 制动传动装置分类

制动传动装置主要有机械式、液压式、真空液压式、空气液压式、气压式等。机械式多用于驻车制动器。

2. 液压式制动传动装置

液压式制动传动装置利用制动液作为传力介质，制动器产生的制动力矩正比于驾驶员施于踏板上的力，驾驶员制动操纵劳动强度大。目前汽车双管路液压制动系统布置形式中应用最多的是一轴对一轴型（Ⅱ型）和交叉型（X 型）。

3. 双管路液压制动传动装置

双管路液压制动传动装置基本组成包括串联活塞式双腔制动主缸、制动轮缸及管路。轮缸有单活塞式和双活塞式两种。主缸、轮缸活塞与缸壁间的密封通过皮碗实现。

4. 真空液压制动传动装置

制动时，为了消除推杆球头与制动主缸活塞之间的间隙所需的踏板行程，称为液压制动踏板自由行程，可通过改变推杆的长度进行调整。真空液压制动传动装置是利用发动机工作时在进气管中形成的真空度（或利用真空泵）为动力源，它可分为增压式和助力式。增压式是通过增压器将制动主缸的液压进一步增大，增压器装在主缸之后。助力式是通过助力器来帮助制动踏板对制动主缸产生推力，助力器装在制动踏板与主缸之间。

5. 检修要点

制动主缸、轮缸检修时应重点检查活塞、皮碗、缸壁及复位弹簧的技术状况，保持各孔道的畅通。

五、活动评价

（一）课堂练习

1. 判断题

（1）双腔串联推杆联动式总泵由贮液缸和工作缸组成。（　　）

（2）液压制动系的传力介质是制动液。（　　）

（3）液压制动分泵（轮缸）有双活塞式和单活塞式。（　　）

（4）双管路制动系统，当其中部分车轮失去制动时，另一半车轮能维持制动。（　　）

（5）现代轿车上广泛采用双腔串联推杆联动式。（　　）

2. 单选题

（1）液压制动系双管路布置形式有前、后桥（　　）；前、后桥（　　）。

A. 分置式、交叉式　　B. 交叉式、龙门式

C. 龙门式、剪刀式　　D. 剪刀式、交叉式

(2) 真空加力器(又叫助力器)是利用真空加力气室产生的力源,协助踏板力共同推动(　　),减轻驾驶员踩踏板的用力的装置。

A. 总泵活塞　　B. 分泵活塞　　C. 气缸活塞　　D. 皮碗活塞

(3) 液压制动主缸在不制动时,其出油阀和回油阀的开闭情况是(　　)。

A. 出油阀和回油阀均开启　　B. 出油阀关闭而回油阀开启

C. 出油阀开启而回油阀关闭　　D. 双阀均关

(4) 在不制动时,液力制动系中制动主缸与制动轮缸的油压是(　　)。

A. 主缸高于轮缸　　B. 主缸与轮缸相等

C. 轮缸高于主缸　　D. 主缸和轮缸是零

(5) 在解除制动时,液压制动主缸的出油阀和回油阀的开闭情况是(　　)。

A. 先关出油阀再开回油阀　　B. 先开回油阀再关出油阀

C. 两阀都打开

(二) 技能评价

表 4-5　制动总泵和助力器拆装之技能评价

序号	内　容	分值	得分
1	检查制动总泵储液罐内制动液	10	
2	拆卸制动总泵储液罐并用工业酒精清洁	5	
3	拆下散热器缓冲罐,断开制动液液位指示开关连接器	5	
4	断开主、副制动管接头,并做防漏措施	10	
5	拆卸制动总泵	10	
6	拆下真空助力器	10	
7	安装真空助力器	10	
8	安装制动总泵	10	
9	安装主、副制动管接头,并做防漏措施	10	
10	按照规范流程进行拆装作业	10	
11	完成 5S 作业	10	
总　分		100	

(注:操作正确即得分,操作错误或未进行操作得 0 分)

学习拓展

防抱死制动系统(Anti-lock Brake System,ABS)可安装在任何带液压刹车的汽车上。

汽车防抱制动系统的目的,是自动调节制动器制动力,使车轮滑移率保持在 20%左右的最佳的状况,充分利用峰值附着系数,提高汽车的制动效能,并使汽车具有很好的转向和抵抗侧向力的能力,从而提高汽车制动时的方向稳定性。

1. ABS 的基本组成

无论是气压制动系统还是液压制动系统，电子控制防抱死制动系统均由轮速传感器、制动压力调节器和电子控制器三大部分组成，如图 4-90 所示。

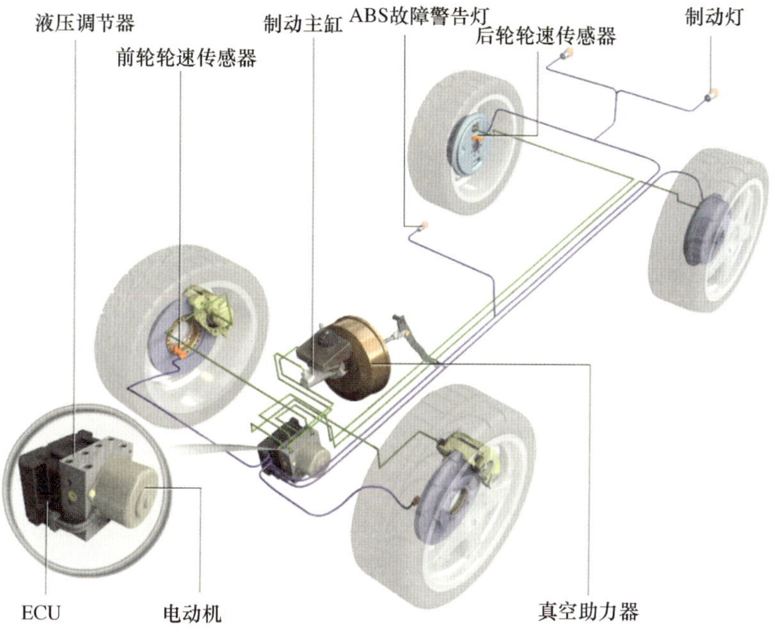

图 4-90 ABS 基本组成示意图

轮速传感器用来测定车轮的转速，产生与车轮转速成正比的交流电压信号，并送入电子控制器。

制动压力调节器是 ABS 的执行机构。它在制动主缸（总泵）与轮缸（分泵）之间，接收电子控制器的指令，调节车轮的制动压力。

电子控制器（又称电控单元）是一种电子计算机。它接收并分析由传感器传来的信号，对制动压力调节器等执行机构发出控制指令。

汽车在制动过程中，轮速传感器将车轮速度变化的信号输入电子控制器，电控单元计算出车轮加速度变化及滑移率，然后根据单参数加速度变化或者加速度及滑移率双参数控制方式，给制动压力调节器发出指令，改变车轮上的制动力。因此，车轮不会抱死而又能逐步迅速减速，直至停车。

2. ABS 的工作原理

采用循环式制动压力调节器的 ABS。制动压力调节器主要由 4 个三位三通电磁阀（3/3 电磁阀）、1 个电动双联柱塞液压泵和 2 个低压储能器等组成，其基本结构和工作原理如下所述。

（1）制动压力建立阶段。在开始制动时，电磁线圈中无电流通过，电磁阀中的电磁柱塞被弹簧压至最低位置，如图 4-91 所示。此时制动主缸与轮缸直通，制动液从制动主缸流经电磁阀中的通道，流向制动轮缸，使制动压力很快建立起来，轮缸制动压力随制动主缸压力的变化而变化，车速很快下降，此时 ABS 不工作。

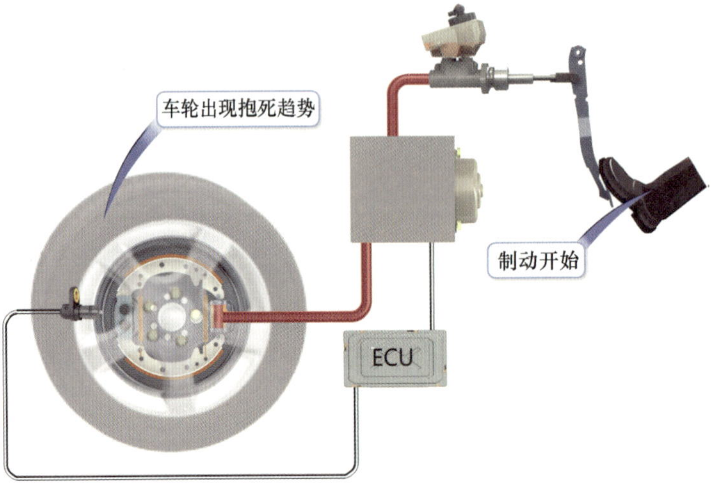

图 4-91　制动压力建立阶段图

(2) 制动压力保持阶段。随着制动力增加，当某车轮滑动率接近 35%时，ABS 控制单元发出“保持压力”的指令，使该车轮对应的电磁阀通电(约为最大电流的 1/2)，电磁柱塞被提起，如图 4-92 所示，通往制动轮缸的液压通道被切断，轮缸中的制动压力不再增加。

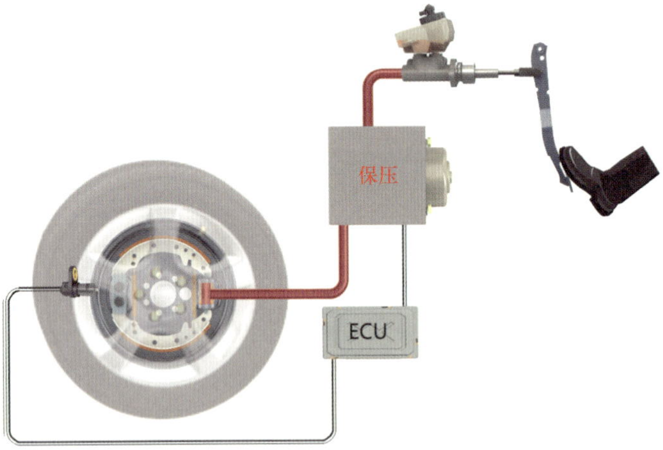

图 4-92　制动压力保持阶段图

(3) 制动压力下降阶段。在“保压”指令发出后，若仍从车轮转速传感器传来某轮要抱死的信号，说明这时制动力偏高，需要适当降低制动力。这时 ABS 控制单元发出“降低压力”的指令，提供一个比“保压”指令更大的电流，使电磁柱塞进一步提起，如图 4-93 所示。通往回流泵的通路被打开，一部分制动液进入储能器，另一部分进入回流泵。由于 ABS 控制单元同时给液压泵供电，使液压泵工作，迫使制动液进入制动主缸，制动力下降。

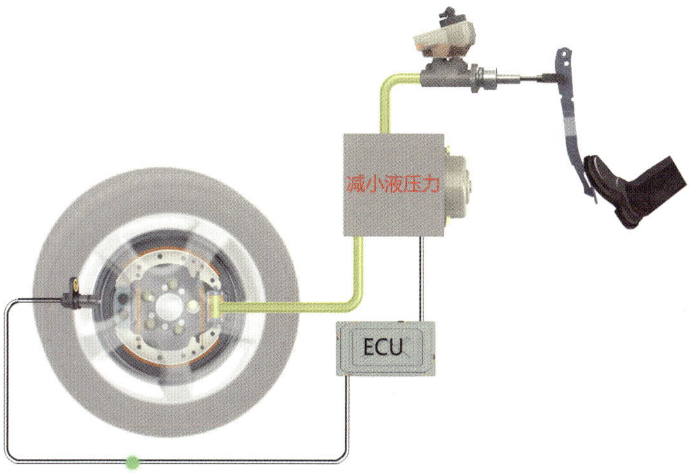

图 4-93 制动压力下降阶段图

(4) 制动压力上升阶段。当制动力下降到使滑动率达到下限 8%时,ABS 控制单元发出“提高压力”指令,切断通往电磁阀和液压泵继电器的电流,电磁柱塞在弹簧力的作用下回到最低位置,如图 4-94 示,使制动主缸又与制动轮缸液压通道相通,制动轮缸内制动压力增加,提高了制动力,使汽车车速再次降低。

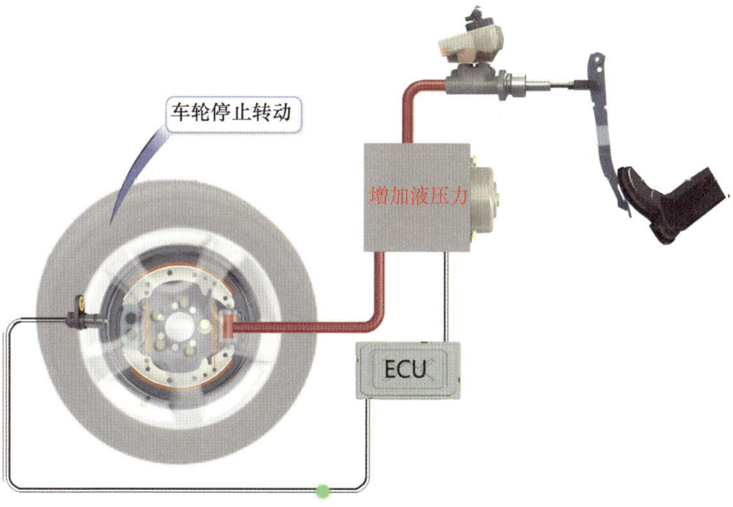

图 4-94 制动压力上升阶段图